"十四五"职业教育国家规划教材

公路养护
（第2版）

主　编　沈艳东　李月姝
副主编　钱雪松　李长城
参　编　张立华　张宝成　冯　雪
　　　　李鸿伟　李元新
主　审　崔　岩

北京理工大学出版社
BEIJING INSTITUTE OF TECHNOLOGY PRESS

内 容 提 要

本书为"十四五"职业教育国家规划教材。全书结合《"十四五"现代综合交通运输体系发展规划》，依据公路建设的现状，紧跟公路养护发展技术，以实际工程养护工作岗位、项目为例，阐述了公路各组成部分养护技术。全书共分为7个项目（概述，路基路面的养护与维修工作，桥涵构造物的养护与维修，隧道养护、维修与加固，公路自然灾害的预防，公路沿线设施的养护及公路绿化，公路养护的安全作业）18个教学任务，阐述了公路主体结构使用状况的评价，病害产生的原因分析及防治技术、处理方法等，突出了公路养护的专业性和重要性。

本书可作为高等职业院校交通土建类相关专业的教材，也可作为道路桥梁工程技术、工程造价、市政工程、道路养护与管理等专业的教学用书，还可作为从事公路养护设计、施工和管理的工程技术人员的参考用书。

版权专有　侵权必究

图书在版编目(CIP)数据

公路养护 / 沈艳东，李月姝主编. —2版. —北京：北京理工大学出版社，2021.3（2024.2重印）

ISBN 978-7-5682-7937-6

Ⅰ.①公… Ⅱ.①沈… ②李… Ⅲ.①公路养护－高等学校－教材 Ⅳ.①U418

中国版本图书馆CIP数据核字（2019）第253429号

责任编辑：李玉昌	**文案编辑**：李玉昌
责任校对：周瑞红	**责任印制**：边心超

出版发行 / 北京理工大学出版社有限责任公司
社　　址 / 北京市丰台区四合庄路6号
邮　　编 / 100070
电　　话 / （010）68914026（教材售后服务热线）
　　　　　　（010）68944437（课件资源服务热线）
网　　址 / http://www.bitpress.com.cn
版 印 次 / 2024年2月第2版第5次印刷
印　　刷 / 北京紫瑞利印刷有限公司
开　　本 / 787 mm×1092 mm　1/16
印　　张 / 16
字　　数 / 388千字
定　　价 / 42.80元

图书出现印装质量问题，请拨打售后服务热线，负责调换

第2版前言

党的二十大报告指出,增进民生福祉,提高人民生活品质,"必须坚持在发展中保障和改善民生,鼓励共同奋斗创造美好生活,不断实现人民对美好生活的向往"。公路作为人们出行和生活物质运输的保障,做好公路建设与维护,直接关乎民生福祉。

"公路养护"是高等职业院校道路与桥梁工程技术等相关专业必修的课程,本书作为"公路养护"课程授课用书,依据公路养护工程的实际施工要求进行编写,注重理论与实践相结合,充分反映我国公路养护技术的发展水平。教材修订,以交通部最新修订的相关规范为依据,借鉴了国内外的相关成果并结合教学实践的内容。结合职业教育的特点,落实立德树人的根本任务。通过对本书的学习,学生能系统地掌握公路养护的技术以及预防管理措施。

本书在编写过程中,对公路养护技术的教学目标和养护工作的典型工作任务进行了分析,使教学内容与养护工作密切结合,形成了以工作任务驱动课程教学的模式,将工程中的实际任务引入教材,同时实现了与现行规范同步的特点。

全书学时分配(推荐)见下表:

序号	项目	学时
1	概述	4
2	路基路面的养护与维修工作	14
3	桥涵构造物的养护与维修	8
4	隧道养护、维修与加固	4
5	公路自然灾害的预防	2
6	公路沿线设施的养护及公路绿化	4
7	公路养护的安全作业	4
	总计	40

修订后教材具有以下特色:

(1)本书为项目化教材,以真实的工程案例引入,配合理论知识讲解,并根据内容提出任务要求，以满足教学改革的需要。

（2）有针对性地对重点、难点内容用工程实例进行补充讲解，帮助学生更好地理解。落实立德树人根本任务，激发学生的爱国精神、自信意识。

（3）突出岗位能力，结合道路养护工作岗位的要求，编写过程中突出"课岗融通"，以实际工作岗位需求设计编写课程内容，满足目前公路建设过程中尤其是养护过程中人才培训要求。

（4）本书为国家双高院校国家级精品资源共享课程的配套教材。

本书由吉林交通职业技术学院沈艳东、李月姝担任主编，吉林建筑大学钱雪松、李长城担任副主编，吉林交通职业技术学院张立华和张宝成、北京建工集团有限责任公司冯雪、吉林省荣邦工程设计咨询有限责任公司李鸿伟和李元新参与编写。具体编写分工如下：项目一和项目二中的任务一、任务二和任务五由沈艳东编写，项目二中的任务三、任务四由李月姝编写，项目三中的任务一、任务二由张立华编写，项目三中的任务三和项目七由钱雪松编写，项目四由李长城编写，项目五由张宝成编写，项目六由冯雪编写，工程案例内容由李鸿伟、李元新编写。全书由吉林交通职业技术学院崔岩主审。

本书在编写过程中得到了多所交通职业院校、公路部门的大力支持和帮助，同时还引用了前辈们已经取得的众多成果，在此特致诚挚的谢意！

由于编写时间仓促、探索认知偏颇、发展预见不足，加之编者水平有限，书中错漏之处在所难免，恳请广大读者批评指正。

编　者

第1版前言

公路建设主要包括三个阶段,即规划立项阶段、实施阶段(包括工程设计和工程施工)、运营与管理阶段。在公路建设的运营与管理阶段,公路工程由于受到各种因素影响,降低了公路的使用性能,为改善和保证公路的使用质量,使车辆能够安全、舒适、经济、高速地运行,就必须加强公路后期的维护与管理。

公路养护不同于公路施工建设,具有点多线长等特点,本书以实际工程为例,对在公路使用过程中出现的各类病害及原因进行分析,有针对性地采取有效的方法和手段对病害进行治理。全书从高等教育和知识应用的实际出发,结合实际工程要求编写完成,共分5个项目14个任务,充分考虑专业需求和岗位能力,从公路养护的分类和特点谈起,介绍了公路路基、路面、桥梁、涵洞、隧道等在工程建设过程中的病害形态、病害原因、病害形成和针对性处理意见等。

全书在编写过程中体现如下特点:

1. 立足现代公路养护,体现职业性、先进同步性的原则。在教材编写过程中秉承"与目前工程实际相符合"的原则,使学生通过学习,在就业时就可与工程实际相对接,实现"零距离上岗"。为保证学生学习的先进性,教材的内容应适当领先于工程实际,保证学生的可持续发展,同时为提高公路养护的水平奠定基础。

2. 能力本位的原则。在课程教学和改革过程中,突出能力的培养,突出工程任务引领的课程设计,根据实际的工程案例进行课程安排。

3. 用图片来增加教材的可读性。各个任务及病害配以与内容相关的图片,图文并茂,更加直观,易于理解。

4. 通过工程案例阐述。通过工程案例,能够培养学生独立的思考能力、清晰的沟通能力、明确的判断能力和辨识普遍性价值的认知能力。培养目标上从培养"专才"向培养"通才"转变,即培养"人文精神、科学素养、创新能力相统一"的高素质人才,培养的人才符合社会需要。

5. 配有丰富的教学资源。本书作为国家精品课程、精品资源共享课"公路养护与管理"课程的主体教材,配有大量相关的教学辅助资料,以利于课程的学习。

本书编写结合高等教育的特点,注重实践教学,充分反映了目前我国公路养护与管理的发展水平,采用了交通部最新修订的《公路桥涵养护规范》《公路隧道养护技术规范》《公路沥青路面养护技术规范》和《公路水泥混凝土路面养护技术规范》等有关规范,使学生通过学习能系统地掌握公路养护的维修技术及防治措施。全书具有较强的综合性、实践性和职业性。在教学过程中应突出重点,以掌握基本概念、应用为主,根据具体情况,积极创造条件,应用录像、投影等电化教学手段,结合现场参观等方式,以提高教学效果。

本书由吉林交通职业技术学院沈艳东、崔岩担任主编,吉林交通职业技术学院汤红丽、李长成担任副主编,吉林交通职业技术学院张立华、张立明、张宝成、裴东梅和吉林交通建设集团冯雪参与本书的编写。具体编写情况如下:项目一中任务一和项目二中任务一、任务二由沈艳东编写;项目一中任务二由裴东梅编写;项目二中任务三由张立华编写;项目二中任务四由张宝成编写;项目三中任务一、任务二由崔岩编写;项目三中任务三由李长成编写;项目三中任务四由冯雪编写;项目四由汤红丽编写;项目五由张立明编写。全书由吉林大学赵大军教授主审。

本书在编写过程中,得到很多职业学院、公路部门的大力支持和帮助,同时还引用了前辈们已经取得的众多成果,在此特致诚挚的谢意。由于编写时间仓促、探索认知偏颇、发展预见不足,加之编者水平有限,不足之处在所难免,希望读者批评指正。

编 者

目 录

项目一 概述 ……………………………………1

任务一 影响公路技术状况的因素 ………6
  学习情境一 车辆荷载对公路技术状况的
    影响 …………………………………6
  学习情境二 自然因素影响分析 ………8

任务二 公路养护工作的任务及其工程
    分类 …………………………………11
  学习情境一 公路养护的任务 …………11
  学习情境二 公路养护工程的分类与评定 …11
  学习情境三 我国公路养护发展简述 …17

项目二 路基路面的养护与维修工作 ……22

任务一 公路路基养护与维修 ……………23
  学习情境一 路基养护与维修概述 ……23
  学习情境二 路基的日常养护与维修的要求 …31
  学习情境三 路基的日常养护与维修 …32
  学习情境四 路基翻浆的防治 …………39
  学习情境五 滑塌的防治 ………………44
  学习情境六 特殊地区路基养护 ………47

任务二 路面技术状况的调查与评价 ……59
  学习情境一 路面技术状况调查 ………59
  学习情境二 路面技术状况评价 ………69

任务三 沥青路面的养护与维修 …………74
  学习情境一 沥青路面养护标准及日常
    养护与保养 ………………………74
  学习情境二 沥青类路面常见破损的
    维修 ………………………………78
  学习情境三 沥青路面罩面、再利用维修
    技术 ………………………………87
  学习情境四 沥青路面预养护技术 ……100

任务四 水泥混凝土路面的养护与
    维修 ………………………………111
  学习情境一 混凝土路面养护标准和日常
    养护 ………………………………111
  学习情境二 水泥混凝土路面局部破损
    处理 ………………………………114
  学习情境三 水泥混凝土路面常见改善
    方法 ………………………………130
  学习情境四 旧水泥混凝土路面再生利用 …138

任务五 路面基层的改善 …………………143
  学习情境一 基层的加宽与补强 ………143
  学习情境二 基层的翻修与重铺 ………144

项目三 桥涵构造物的养护与维修 ………146

任务一 桥梁的养护与维修 ………………147
  学习情境一 桥梁检查与检验 …………147
  学习情境二 桥面系、支座的养护、维修与
    加固 ………………………………153
  学习情境三 桥跨结构的养护、维修与
    加固 ………………………………156

学习情境四　墩台基础的养护、维修与
　　　　　　　加固 …………………………161
任务二　涵洞的养护、维修与加固………167
　　学习情境一　涵洞养护的要求与检查
　　　　　　　内容 …………………………167
　　学习情境二　盖板涵、拱涵的养护与
　　　　　　　维修 …………………………168
　　学习情境三　圆管涵的养护与维修………169
　　学习情境四　箱涵的养护与维修…………169
任务三　调治构造物的养护、维修与
　　　　加固……………………………170
　　学习情境一　调治构造物的分类…………170
　　学习情境二　调治构造物的养护与维修…171

项目四　隧道养护、维修与加固………174
任务一　土建结构的养护…………………175
　　学习情境一　土建结构养护的工作内容…175
　　学习情境二　隧道主要病害的处理………181
任务二　机电设施的养护…………………191
　　学习情境一　供配电设施的养护…………191
　　学习情境二　照明设施的养护……………192
　　学习情境三　通风设施的养护……………193
　　学习情境四　消防与救援设施的养护……194
　　学习情境五　监控设施的养护……………196

项目五　公路自然灾害的预防…………198
任务一　水毁的预防、抢修与治理………199
　　学习情境一　水毁的预防…………………199
　　学习情境二　水毁的抢修…………………201
　　学习情境三　水毁主要成因及治理对策…202

　　学习情境四　公路、桥涵抗洪能力的评定及
　　　　　　　修复 …………………………203
任务二　其他公路自然灾害的防治………205
　　学习情境一　公路冰害的防治……………205
　　学习情境二　公路雪害的防治……………208

项目六　公路沿线设施的养护及公路
　　　　绿化 ……………………………213
任务一　公路沿线设施的养护……………214
　　学习情境一　交通安全设施的养护………214
　　学习情境二　公路交通标志、标线的
　　　　　　　养护 …………………………217
　　学习情境三　公路机电设施的养护………222
　　学习情境四　服务设施的养护……………227
任务二　公路绿化…………………………228
　　学习情境一　道路景观设计………………228
　　学习情境二　公路绿化及规划……………230
　　学习情境三　公路环境保护………………233

项目七　公路养护的安全作业…………236
任务一　安全养护作业的基本要求………237
　　学习情境一　影响公路养护安全的因素…237
　　学习情境二　安全养护作业的基本要求…238
任务二　养护作业控制区…………………238
　　学习情境一　养护维修作业控制区的布置…238
　　学习情境二　养护作业控制区的基本要求和
　　　　　　　设施 …………………………242
　　学习情境三　养护维修作业的安全………244

参考文献……………………………………247

项目一

概 述

知识目标

1. 掌握车辆荷载和自然因素对公路技术状况的影响。
2. 掌握公路养护工作的分类。
3. 了解公路养护的未来发展。
4. 掌握公路使用质量评价方法。

能力目标

1. 能够对公路病害形成的影响因素进行分析。
2. 能够对公路养护进行合理的分类。
3. 能够对公路技术状况进行评价、分析。

素质目标

1. 培养学生严谨求实的职业操守,具有理论联系实际、实事求是的工作作风和科学严谨的工作态度。
2. 培养学生养成严格按照规范流程工作,突出体现交通运输行业发展的先进性,增强爱国主义信念和民族自豪感。
3. 培养学生追求创新的精神和刻苦务实。

2020年末,全国收费公路里程17.92万公里,占公路总里程519.81万公里的3.45%。其中,高速公路15.29万公里,一级公路1.74万公里,二级公路0.79万公里,独立桥梁及隧道1068公里,占比分别为85.3%、9.7%、4.4%和0.6%。与上年末相比,全国收费公路总里程由171 093公里增加到179 242公里,净增加8149公里,增长4.8%。其中,由于2020年是"十三五"收官之年,建成通车项目较多,高速公路里程由142 831公里增加到152 911公里,净增10079公里,增长7.1%,增幅明显高于往年平均水平,且主要集中在

西部地区；与此同时，随着普通公路逐步收费期满，一级公路由 18578 公里减少到 17 364 公里，净减 1 214 公里，下降 6.5%；二级公路里程由 8659 公里减少到 7 899 公里，净减 760 公里，下降 8.8%；独立桥梁及隧道里程由 1024 公里增加到 1 068 公里，净增 44 公里，增长 4.3%。

交通是经济的脉络和文明的纽带。从古丝绸之路的驼铃帆影，到航海时代的劈波斩浪，再到现代交通网络的四通八达，交通推动经济融通、人文交流，使世界成了紧密相连的"地球村"。而公路更是国家经济发展和现代化建设的重要基础设施，是为汽车运输服务的线形工程结构物。公路竣工并交付使用后，在反复的行车荷载作用和自然因素的影响下，特别是交通量和轴载的不断增加，以及部分筑路材料的性质衰变，加上在设计、施工中留下的某些缺陷，公路的使用功能逐渐下降。为加强和保证公路为车辆提高安全、经济、舒适、高速运营的环境，公路养护将成为目前公路建设的主要任务，公路养护行业迈入新的发展阶段。

 公路工程养护任务书

一、工程基本情况

1. 长东公路工程概况

长东公路为二级公路，路基宽度为 $(2\times1.5+7.5)$m，是地区路网工程的重要组成部分。其交通量大，随着地区经济的发展，交通量快速增加，达到 9 282 辆/日，且重车较多，车辆超载情况也较为严重。如今，路面破损严重，强度等级较差，裂缝、车辙、龟裂、沥青层老化等现象较普遍，部分路段已经影响到行车安全，如图 1 所示。同时，因为连日的降雨，造成多处桥梁构造物发生倾斜、垮塌，公路路基产生滑坡和泥石流等地质灾害，道路沿线设施也受到不同程度的损坏。为了尽快使长石公路恢复畅通，提高长石公路的通行能力和服务质量，让灾区得以重建，避免进一步发生道路水毁危及公路的行车安全，造成不可估量的损失，应尽快对长石公路进行维修。

2. 长东公路自然状况

长东公路地处季节性冰冻地区，季节性冰冻和寒冷

图 1　公路破坏状况

的气候特征与公路工程的关系非常密切。在季节冻土地区修建公路及其他构造物，经常由于土的冻胀与环境之间的相互作用产生破坏，在一些水文地质状态不良的地带，其工程破坏现象更为严重。所以，通过对已建成通车公路的病害调查分析，找出病害原因以及影响因素就显得尤为重要。

该项目位于长白山与松辽平原过渡地带，属于季风区中温带半湿润地区。其气候特点为：大陆性明显，四季基本分明；春季干燥、多风、升温快；夏季湿热、多雨；秋季温和、凉爽、降温快；冬季漫长、寒冷、降雪少。7月份平均最高气温为 23.3 ℃，1月份平均最

低气温为-16.3 ℃,平均气温为5.3 ℃。

3. 长东公路路基路面调查情况

长东公路是地区路网工程的重要组成部分,2013年受到各种因素的影响而出现病害,本次工程针对K5+800～K35+824.85路段进行养护调查,路线总长为30.025公里,路基宽度为(2×0.75+2×0.75+7.5)m的二级公路,路面结构为沥青混凝土路面,在通过龙璞镇中的3 km长路段为水泥混凝土路面,里程桩号为K25+325～K28+325。随着地区经济的发展,交通量快速增加,且重车较多,车辆超载也比较严重。如今,路面破损严重,其中沥青混凝土路面强度等级较差,裂缝、车辙、龟裂、沥青层老化等现象较为普遍,水泥混凝土路面出现断板、裂缝等现象,已影响到行车安全。同时,因为连日的降雨,造成多处桥梁构造物发生倾斜、垮塌,公路路基产生滑坡和泥石流等地质灾害,道路沿线设施也受到不同程度的损坏。为尽快使长东公路恢复畅通,提高长东公路的通行能力和服务质量,需要对长东公路进行相关的养护和维修,用以提高公路使用性能。

根据公路的实际情况,对公路进行调查,其中路基病害调查结果见表1～表3。

表1 路基病害调查表

桩号	位置	尺寸/m	破损类型	现场处理意见建议
K8+000～K8+150	左	150	翻浆	清除路面,重填路基、路面结构,处理排水
K8+250～K8+500		250	沉陷	换填,重铺路面结构、排水
K10+080～K10+380	右	300×3	崩坍	清除,修筑挡墙、排水
K15+100～K16+100	左	970	滑坡	减重,打抗滑桩、排水
K30+000～K30+100	右	100×12	路基冲刷	重修路基、砌筑挡墙、排水

表2 路面病害调查表

桩号	位置	尺寸/m	面积/m²	破坏类型	现场处理意见
K10+785～K10+787	右半幅	3.0×2	6.00	坑槽	清除面层,加铺4 cm沥青混凝土
K10+928	局部	1×1	1.00	坑槽	清除面层,加铺4 cm沥青混凝土
K10+967	局部	1.5×2	3.00	坑槽	清除面层,加铺4 cm沥青混凝土
K10+910～K1+000	右半幅	3.0×90	270.00	网裂	清除面层,加铺4 cm沥青混凝土
K11+000～K1+040	右半幅	3.0×40	120.00	网裂	清除面层,加铺4 cm沥青混凝土
K12+237	局部	1.5×2	3.00	坑槽	清除面层,加铺4 cm沥青混凝土
K13+509	局部	2×4	8.00	坑槽	清除面层,加铺4 cm沥青混凝土
K13+513	局部	1.5×6	9.00	坑槽	清除面层,加铺4 cm沥青混凝土
K14+604	局部	3.0×5	15.00	坑槽	清除面层,加铺4 cm沥青混凝土
K14+615	局部	1×8	8.00	坑槽	清除面层,加铺4 cm沥青混凝土
K16+700	局部	1.5×4	6.00	坑槽	清除面层,加铺4 cm沥青混凝土
K16+730	局部	1.5×8	12.00	坑槽	清除面层,加铺4 cm沥青混凝土
K18+768	局部	2×8	16.00	坑槽	清除面层,加铺4 cm沥青混凝土
K19+929	局部	1×4	4.00	坑槽	清除面层,加铺4 cm沥青混凝土
小 计			201.00		

表3　水泥混凝土路面病害调查表

桩号	位置	数量	破坏类型	现场处理意见
K25+390～K25+440	右半幅	12块	断裂	更换板
K25+450～K25+500	局部	10.0 m²	坑洞	沥青混合料填补
K26+230～K27+100	全幅	36条	纵缝	沥青混合料灌封
K26+230～K27+100	全幅	52条	横缝	沥青混合料灌封
K25+325～K28+325	接缝	65条	接缝损坏	重新填缝
K27+650	局部	3.00 m²	拱起	割缝
K28+000～K28+300	局部	8.00 m²	露骨	加铺4 cm沥青混凝土

4. 长东公路桥梁调查情况

K15+800简支梁桥。上部结构为装配式预应力空心板简支梁桥，共9孔，每孔16.8 m，全长共151.2 m。桥梁横断面由两片双孔空心板组成，桥面净宽为13 m+2×1.75 m防撞护栏；栏杆用钢管和圆钢焊成。主梁采用强度等级为C40混凝土，普通钢筋采用HPB300级、HRB335级钢筋，预应力钢筋采用12A5钢丝束。支座采用油毡垫层。下部结构：钢筋混凝土管柱式柔性墩台，柱长为18 m，采用强度等级为C30混凝土。经过多年的运营，特别是近年来交通量不断增大，超重车辆的增加，桥梁的技术状况和服务水平均有所下降，桥梁构件出现了不同程度的病害和缺损状况。2020年4月对该桥进行了试验与检测工作。桥梁病害情况见汇总表(表4)。参照桥梁病害检查和记录表，对桥梁的桥面系、上部结构、下部结构和桥梁整体进行技术状况等级评定，针对各种病害选择合理的维修方案，对需要加固的部分在不中断交通的情况下，选择合理的加固方式。

表4　病害汇总表

部件名称	缺损类型	缺损范围	保养措施意见
桥面铺装	坑槽	总面积为113.2 m²，第3类病害	修补
桥面铺装	壅包	总面积为13.5 m²，第3类病害	
桥面铺装	铰缝开裂	共25处铰缝开裂，平均每跨3处	
人行道、缘石	破损	表面脱落，露筋，缘石表面破损	
栏杆、护栏	破损	底座混凝土脱落，栏杆表面锈蚀	
标志、标线	破损	标志和标线磨损严重	
伸缩缝	堵塞、破损	4条伸缩缝堵塞，4条伸缩缝破损	
翼墙、耳墙	钢筋锈蚀	混凝土表面剥落，钢筋锈蚀	
锥坡、护坡	破损	锥坡坍塌，堆放垃圾，杂草丛生	
支座	破损	老化，腐蚀，第3类病害	
桥台	裂缝	局部横向裂缝，第1类	
桥墩	裂缝	局部横向裂缝，第1类	
基础	冲空	2处桥墩基础局部冲空	
地基冲刷	严重	5处桥墩地基均冲刷严重	
盖梁	表面剥落	3处混凝土表面剥落，露筋，第3类病害	
盖梁	渗水严重	6处盖梁渗水，第4类病害	

续表

部件名称	缺损类型	缺损范围	保养措施意见
主梁	梁底开裂，渗水	裂缝长 15 m，宽 0.3 mm，	
	梁间铰缝渗水，露白	共 48 处铰缝渗水，露白，总长为 397 m	
	梁底，露筋，锈蚀	15 处铰缝混凝土脱落，并露筋	
桥与路连接	跳车严重	高度差为 20 mm	
排水设施	破损	泄水管：20 处脱落，10 处堵塞；桥面排水不畅	
照明系统	破坏严重	灯柱倾斜，30 处无照明，反光膜失效	
桥面清洁	很差		
丁坝	渗水，剥落	7 处丁坝渗水，表面剥落	
顺坝	基础冲空	1 处顺坝基础局部冲空	
挡板	表面剥落	18 处挡板混凝土剥落	
	渗水，露白	各挡板均出现渗水、露白现象	

5. 隧道情况调查

梯子岭隧道：秦皇岛—青龙公路梯子岭隧道是在原运铁矿隧道基础上改建而成的，全长共 1 142.74 m，位于青龙县北部山区。年平均气温为 8.9 ℃，年最低气温为 −29.2 ℃。于 1993 年 8 月开工建设，1994 年 12 月竣工交付使用。1997 年 3 月开工改建，1997 年 8 月竣工。部分衬砌表面渗漏结冰，形成的冰溜延伸到路面，拱顶滴水在路面也形成了冰溜，衬砌和排水沟均因冻胀出现了明显的开裂病害。隧道土建部分的主要病害见表 5。

表 5 隧道土建部分的主要病害

部位	病害类型	病害描述	建议
洞口	裂缝	环向裂缝，与洞口呈 70°角	
	渗水	洞口左右两侧出现滴水，在隧道口结冰	
洞身	裂缝	纵向裂缝、斜向裂缝和环向裂缝	
	衬砌剥落	在施工接缝处和围岩变化处混凝土剥落	
	拱顶挂冰	施工接缝和纵向裂缝	
	道面结冰	部分水泥混凝土路面结冰	
	边墙结冰	个别边墙在接缝处结冰	
	衬砌横向移动	在结冰段和个别段衬砌内径减小	
	拱顶下沉	拱顶结冰处	
	衬砌露筋	在衬砌表面大面积剥落处	
	排水设施失效	边沟、纵向、环向排水管失效	
	边墙隆起	部分边墙向外隆起	
	道面损坏	部分道面基础冲空、沉陷、开裂	
其他设施	完好		

二、养护工程任务要求

1. 根据交通调查和自然概况，进行公路病害影响因素分析，确定影响公路技术状况的因素。

2. 根据路基路面破损调查，进行路基路面状况评价，完成路基路面养护的工程设计及施工方案的编写工作。

3. 根据对桥梁破损调查，进行桥梁状况评价，完成桥梁、隧道养护的工程设计及施工方案的编写工作。

4. 根据隧道调查情况，进行隧道状况评价，完成隧道养护的工程设计及施工方案的编写工作。

5. 根据所掌握的公路自然灾害的情况，采取必要的预防措施，预防或降低灾害造成的损失。

6. 依据公路建设原则，结合区域的实际，体现区域特色，充分考虑自然环境和气候条件，因地制宜，适地适树，绿美结合，注重效益，充分挖掘常绿苗木资源丰富的优势，以耐瘠薄、耐干旱、宜粗放管理的常绿树种建设公路的常青骨架，并在此基础上，根据区域特点组配不同季相的开花及彩叶植物，丰富景观组成，体现区域特色绿化模式。

7. 为保证公路养护施工作业安全，确定施工安全作业方案。

任务一　影响公路技术状况的因素

学习情境一　车辆荷载对公路技术状况的影响

一、车辆荷载分类

作用于公路上的车辆荷载主要有以下几项：

(1) 垂直荷载。行驶的车辆通过车轮传递给路面的垂直压力，其大小主要取决于车辆的类型和轴载。

(2) 水平荷载。由于车辆的起动、制动、变速、转向以及克服各种行车阻力而作用于路面的水平力，称为水平荷载。其大小除与车辆的行驶状况和轮胎性质有关外，还与路面的类型及其干湿状况有关，水平荷载的最大值可达车轮垂直荷载的 0.7~0.8 倍。

(3) 冲击荷载。汽车行驶时自身产生的振动以及路面不平整使车辆产生颠簸，这些作用都对路面产生动压力，其值与车速、路面平整度和车辆的减振性能有关。车速越高，路面的平整度越差，对路面产生的动压力就越大。车辆垂直动压力与其静压力的比值，称为动荷系数。在较平整的路面上，当车速不超过 50 km/h 时，动荷系数一般不超过 1.30；在车速高、平整度差的路面上，动荷系数可能接近甚至超过 2.0。

(4) 真空荷载。车辆行驶时在车轮的后方与路面之间暂时形成真空，产生了对路面结构具有破坏作用的真空吸力，对于中、低级沙石路面，这种吸力往往会导致路面集料松动，致使路面结构逐步发生破坏。

上述作用在路面上的动荷载，其作用力大小与车轮着地长度、车速、交通量大小、路面的平整度和结构类型密切相关。

二、车辆荷载作用分析

1. 垂直荷载作用分析

在车轮垂直荷载的作用下，路基将产生压缩和弯曲。柔性路面因其材料的黏弹性质不仅会产生弹性变形，还会伴随加载时间产生滞后弹性变形和不可恢复的塑性变形。在多次加载和卸载的过程中，当压力不超过一定的限度，则不可恢复的变形将逐渐变小，而弹性变形将增加，使路面的密实度增加；当压力超过一定限度时，就会发生很大的不可恢复的塑性变形。在多次重复荷载的作用下，路面会因竖向塑性变形的累积而逐渐产生沉降。此种变形对于采用黏土做结合料的碎石、砾石路面在雨季潮湿状态下，以及沥青路面在夏季高温时表现尤为明显。高等级公路的沥青路面，由于渠化交通的作用可产生车辙。

对于水泥混凝土、沥青混凝土及半刚性等整体材料的路面，在车轮垂直荷载的作用下将产生弯拉变形。当荷载应力超过材料的疲劳强度时，路面将产生疲劳而开裂破坏。重复作用的荷载次数越多，材料可以随疲劳作用的强度则越小，两者成双对数的线性反比关系，用公式表示为

$$N=K(1/\sigma)^n \quad (1-1)$$

式中　N——荷载重复作用的次数；

　　　σ——材料的疲劳强度（MPa）；

　　　K,n——取决于试验条件和材料特性的试验常数。

2. 水平荷载作用分析

行车产生的水平力主要作用在路面的上层，引起路表面变形而影响其平整度。

水平力对路面的影响，首先表现在对路面的磨损上。路面的磨损主要是由车辆在行驶过程中车轮产生滑移造成的。强烈的路面磨损发生在车辆的制动路段上，如公路的下坡段，小半径平曲线和交叉口进口段，以及通过居民点和交通稠密的路段上；在曲线上，因车辆同向滑移也可使路面产生磨损。在不平整的公路上，由于行驶的车轮轮胎表面通过的距离比车轮中心通过的距离要"加长"，以及因振动在车辆向上颠簸时使车辆的压力减小，都将引起车轮滑移对路面产生磨损。

路面的磨损除受行车的作用外，大气因素（诸如雨水冲刷和风蚀）也是重要的因素，同时，在很大程度上还与路面的类型及材料的性质有关。石料越耐磨，路面磨损越小。在相同的条件下，碎石、砾石等中、低级路面的磨损量最大，水泥混凝土路面较小，沥青路面则最小，而采用石油沥青可比采用煤沥青减小磨损约达 2/3。

路面磨损不仅使路面材料受到损失并使厚度减薄，而且由于外露石料表面被磨光，使路面的摩擦系数衰减，从而影响行车安全。

车轮的水平力还可使路面的表面粒料产生拉脱，这种情况多产生于粘结力较弱的碎石、砾石和沥青碎石路面中，如图1-1所示。路面在受到水平力的作用后，碎石被迫绕着支点 O 转动；在动力的重复作用下，逐渐松动而被拉脱，进而逐渐扩大以至形成坑槽。在雨天泥泞时，沾带黏土的车轮行驶在碎石、砾石路面上，也可使其表面粒料产生拉脱。

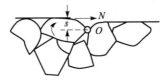

图 1-1　行驶车轮的水平力使路面表面碎石产生拉脱

在车轮垂直力与水平力的综合作用下，路面中将产生较大的剪应力。当剪应力超过面层与基层之间接触的抗剪强度，或面层材料的抗剪强度时，路面面层将沿基层顶面产生滑

移,或面层材料本身产生剪切变形,使路面表面形成壅包以至波浪变形。前者多产生于沥青面层厚度较薄、层间结合不良的路段;后者多产生在面层厚度较厚,或厚度虽薄但层间结合良好的以级配砾石铺筑的路面或沥青路面上。这类路面材料的强度除由粒料颗粒之间的摩阻力提供外,在很大程度上还依赖于结合料的粘结力。但粘结力易受水温条件变化的影响,使材料的抗剪强度下降,从而导致路面的失稳变形。在我国干旱的西北、内蒙古等地区或南方多雨地区的级配砾石路面上出现的搓板,以及一些沥青混凝土路面,特别是当细料和沥青含量偏多或沥青稠度过低时,在夏季高温季节常产生壅包、波浪变形,其原因就在这里。

按碎石嵌挤原则铺筑的碎石路面和沥青碎石路面,由于其强度主要由碎石之间的嵌挤力和内摩阻力构成,受水温条件的影响较小,因而通常很少出现这类变形病害。

3. 冲击荷载与真空荷载作用分析

路面之所以会出现有规律的波浪变形,即通常所称的搓板现象,是与汽车系统重复地产生一定频率的振动和冲击有关。在汽车的这种动力作用下,使轮胎对路面的水平推移、磨耗及真空吸力等作用也具有相应的规律性,从而使路面产生有规律的波浪变形,从而形成搓板。特别是不平整的路面,会使汽车的振动与冲击作用加剧,水平推移与真空吸力的作用也随之增大,从而加速了路面搓板的形成与发展。路面搓板在中、低级的沙石路面上较为普遍,波长多在 0.75 m 左右,它与公路上行驶的汽车的速率和发动机的工作状况有关。

汽车所产生的冲击、振动的能量大部分都消耗在轮胎和弹簧的变形上,部分作用于路面,使路面产生周期性振动,并在路面中产生周期性的快速变向应力。动力作用对路面的影响与路面的刚度有关,路面的刚性越强,对路面的破坏性就越大。由于路面的振动,可能产生对路面强度有危险的应力,使水泥混凝土路面出现发状裂纹,碎石路面的密实度降低,潮湿的路基土在受到振动后引起湿度的重分布而可能危害路面,并使路基土挤入粒料垫层而影响其功能。沥青路面由于具有较大的吸振能力,因而振动对它的影响较小,实际上它起到了车轮冲击、振动的减振器作用。

当汽车产生周期性动力作用的频率与路面的固有振动频率接近时,路面将因发生振幅和加速度很大的共振而遭到破坏。产生共振时汽车的临界速率为

$$V_c = \frac{\lambda}{2\pi}\sqrt{\frac{kg}{p}} \tag{1-2}$$

式中 V_c——临界速率(m/s);
λ——路面变形的波浪长度(m);
k——轮胎刚性模量(kN/m);
g——重力加速度,取 9.81 m/s²;
p——轮胎荷载(kN)。

上述作用在路面上的动荷载,其作用力大小与车轮着地长度、车速、交通量大小、路面的平整度和结构类型密切相关。

学习情境二　自然因素影响分析

自然因素对路面的影响主要有温度、湿度、风力和雨雪、空气污染、地震力等。另外,阳光对沥青路面技术性质的变化也有着重要的影响。

一、温度的影响

暴露于大气中的路面,直接经受着大气温度的影响。路面温度随一年四季和昼夜气温的周期性变化而变化,并沿路面的厚度方向产生温度梯度。通常,路面的最高温度和最低温度分别出现于每年的 7 月份和 1 月份,根据观测资料可知,由于路面对太阳辐射热的吸收作用,沥青路面的最高温度可比气温高出 23 ℃,水泥混凝土路面的最高温度可比气温高出 14 ℃ 左右。我国上海地区根据气温变化,对上述两类路面的最高温度进行了实测回归,并得出如下公式:

水泥混凝土路面
$$T_{max}=8.67+0.728T_{14}^a+0.027Q \tag{1-3}$$

沥青混凝土路面
$$T_{max}=8.67+0.847T_{14}^a+0.124Q \tag{1-4}$$

式中 T_{max}——路面最高温度(℃);

T_{14}^a——14:00 时的气温(℃);

Q——太阳日单位面积上的辐射热[J/(cm²·d)]。

美国战略公路研究计划(SHRP)规定,对于沥青路面,采用路表下 20 mm 处一年中连续 7 d 最高温度的平均值 T_{20} 作为路面的高温设计温度,并以纬度(1 at)为参数,建立了 T_{20} 与气温 T_{air} 的关系式:

$$T_{20}=(T_{air}-0.061\,8/at^2+0.009\,8/at+42.2)\times0.954\,5-17.78 \tag{1-5}$$

冬季的最低温度发生在路表,并等于最低气温。

采用无机结合料半刚性基层,可因其干缩和温缩产生的裂缝,而使沥青面层出现反射裂缝。发生路面反射裂缝的现象,除与半刚性基层材料的收缩性能有关外,还与面层的厚度和采用的沥青性能有关。通常,半刚性基层采用水泥和石灰、粉煤灰混合稳定的材料比单纯采用石灰材料收缩性小;稳定粒料、粒料土比细粒土的收缩性要小,同时,含水量、密实度和稳定剂用量对收缩也有较大影响。

温度的变化同样会引起水泥混凝土路面板的胀缩变形。当变形受阻时,板内将产生胀缩应力和翘曲应力。由于水泥混凝土是一种拉伸能力很小的脆性材料,为了减小其温度应力,避免板自然开裂,需把板体划成一定尺寸的板块,并修筑各种接缝。当板块尺寸设置不当或接缝构筑质量不符合要求时,也会使板体产生断裂,并引起各种接缝的损坏。

若拌制的水泥混凝土混合料的水分过大,或在施工养护期水分散失过快时,也会引起混凝土板的过大收缩和翘曲,使板的表面产生发状裂纹,以致发生早期断裂。

二、水的影响

水对路基、路面的作用主要来自大气的降水和蒸发、地面水的渗透以及地下水的影响。当路基内出现温差时,在温差作用下的水还会以液态或气态的方式从热处向冷处移动和积聚,从而改变路基的湿度状态。

公路路基和路面的物理力学性能随着水温状况的变化而变化。当路基受到严重的水浸湿时,其强度和稳定性会迅速下降,并导致路基失稳,引起坍方、滑坡等病害。对于土基承受荷载较大的柔性路面,常因其承载力不足,在车轮荷载的作用下使路面产生沉陷,有时在沉陷两侧还伴有隆起现象;严重时,在沉陷底部及两侧受拉区发生裂纹,逐步形成纵裂，并逐渐发展成网裂。

对于水泥混凝土路面，则可因土基出现较大的变形，特别是不均匀的变形，而使混凝土板产生过大的荷载应力，导致公路断裂。

在北方冰冻地区，有地下水作用的情况下，冬季会使路基产生不均匀冻胀，路面被抬高，以致产生冻胀裂缝，严重时拱起可达几十厘米；在春融季节则产生翻浆，在行车作用下路面发软，出现裂缝和冒泥现象，以至路面结构遭到破坏，使交通中断。

在非冰冻地区，中、低级粒料路面在雨季、潮湿季节的强度和稳定性最低，路面容易遭到破坏；在干燥季节，路面尘土飞扬、磨耗严重，影响行车视线并污染周围环境。

沥青路面虽可防止雨水渗透，但也阻止了路基中水分的蒸发，在昼夜温差的作用下，路基中的水分以气态水形式凝聚于紧挨面层下的基层上部，改变了基层原有的湿度状况。当基层采用水稳性不良的材料时，会导致路面发生早期破坏。

沥青路面在浸水的情况下，可发生体积松胀，并削弱沥青与集料之间的黏附性，从而降低沥青混合料的物理力学性能。水对黏附性的影响，主要取决于沥青的性质和集料的黏附性，同时，也与集料的吸水性能有关。通常，煤沥青比石油沥青、碱性矿料比酸性矿料有更好的黏附性。根据试验，对于国产的石油沥青，其黏附性的大小，按产地的不同，一般规律为：克拉玛依沥青、单家沥青、辽河沥青＞欢喜岭沥青＞茂名沥青＞兰炼沥青＞胜利沥青；各种岩性矿料的黏附性顺序为：石灰岩→安山岩→玄武岩→片麻岩→沙岩→花岗岩→石英岩。当水中含有溶盐时，会使沥青产生乳化作用，从而加剧沥青的熔蚀作用。

水泥混凝土路面的接缝渗入雨水后使基础软化，在频繁的轮载作用下，路面会出现错台或脱空、唧泥等现象，并导致板边产生横向裂缝。

沥青路面在冬季低温时强度虽然很高，但变形能力则因黏附性的增大而显著下降。当气温下降时，路面收缩因受到基层的约束而产生累积温度应力；当其超过沥青混合料的抗拉强度时，将使路面产生一定间距的横向裂缝，水分浸入裂缝后，基层和土基的承载力下降，使裂缝边角产生折断碎裂。影响低温缩裂的主要因素有两个：一是沥青混合料的性质，包括沥青的性质和用量、集料的级配；二是当地的气候条件，包括降温速率、延续时间、最低气温和每次降温的间隔时间等。另外，路面的老化程度、结构条件与路基土种类对低温缩裂也有一定的影响。

三、其他因素的影响

在阳光、温度、空气等大气因素的作用下，沥青路面会出现老化，使沥青丧失黏塑性，路面变得脆硬、干涩、暗淡而无光泽，抗磨性能降低，在行车荷载的作用下相继出现松散、裂缝以致大片龟裂。日照越强烈、气温越高、空气越干燥和不流通，则路面老化的速度越快；沥青中不饱和烃及芳香烃越多，混合料空隙越大，以及矿料中含有钼、铁等盐类时，路面越易老化。

由上述可知，公路在使用过程中所受的行车和自然因素的作用是十分复杂的，往往并非单一因素的作用，而是多种因素的综合作用。这些因素的作用，导致公路发生各种病害和损坏现象。因此，在进行公路的养护与维修时，首先应运用基本知识分析损坏的原因，并区别是属于功能性的损坏还是结构性的损坏，以及损坏是发展性的还是非发展性的，然后才能制订有效可行的养护措施。

任务二 公路养护工作的任务及其工程分类

学习情境一 公路养护的任务

公路是国家现代化建设的重要基础设施。根据我国经济和社会发展对交通运输的要求，建立起适合我国国情的现代化综合运输体系，以缓解我国交通运输紧张的新局面，公路交通建设最关键的两个方面是：加快高等级公路的建设，提高路网技术水平；切实加强对建成公路的养护管理，改善路网结构，保障交通畅通。

由此可见，一手抓建设、一手抓养护，建养并重、协调发展是确保公路事业稳步发展的重要措施。公路越是发展，就越需要加强养护，因此，随着技术的进步，应当采用先进的技术加快公路养护现代化的步伐。

公路养护与管理的目的是运用先进的技术和科学的管理方法合理地分配和使用养护资金，通过养护与维修使公路在设计使用年限内保持完好状态，并有计划地改善公路的技术指标，以提高公路的服务质量，最大限度地发挥公路的运输经济效益。公路养护管理的任务具体包括以下内容：

(1) 进行路况及管理设施的调查，通过管理数据库建立公路及设施的综合评价体系。

(2) 根据公路及设施的运营状况，制订可行的养护计划和规划，实施有针对性的及时养护，保证公路健全的服务功能。

(3) 不断探索新的养护技术与管理措施，积极采用新技术、新材料、新工艺、新设备，以最经济的方式达到最佳的养护效果。

(4) 努力推行并建立合理、高效的机械化养护方式，不断提高机械配备率的机械作业占有率，保证公路养护的速度与质量。

(5) 建设一支能适应公路现代化养护的管理队伍，变被动养护为主动养护，变静态养护为动态养护，达到养护的高标准、高质量、高效率、高机动性。

学习情境二 公路养护工程的分类与评定

一、公路养护工程分类

养护工程按照养护目的和养护对象，分为预防养护、修复养护、专项养护和应急养护。

(1) 预防养护是指公路整体性能良好但有轻微病害，为延缓性能过快衰减、延长使用寿命而预先采取的主动防护工程。

(2) 修复养护是指公路出现明显病害或部分丧失服务功能，为恢复技术状况而进行的功能性、结构性修复或定期更换，包括大修、中修、小修。

(3) 专项养护是指为恢复、保持或提升公路服务功能而集中实施的完善增设、加固改造、拆除重建、灾后恢复等工程。

(4) 应急养护是指在突发情况下造成公路损毁、中断、产生重大安全隐患等，为较快恢复公路安全通行能力而实施的应急性抢通、保通、抢修。

(5)组织实施各类养护工程所涉及的技术服务与工程施工等相关作业,应当依照有关法律、法规、规定,通过公开招标投标、政府采购等方式选择具备相应技术能力和资格条件的单位承担。应急养护,可以根据应急处置工作需要,直接委托具备相应能力的专业队伍实施。

(6)养护工程应当按照前期工作、计划编制、工程设计、工程施工、工程验收等程序组织实施。应急养护除外。

表 1-1　公路养护工程分类

类别	定义	具体作业内容
预防养护	公路整体性能良好但有轻微病害,为延缓性能过快衰减、延长使用寿命而预先采取的主动防护工程	路基:增设或完善路基防护,如柔性防护网、生态防护、网格防护等;增设或完善排水系统,如边沟、截水沟、排水沟、拦水带、泄水槽等;集中清理路基两侧山体危石等;其他。 路面:针对整段沥青路面面层轻微病害采取的防损、防水、抗滑、抗老化等表面处治;整段水泥混凝土路面防滑处治、防剥落表面处理、板底脱空处治、接缝材料集中清理更换等;其他。 桥梁涵洞:桥梁涵洞周期性预防处治,如防腐、防锈、防侵蚀处理等;桥梁构件的集中维护或更换,如伸缩缝、支座等;其他。 隧道:隧道周期性预防处治,如防腐、防侵蚀处理、防火阻燃处理等;针对隧道渗水、剥落等的预防处治;其他。
修复养护	公路出现明显病害或部分丧失服务功能,为恢复技术状况而进行的功能性、结构性修复或定期更换工程	路基:处治路基路床病害,如沉降、桥头跳车、翻浆、开裂滑移等;增设或修复支挡结构物,如挡土墙、抗滑桩等;维修加固失稳边坡;集中更换安装路缘石、硬化路肩、修复排水设施等;局部路基加高、加宽、裁弯取直等;防雪、防石、防风沙设施的修复养护等;其他。 路面:改善沥青路面结构强度,如直接加铺、铣刨加铺、翻修加铺或其他各类集中修复等;水泥路面结构形式改造、破碎板或其他路面病害修复等;整路段砂石、块石、条石路面的结构修复及改善等;配套路面修复完善相关附属设施,如调整标志标线、护栏、路缘石,路口及分隔带开口等;其他。 桥梁涵洞:桥梁涵洞加固、病害修复,如墩台(基础)、锥坡翼墙、护栏、拉索、调治结构物、径流系统等的维修完善;桥梁加宽、加高、重建、增设、接长涵洞等;其他。 隧道:对隧道结构加固、病害修复,如洞门、衬砌、顶板、斜井、侧墙等的修复;其他。 机电:对通信、监控、通风、照明、消防、收费、供配电设施、健康监测系统等进行增设、维修或更新;其他。 交安设施:集中更换或新设标志标牌、防眩板、隔音屏、隔离栅、中央活动门、限高架等;整段路面标线的施划;集中维修、更换或新设公路护栏、警示桩、道口桩、减速带等;其他。 管理服务设施:公路养护、管理、服务等的房屋、场地和设施设备的维修、改造、扩建或增设;其他。 绿化景观:更换、新植行道树及花草,开辟苗圃等;公路景观提升、路域环境治理等
专项养护	为恢复、保持或提升公路服务功能而集中实施的完善增设、加固改造或拆除重建等工程	针对阶段性重点工作实施的专项公路养护治理项目

续表

类别	定义	具体作业内容
应急养护	在突发情况下造成公路损毁、中断、产生重大安全隐患等,为较快恢复公路安全通行能力而实施的应急性抢通、保通、抢修	对自然灾害或其他突发事件造成的障碍物的清理; 公路突发损毁的抢通、保通、抢修; 突发的经判定可能危及公路通行安全的重大风险的处治

注:1. 修复工程大修、中修、小修由各地结合自身管理需要,按照项目规模自行划分。
2. 专项养护具体作业内容由各省结合阶段性重点工作自行确定,如灾害防治工程、灾毁修复工程、畅安舒美创建工程等

二、修复工程划分示例

公路养护工程按其工程性质、规模及复杂程度的不同,有不同的分类方法,其划分原则如下。

(1)小修保养工程对管养范围内的公路及其沿线设施经常进行维护保养和修补其微损坏部分,使之经常保持完好状态。通常是由养路道(渡)班(站)在年度小修保养定额经费内,按月(旬)安排计划进行小修保养。

(2)中修工程对公路及其公路设施的损坏和局部损坏进行定期的修理加固,以恢复原状的小型工程项目。通常,其是由基层公路管理机构按年(季)安排计划并组织实施的工作。

(3)大修工程对公路及其工程设施的较大损坏部分进行周期性的综合修理,以全面恢复到原设计标准,或在原技术等级范围内进行局部改善,或个别增建设施以逐步提高公路通行能力的工程项目。通常,其是由基层公路管理机构或在其上级机构的帮助下,根据批准的年度计划和工程预算来组织实施的。

具体的公路养护工程分类见表1-2。

表1-2 公路养护工程分类

工程项目	小修保养	中修工程	大修工程
路基	保养: 1. 整理路肩、边坡,修剪路肩、分隔带草木,清除杂物,保持路容整洁; 2. 疏通边沟,保持排水系统畅通; 3. 清除挡土墙、护坡滋生的有碍设施功能发挥的杂草,修理伸缩缝,疏通泄水孔及松动石块; 4. 路缘带的修理 小修: 1. 小段开挖边沟、截水沟或分期铺砌边沟; 2. 清除零星坍方,填补路基缺口,轻微沉陷翻浆的处理; 3. 桥头接线或桥头、涵顶跳车的处理; 4. 修理挡土墙、护坡、护坡道、泄水槽、护栏和防冰雪设施等局部损坏; 5. 局部加固路肩	1. 局部加宽、加高路基,或改善个别急弯、陡坡、视距; 2. 全面修理、接长或个别添建挡土墙、护坡、护坡道、泄水槽、护栏及铺砌边沟; 3. 清除较大塌方,大面积翻浆、沉陷处理; 4. 整段开挖边沟、截水沟或铺砌边沟; 5. 过水路面的处理; 6. 平交道口的改善; 7. 整段加固路肩	1. 在原路技术等级内整段改善线形; 2. 拆除、重建或增建较大的挡土墙、护坡等防护工程; 3. 大塌方的清除及善后处理

续表

工程项目	小修保养	中修工程	大修工程
路面	保养： 1. 清除路面泥土、杂物，保持路面整洁； 2. 排除路面积水、积雪、积冰、积沙，铺防滑料、灭尘剂或压实积雪维持交通； 3. 沙土路面刮平，修理车辙； 4. 碎石、砾石路面匀扫面沙，添加面沙，洒水润湿，刮平波浪，修补磨耗层； 5. 处理沥青路面的泛油、壅包、裂缝、松散等病害； 6. 水泥混凝土路面日常清缝、灌缝及堵塞裂缝； 7. 路缘石的修理和刷白 小修： 1. 局部处理沙石路的翻浆变形，添加稳定剂； 2. 碎石、砾石路面修补坑槽、沉降，整段修理磨耗层或扫浆铺沙； 3. 桥头、涵顶跳车的处理； 4. 沥青路面修补坑槽、沉陷，处理波浪变形、局部龟裂、啃边等病害； 5. 水泥混凝土路面板块的局部修理	1. 沙土路面处理翻浆，调整横坡； 2. 碎石、砾石路面局部路段加宽、加厚，调整路拱加铺磨耗层，处理严重病害； 3. 沥青路面整段封层罩面； 4. 沥青路面严重病害的处理； 5. 水泥混凝土路面严重病害的处理； 6. 水泥混凝土路面接缝材料的整段更换； 7. 整段安装、更换路缘石； 8. 桥头搭板或过渡路面的整修	1. 整段用稳定材料改善土路。 2. 整段加宽、加厚或翻修重铺碎砾石路面。 3. 翻修或补强重铺高级、次高级路面。 4. 补强、重铺或加宽高级、次高级路面
桥梁涵洞隧道	保养： 1. 清除污泥、积雪、积冰、杂物，保持桥面的清洁； 2. 疏通涵管，疏导桥下河槽； 3. 伸缩缝养护，泄水孔疏通，钢支座加润滑油，栏杆油漆； 4. 桥涵的日常养护； 5. 保持隧道内及洞口清洁 小修： 1. 局部修理、更换桥栏杆和修理泄水孔、伸缩缝、支座和桥面的局部轻微损坏； 2. 修补墩、台及河床铺底和防护圬工的微小损坏； 3. 涵洞进出口铺砌的加固修理； 4. 通道的局部维修和疏通修理排水沟； 5. 清除隧道洞口碎落岩石和修理圬工接缝，处理渗漏水	1. 修理、更换木桥的较大损坏构件及防腐； 2. 修理更换中小桥支座、伸缩缝及个别构件； 3. 大中型钢桥的全面油漆防锈和各部件的检修； 4. 永久性桥墩、台侧墙及桥面的修理和小型桥面的加宽； 5. 重建、增建、接长涵洞； 6. 桥梁河床铺底或调治构造物的修复和加固； 7. 隧道工程局部防护加固； 8. 通道的修理与加固； 9. 排水设施的更换； 10. 各类排水泵站的修理	1. 在原技术等级内加宽、加高、加固大中型桥梁； 2. 改建、增建小型桥梁和技术性简单的中桥； 3. 增建、改建较大的河床铺底和永久性调治构造物； 4. 吊桥、斜拉桥的修理与个别索的调整更换； 5. 大桥桥面铺装的更换； 6. 大桥支座、伸缩缝的修理更换； 7. 通道改建； 8. 隧道的通风和照明排水设施的大修或更新； 9. 隧道的较大防护、加固工程

续表

工程项目	小修保养	中修工程	大修工程
沿线设施	保养： 标志牌、里程碑、百米桩、界牌、轮廓标等埋置、维护或定期清洗 小修： 1. 护栏、隔离栅、轮廓标、标志牌、里程碑、百米桩、防雪栅栏等修理、油漆或部分添置更换； 2. 路面标线的局部补划	1. 全线新设或更换永久性标志牌、里程碑、百米桩、轮廓标、界牌等； 2. 护栏、隔离栅、防雪栅栏的全面修理更换； 3. 整段路面标线的划设； 4. 通信、监控设施的维修	1. 护栏、隔离栅、防雪栏栅的增设； 2. 通信、监控设施的更新
绿化	保养： 1. 行道树、花草的抚育、抹芽、修剪、治虫、施肥； 2. 苗圃内幼苗的抚育、灭虫、施肥、除草 小修： 1. 行道树、花草缺株的补植； 2. 行道树冬季刷白	更新、新植行道树、花草、开辟苗圃等	

三、公路养护质量评定方法

为了加强高速公路养护技术管理，正确掌握高速公路服务状况的变化，统一考核养护工作效果，提高养护质量，确保高速公路行车的快速、安全、舒适和畅通，高速公路管理部门应定期对高速公路养护质量进行检查和评定。

1. 养护质量基本要求

公路养护质量的基本要求有：路面整洁、平整，横坡适度，行车平稳、舒适，路基坚实，边坡稳定，排水畅通，桥涵通道、隧道等构造物完好，安全设施齐全，标志完好、鲜明、有效，绿化物生长良好，修剪得体。

2. 公路技术状况评价

公路养护质量的考核，应严格按照现行《公路技术状况评定标准》(JTG 5210—2018)的规定执行。根据《公路技术状况评定标准》(JTG 5210—2018)，公路技术状况用公路技术状况指数 MQI 和相应分项指标确定，MQI 和相应分项指标的值域为 0～100。公路技术状况评价包含路面、路基、桥隧构造物和沿线设施四部分内容。评价指标如图 1-2 所示。各指标值域均为 0～100。

图中各代号说明如下。

(1) MQI：公路技术状况指数(Highway Maintenance Quality Indicator)。
(2) SCI：路基技术状况指数(Subgrade Condition Index)。
(3) PQI：路面技术状况指数(Pavement Maintenance Quality Index)。
(4) BCI：桥隧构造物技术状况指数(Bridge，Tunnel and Culvert Condition Index)。
(5) TCI：沿线设施技术状况指数(Traffic Facility Condition Index)。
(6) PCI：路面损坏状况指数(Pavement Surface Condition Index)。
(7) RQI：路面行驶质量指数(Pavement Riding Quality Index)。
(8) RDI：路面车辙深度指数(Pavement Rutting Depth Index)。
(9) PBI：路面跳车指数(Pavement Bumping Index)。

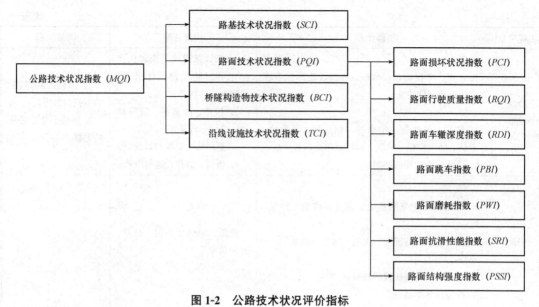

图 1-2 公路技术状况评价指标

(10)PWI：路面磨耗指数（Pavement Surface Wearing Index）。
(11)SRI：路面抗滑性能指数（Pavement Skidding Resistance Index）。
(12)$PSSI$：路面结构强度指数（Pavement Structure Strength Index）。

3. 公路技术状况评价等级

(1)公路技术状况应分为优、良、中、次、差五个等级。公路技术状况等级划分标准应符合表1-3的规定。

表1-3 公路技术状况评定标准

评定指标	优	良	中	次	差
MQI	≥90	≥80，<90	≥70，<80	≥60，<70	<60

公路养护质量指数 MQI 应经常保持在80以上。公路养护质量指数（MQI）及分项指标均应保持在80以上。当 MQI 及分项指标值低于80时，必须采取相应的维修措施，改善路况，提高公路的服务水平。

(2)公路技术状况各分项指标应分为优、良、中、次、差五个等级。各分项指标的等级划分标准应符合表1-4的规定。

表1-4 公路技术状况分项指标等级划分标准

评定指标	优	良	中	次	差
SCI、PQI、BCI、TCL	≥90	≥80，<90	≥70，<80	≥60，<70	<60
PCI、RQI、RDI、PBI、PWI、SRI、PSSI	≥90	≥80，<90	≥70，<80	≥60，<70	<60

注：1. 高速公路路面损坏状况指数 PCI 等级划分标准应为"优"大于或等于92，"良"在80~92范围内，其他保持不变。
2. 水泥混凝土路面行驶质量指数 RQI 等级划分标准应为"优"大于或等于88，"良"在80~88范围内，其他保持不变。

4. 养护质量指数(MQI)的确定方法

公路技术状况评定应采用路面技术状况指数(PQI)和相应分项指标路其技术状况指数(SCI)、路面行驶质量指数(RQI)、路面车辙深度指数(RDI)、路面跳车指数(PBI)、路面磨耗指数(PWI)、路面抗滑性能指数(SRI)和路面结构强度指数(PSSI)。

学习情境三　我国公路养护发展简述

一、公路养护的不同阶段

公路养护是对公路的保养与维护，保养侧重于从建成通车开始的全过程养护，维护侧重于对被破坏的部分进行修复。从发展历程来看，我国我国公路养护行业的发展主要分为四个阶段：

(1)第一阶段(1950—1990年)：依靠道班工人肩挑人抬、镐创铲挖，主要机械为简易养护机具和四轮运输车辆；

(2)第二阶段(1990—2000年)：随着沥青路面早期损坏的增加，以综合养护车为代表的"冷补"设备应运而生，主要处治坑槽、拥包等小面积的路面病害；

(3)第三阶段(2000—2005年)：随着高速公路的快速发展，对高等级沥青路面的养护质量的要求越来越高，局部的挖补已经无济于事，破损路面的局部铣除和重铺成为快速恢复路面承载力和平整度的主要方式，即传统"铣创＋摊铺"的大修方式，宽幅的路面铁刨机、机动灵活的小型轮式沥青摊铺机和沥青搅拌楼成为机械化养护公司配备的主要机型；

(4)第四阶段(2005年至今)：我国的公路养护理念发生了重大的转变，"集约化、专业化和节能环保"的绿色养护理念开始逐渐成为市场主流，在养护工艺和施工设备领域的技术创新非常活跃，各种养护新材料、新技术、新工艺、新设备不断涌现。

二、"十三五"公路养护技术回顾

(一)"十三五"公路路面养护主要技术

1. 科学决策技术

(1)检测。研制和改进了多种型号的路面快速检测车和无损检测装备，每年干线公路路面技术状况数据快速检测覆盖率可达到100%。

(2)评定。新修订并发布施行了《公路技术状况评定标准》(JTG 5210——2018)，使公路技术状况的评定更加科学合理。

(3)决策。路面、桥梁和隧道等专业的管理系统得到广泛应用，为公路养护的科学决策提供了有效工具。

(4)管理。通过"公路资产管理系统"的推广用，使公路养护工作从修修补补上升到资产管理、增值保值的新高度。

2. 预防性养护技术

预防养护已成为公路养护工程分类其中的一类，交通运输部对路面预防养护也规定了每年实施的最少比例。预防性养护技术得到稳步发展，形成了从0~40 mm的各种封层、罩面的技术体系：雾封层(包括含砂雾封层)；碎石封层(包括纤维封层)；微表处和稀浆封层(包括精表处和超粘磨耗层);复合封层(碎石封层或纤维封层+稀浆封层或微表处);薄层罩面(25~40 mm 各种沥青混合料罩面);超薄罩面(10~25 mm 各种沥青混合料罩面);复合罩面(碎石封层+超薄罩面或薄层罩面)等。预防养护工程的施工质量和使用寿命得到明显提高。

3. 路面材料循环利用技术

据测算,我国公路沥青路面每年可回收再生利用的面层材料约 2 亿吨。交通运输部在"十三五"公路养护发展纲要中,对旧路面材料的回收和再生利用都提出了明确的目标,修订并发布施行了《公路沥青路面再生技术规范》(JTG/T 5521—2019)。各地在养护工程实践中,也逐步完善了沥青路面再生利用技术体系。就地冷再生、就地热再生、厂拌冷再生、厂拌热再生、全厚式再生等技术得到全面推广应用,使旧沥青路面材料综合利用率大幅提升。

4. 新型路面结构组合

针对我国沥青路面使用寿命过短和早期损坏等问题,各地通过不断地实践探索,形成了具有地域代表性的四种典型结构:半刚性基础层+沥青混凝土面层;半刚性基层+级配碎石+沥青混凝土面层;半刚性基层+大碎石沥青混合料联结层+沥青混凝土面层;土基+垫层+全厚式沥青混合料面层。这些典型结构,都成功的得到大面积应用且效果显著,大大提升了我国沥青路面使用寿命和服务水平。

5. 新型沥青胶结料和沥青混合料

各种改性沥青及沥青混合料:SBS 改性沥青;工厂化稳定型橡胶沥青;各种高模、高黏、高强、高弹等改性沥青;基于上述沥青胶结料的各种沥青混合料等新材料的研发及应用,满足了高性能沥青路面的建设和养护工程需求。

6. 公路养护机械装备

为满足公路养护机械化的需求和适应公路养护的技术进步,各地研制了多种公路养护装备,包括日常养护成套装备(路面保洁、路面维修等);预防性养护装备(各种预防养护技术的专用和配套装备);沥青路面材料再生利用装备(就地热再生、厂拌热再生、就地冷再生、厂拌冷再生装备,旧沥青路面材料精细分离装备)等。

7. 公路养护技术标准体系

新的《公路工程标准体系》(JTG 1001—2017)将公路养护从模块升格为板块并设置了综合、检测评价、养护决策、养护设计、养护施工和造价等 6 个模块。"十三五"期间交通运输部发布施行的有关公路养护(路基、路面部分)行业标准有:

(1)《公路技术状况评定标准》(JTG 5210—2018);
(2)《公路沥青路面养护设计规范》(JTG 5421—2018);
(3)《公路沥青路面养护技术规范》(JTG 5142—2019);
(4)《公路沥青路面再生技术规范》(JTG/T 5521—2019);
(5)《农村公路养护技术规范》(JTG/T 5190—2019);
(6)《公路养护预算编制导则》(JTG 5610—2020);
(7)《农村公路养护预算编制办法》(JTG/T 5640—2020);
(8)《公路路基养护技术规范》(JTG 5150—2020);
(9)《公路养护工程质量检验评定标准 第一册 土建工程》(JTG 5220—2020)等。

截止到2020年9月底，我国公路工程现行标准规范共计125本，其中涉及养护管理和养护技术类的有约40本。加上总体、通用类和建设类中检测、实验等与养护密切相关的标准，总计有60余本。

(二)沥青路面结构性耐久性已基本解决

基于上述的四种典型结构大量应用，加上装备、工艺和管理等方面的进步。可以说，我们一直关注的公路沥青路面结构性的耐久性问题基本得到解决。具体表现：一是前修后坏及早期损坏现象基本杜绝；二是大部分地区公路沥青路面已实现使用年限达到或超过设计年限；三是一些省份已实现路面结构零养护的目标，并提出了更高标准，如30＋的路面设计和使用年限；四是行业规划也提出新目标，即在不远的将来，使我国的沥青路面设计年限较现有标准提高一倍。

(三)沥青路面表面功能性问题有待解决

沥青路面表面功能性待解决的主要问题：一是一些路段宜产生车辙病害且发展过快；二是路面抗滑能力有待提升并需克服性能衰减过快；三是雨天路面水膜造成行车过后水雾现象严重；四是冰雪天气路面宜结冰并除冰雪较困难等。这些问题大都与行车安全相关，期望能在"十四五"期间得到解决。

三、"十四五"公路养护技术发展趋势

"十四五"公路养护技术发展首先是将上述"十三五"期间的公路养护技术继续完善和深化。在此基础上，重点关注安全、绿色、智慧、经济等问题。

(一)安全

一是采用高模量、高强等沥青混合料，解决车辙发生和发展较快问题；二是采用高抗滑表层罩面，解决特殊路段如隧道口、长大纵坡、变速路段的抗滑安全问题；三是采用高黏、高强等耐久型透水路面，解决雨天路面产生水雾问题；四是采用无机热管、抗凝冰材料等抗冰雪路面技术，解决冰雪等恶裂天气下的行车安全问题。

(二)绿色养护

绿色养护技术体系包括旧路面材料再生、循环利用技术；节能、减排、降耗技术；路面结构优化技术；抗凝冰、降噪路面等技术；预防性养护技术等。

1. 沥青路面材料循环利用新技术体系

(1)目标。把旧料变原料，以旧料换新料，全部消化、提高价值、工艺简便、确保质量。

(2)路径。精细分离、分档储存、多元利用、深度再生，建立沥青路面材料循环利用的新技术体系。

(3)精细分离。通过RAP料破碎技术和粗细粒料精细分离，得到满足不同粒径范围的集料。如：可将经剥离后的旧料筛分为五档料，10 mm～15 mm、7 mm～10 mm、4 mm～7 mm、2 mm～4 mm、0 mm～2 mm(具体按相应筛孔定)。

(4)分档储存。重点做好不同规格分别储存，必要时可包装后储存，同时，严格采取防潮、防水措施。

(5)多元利用。指分离筛分后，各档料的多元利用。如粗集料可用于替换新集料、热再

生旧集料、碎石封层集料、透层油撒布料等；细集料和回收粉可用于制作再生沥青胶浆等；中间尺寸集料可替代微表处、稀浆封层或超黏磨耗层的集料等。

(6)深度再生。针对分离后富油的细集料和回收粉，通过深度再生设计，加入不同种类的再生剂，将原有沥青进行再生。目标是使再生混合料可以达到重交通道路沥青、改性沥青、高模量沥青混合料的水平。

2. 新型特种改性沥青胶结料

重点发展的新型特种改性沥青胶结料主要有：适用于长寿命路面的改性沥青（高性能、抗老化）、适用于抗车辙路面的改性沥青（高模量、高强）、适用于排水路面的工厂化稳定型橡胶沥青（高粘、高强、喷洒型）、适用于温拌沥青混合料的泡沫沥青（水剂发泡、可短时储存）、适用于封层类预防养护工程的改性乳化沥青（高浓度、破乳时间可调）、适用于冷拌冷铺的特种乳化沥青（高浓度、慢裂、易拌和、破乳时间可控）等。

3. 非沥青基筑养路新材料

非沥青基筑养路新材料主要包括：各类新型注浆材料；土壤固化剂和增强材料；混凝土结构物快速维修材料；混凝土和钢结构物防腐材料（高效、耐久、经济）；新型彩色路面材料等。这类材料的发展，对促进公路建设和养护技术水平也至关重要，应予高度重视。

(三)智慧

智慧公路建设将解决公路系统存在的路网综合管理水平不高、出行信息难以及时发布、安全管控和应急救援主动化智能化不足等突出问题，可大幅提升公路系统通行能力，显著降低交通事故率，增强路网综合管理与服务能力、提升主动安全防控能力和应急救援快速反应与处理能力。

构建智慧公路，能够充分利用智能技术和信息化手段，实现公路管理的信息化和数字化、道路使用者的便利化和智能化。智慧公路建设的技术架构可分为五块：一是路网感知，二是信息采集和传输，三是分析决策，四是信息通讯及发布，五是车路协同与智能驾驶。

智慧养护体系：主要包括无人检测系统、无损检测系统、科学决策系统、重点路段监控系统、车路信息交换系统等。其中，车路信息交换系统应是"十四五"期间的发展重点。

车路信息交换系统：是指车和公路及沿线设施环境的信息交换，是未来智能交通运输及智慧公路系统的关键技术。该技术使得车与公路及沿线设施之间能够通信，从而获得实时路况、道路信息、行人信息等一系列公路及交通状况的基本信息，实现以预防和减少交通事故、提高驾驶安全性、提高交通效率的目标。

实施原则：车路协同，信息交换，数据实时，服务用户，设施智能、指导操作。

具体应用：要实现公路及沿线设施的智能化，与车载信息交换系统相呼应，向用户实时提供相关信息。

(1)智慧信号灯（根据道路各方向交通流量和路口车辆等候情况，实现红绿灯的智能自动转换）；

(2)智慧限速标志（根据气候、能见度、侧向风力、路况等数据自动变更限速标志的限速值）；

(3)智慧道路信息提示系统（道路通畅情况、养护信息、道口视距、横向干扰、前方事故等）；

(4)路面抗滑数据自动采集和处理（研发小型数据车载采集仪，针对车辙、路面纹理、潮湿系数、水膜厚度、冰雪情况等进行专项数据采集和处理）。

(四)经济

这里讲的经济，就是要实现公路建养管综合成本最低的目标，首先要从工程的设计工作抓起，实行四个一体化设计：即路线路基一体化设计；路基路面一体化设计；基层面层一体化设计；建设养护一体化设计。通过各个阶段的优化设计，达到提高道结构性和功能性的耐久性，降低全寿命周期成本的目的。

其次，做好养护资金优化分配。在预算资金约束条件下，按照科学决策方法，从养护规划需求，到养护规划动态调整；积极开展预防养护，及时进行修复养护，合理安排每年的养护计划，以全寿命周期费用的方式，评价新材料、新工艺、新技术的经济性。

跨入"十四五"后，我国公路养护技术的发展必将得到快速且高质量的发展，以适应交通运输现代化建设和公路事业总体发展的要求及人民群众对公路交通环境改善的新期待。

项目小结

随着公路运营时间的增加和自然因素的作用，公路会出现各种病害，为满足汽车荷载行驶的需要，必须对公路进行养护和维修。为保持路况及设施完好而进行日常养护，本项目描述了公路养护的目的、任务和公路养护的分类，分析了行车荷载和自然因素对公路技术状况的影响，说明了我国公路养护的现状和发展方向。

思考与练习

1. 公路养护的目的是什么？
2. 公路养护的任务有哪些？
3. 简述公路养护的分类和内容。
4. 试述公路养护的技术政策。
5. 简述我国公路养护的现状和发展方向。

项目二

路基路面的养护与维修工作

 知识目标

1. 掌握公路路基使用质量的调查和评价方法。
2. 掌握公路路基日常养护的要求和病害处理方法。
3. 了解特殊地区路基养护的技术要求。
4. 掌握公路沥青路面使用质量的调查和评价方法。
5. 掌握公路沥青路面日常养护的要求和病害处理方法。
6. 掌握公路水泥混凝土路面使用质量的调查和评价方法。
7. 掌握公路水泥混凝土路面日常养护的要求和病害处理方法。
8. 了解路面基层改善的方法。

 能力目标

1. 能够对公路路基使用质量进行调查、评价、分析,并提出处理病害的方法。
2. 能够对公路沥青路面使用质量进行调查、评价、分析,并提出处理病害的方法。
3. 能够对公路水泥混凝土路面使用质量进行调查、评价、分析,并提出处理病害的方法。

 素质目标

1. 培养学生严谨求实的职业操守,具有理论联系实际、实事求是的工作作风和科学严谨的工作态度。
2. 培养学生养成严格按照规范流程工作,突出体现公路路基养护技术规范开发的自主性、专业性、坚定文化自信,巩固专业思想,增强民族自豪感,具备向国际传播、弘扬中国标准的能力。
3. 培养学生追求创新的精神和刻苦务实;立足学科与行业领域,从而成为具有国际视野,家国情怀,使命担当的社会主义接班人。

 **导　引**

公路是国家重要的基础措施,高速公路是经济发展到一定阶段的产物,也是一个国家

现代化水平的的重要标志之一。目前，中国公路网络已基本形成，大规模建设后必然带来繁重的养护任务，公路养护已由传统的"抢修时代"过渡到"全面养护时代"。2015—2020 年，我国公路养护里程及其在公路总里程中占比均逐年增长。根据交通运输部数据，2020 年末全国公路总里程 519.81 万公里，比上年末增加 18.56 万公里。公路密度 54.15 公里/百平方公里，增加 1.94 公里/百平方公里。公路养护里程 514.40 万公里，占公路总里程 99.0%。接近 100%，说明目前我国公路养护覆盖水平较高。短短二三十年间，我国高等级公路就走过了发达国家高等级一般需要 50 年完成的发展历程，特别是高等级公路及其它高等级公路的建设，改善了我国公路的技术等级结构，改变了我国公路事业的落后面貌，同时也大大缩短了我国同发达国家之间的差距

从 1950 年开始我国公路养护行业起步发展，受制于经济水平和行业技术落后，前期只能通过简易器具或设备进行简单养护，到目前行业的沥青路面就地热再生技术、沥青路面就地冷再生技术、橡胶沥青应用技术、预防性养护等先进技术凭借其"绿色养护、经济高效"的显著特点受到市场广泛青睐，成为我国公路养护发展升级的主要方向。规范标准从借鉴到自主编制，体现具有我国特色的成体系、成系列的成套标准，体现我国在科学技术方面的迅猛发展。

同时加快"走出去"步伐。中国铁路、交通工程建设和港口运营领域等向全世界展示了雄厚的产业竞争实力。中国交通运输企业不断加快"走出去"步伐，正在从传统劳务输出和工程承包向资本输出、技术输出、管理输出、标准输出转变。

任务一　公路路基养护与维修

学习情境一　路基养护与维修概述

一、公路路基养护原则

公路路基养护应遵循规范管理、安全运行、预防为主、防治结合、因地制宜、经济适用、节约资源、保护环境的原则，并应符合下列要求：

(1)应逐步建立路基管理系统，加强路基运行的动态管理，建立健全安全运行保障制度。

(2)应加强路基技术状况的检测与评定，推进预防养护工作，及时对路基病害进行养护处治。

(3)结合各地区实际情况及路基病害特点，应选用安全、耐久、经济、适用的养护技术，并积极稳妥采用新技术、新材料、新工艺和新设备。

(4)宜充分考虑自然环境和地质条件，采取工程防治、植物防护及两者相结合的措施，并注重节能环保技术应用和材料循环利用。

二、公路路基养护基本规定

(一)养护管理要求

(1)路基养护应包括日常养护和养护工程。日常养护应包括日常巡查、日常保养和日常维修；养护工程应包括预防养护、修复养护、专项养护和应急养护。

(2)路基养护工作对象应包括公路用地范围内的路肩、路堤与路床、边坡、既有防护及支挡结构物、排水设施、特殊路基等。

(3)路基养护工作内容应包括路况调查与评定、养护决策、日常养护、养护工程设计、养护工程施工、养护工程质量验收、跟踪观测和技术管理。

(4)路况调查与评定应包括病害调查、技术状况评定、安全性评估等内容。应定期进行路基病害调查、技术状况检测与评定,并对存在较大病害隐患路基的安全性进行评估。

(5)应结合公路信息化建设,建立健全路基管理系统,并及时更新路基基础资料、检测评定与定点监测数据、安全性评估结果等信息。

(6)应按公路养护科学决策的工作制度与方法,编制路基养护规划与年度计划。

(7)路基日常维修、预防养护、修复养护和专项养护应加强质量管理,严格施工过程质量控制,落实日常养护考核和养护工程验收制度。

(8)养护工程验收质量检验评定标准应符合公路养护工程质量检验评定的有关规定。

(9)路基日常维修、预防养护、修复养护和专项养护宜进行跟踪观测,综合评判实施效果,并做好技术总结。

(10)路基养护工作内容实施过程的技术档案应进行管理与归档。

(11)路基养护作业安全应符合现行《公路养护安全作业规程》(JTGH30)和《公路工程施工安全技术规范》(JTGF90)的有关规定。

(二)养护质量要求

(1)路肩养护应满足下列质量要求:

1)表面密实平整、清洁、无杂物、无杂草。

2)路肩宽度符合设计要求,边缘顺直、无缺损。

3)横坡符合设计要求,与路面衔接平顺,不阻挡路面排水。

4)路缘石完好、无缺损。

(2)路堤与路床养护应满足下列质量要求:

1)无明显不均匀沉陷。

2)无开裂滑移。

3)无冻胀、无翻浆。

(3)边坡养护应满足下列质量要求:

1)坡面平整,无冲沟、无松散、无杂物。

2)坡度符合设计要求。

3)边坡稳定。

(4)既有防护及支挡结构物养护应满足下列质量要求:

1)无沉陷、无开裂、无移位,沉降缝、伸缩缝完好。

2)表面平整、无脱空。

3)排水孔无堵塞、无损坏。

(5)排水设施养护应满足下列质量要求:

1)无杂物、无淤塞、无冲刷;

2)纵坡适度、排水畅通;

3)进出口状况完好、无积水。

(三)预防养护

(1)应贯彻路基预防养护理念,遵循"预防为主、主动施策"的原则。

(2)对路基存在病害隐患的路段应实施定点观测或监测,及时掌握病害发展趋势,并根据定点观测或监测结果,确定预防养护时机。

(3)应在确定预防养护时机的基础上,根据路基病害隐患特点及发展趋势等,确定预防养护措施。

(4)应按有关规定,对路基预防养护工程进行一阶段施工图设计。技术简单的预防养护工程可采用技术方案设计,并按技术方案组织实施。

(四)修复养护

(1)应及时对路基病害进行维修加固,实施修复养护工程。

(2)应按规范有关规定,对路基修复养护工程进行一阶段施工图设计,或技术设计和施工图设计两阶段设计。

(五)应急养护

(1)应遵循快速反应、有效抢险、及时处治、保障安全的原则,制订路基应急抢险预案,建立应急抢险工作机制,合理配备应急抢险队伍、设备、物资等。

(2)对存在重大病害隐患的路基,应加强监测,及时预警,并增设相应的交通安全警示标志。

(3)对影响交通安全的突发性灾害路段,应启动应急预案,及时开展应急抢通、保通和抢修工作,安排灾后修复养护工程。

(4)实施应急养护时,应设置交通安全设施;需中断交通的,应合理采取分流措施。

(5)应急抢通、保通和抢修工程的先期临时方案,应与后期修复养护工程方案相结合。

三、路基病害类型

路基病害可分为路肩病害、路堤与路床病害、边坡病害、既有防护及支挡结构物病害、排水设施病害五类。

(1)路肩病害可分为路肩或路缘石缺损、阻挡路面排水、路肩不洁三类。

1)路肩或路缘石缺损,指路肩一侧宽度小于设计宽度 10 cm 及 10 cm 以上,路肩出现 20 cm×10 cm(长度×宽度)以上的缺口,路缘石丢失、损坏、倾倒或路缘石与路面脱离透水等。

2)阻挡路面排水,指路肩高于路面,造成路面排水不畅。

3)路肩不洁,指路肩有堆积杂物、未经修剪且高于 15 cm 的杂草。

(2)路堤与路床病害可分为杂物堆积、不均匀沉降、开裂滑移、冻胀翻浆四类:

1)杂物堆积,指人为倾倒的垃圾和秸秆等杂物的堆积。

2)不均匀沉降,指路基出现大于 4 cm 的差异沉降,或大于 5 cm/m 的局部沉陷。

3)开裂滑移,指沿路基纵向出现弧形开裂,路基产生侧向滑动趋势。

4)冻胀翻浆,指季节性冰冻引起的路面隆起、变形,春融或多雨地区的路基在行车荷载作用下造成路面变形、破裂、冒浆等。

(3)边坡病害可分为坡面冲刷、碎落崩塌、局部坍塌、滑坡四类:

1)坡面冲刷,指由雨水冲刷坡面形成深度 10 cm 以上的沟槽(含坡脚缺口)。

2)碎落崩塌，指路堑边坡因表层风化等产生的碎石滚落、局部崩塌等。

3)局部坍塌，指因边坡表面松散破碎或雨水冲刷而引起的坡面滑塌。

4)滑坡，指边坡发生整体剪切破坏引起的坡体下滑，或有明显水平位移。

(4)既有防护及支挡结构物病害可分为表观破损、排(泄)水孔淤塞、局部损坏、结构失稳四类：

1)表观破损，指勾缝或沉降缝损坏、表面破损、钢筋外露和锈蚀等。

2)排(泄)水孔淤塞，指排(泄)水孔被杂物堵塞，造成排水不畅。

3)局部损坏，指局部出现的基础淘空、墙体脱空、脱落、鼓肚、轻度裂缝、下沉等。

4)结构失稳，指结构物整体出现的开裂、倾斜、滑移、倒塌等。

(5)排水设施病害可分为排水设施堵塞、排水设施损坏、排水设施不完善三类：

1)排水设施堵塞，指排水设施内有杂物、垃圾、淤积等，造成排水不畅或设施堵塞。

2)排水设施损坏，指排水设施出现勾缝严重脱落，排水沟、截水沟、急流槽等设施破损。

3)排水设施不完善，指排水设施缺失、未与外部排水系统有效衔接，造成排水不畅通。

四、路基技术状况评价

(一)一般规定

(1)应每年组织一次公路网级路基技术状况指数 SCI 调查与评定。

(2)根据路基日常巡查记录和病害定点监测结果，宜每季度或半年组织一次用于指导日常养护的路基技术状况指数 SCI 评价。

(3)对于雪害、风沙、涎流冰等特殊路基病害，应根据实际情况做好调查记录。调查结果可不参与路基技术状况评定，但可作为养护计划安排依据。

(4)公路路基技术状况应用路基技术状况指数 SCI 及其分项指标表示，路基技术状况指数 SCI 及其分项指标的值域为 0~100。

(5)公路路基技术状况应分为"优、良、中、次、差"五个等级。路基技术状况等级划分标准应符合表 2-1 的规定。

表 2-1 公路路基技术状况等级划分标准

评价指标	评定等级				
	优	良	中	次	差
SCI	≥90	≥80,<90	≥70,<80	≥60,<70	<60
VSCI、ESCI、SSCI、RSCI、DSCI	≥90	≥80,<90	≥70,<80	≥60,<70	<60

(二)路基技术状况调查

(1)路基病害调查应以 1 000 m 路段长度为一个基本单元，不足 1 000 m 按一个基本单元计，并对上、下行方向分别调查，与路面病害调查的基本单元划分相一致。

(2)路基病害调查可采用人工调查与设备检测相结合的方式，采集路基病害信息。

(3)路基技术状况应上述规定的损坏类型调查。路基损坏调查表的格式表 2-2。

表 2-2 路基病害调查与技术状况评定表

路线名称：　　　　　调查时间：　　　　　调查人员：　　　　　检测方向：上行/下行

起点桩号：　　　终点桩号：　　　路段长度：

分项	病害名称	单位扣分	病害权重 ω_i	累计扣分 GD_i	分项得分 $100-\Sigma(GD_i \times \omega_i)$	分项权重 ω
路肩技术状况指数 VSCI	路肩或路缘石缺损	5	0.4			0.1
	阻挡路面排水	10	0.4			
	路肩不洁	2	0.2			
路堤与路床技术状况指数 ESCI	边坡堆积物	5	0.2			0.2
	不均匀沉降	20	0.3			
	开裂滑降	50	0.3			
	冻胀翻浆	20	0.2			
边坡技术状况指数 SSCI	坡面冲刷	5	0.2			0.25
	碎落崩塌	20	0.25			
	局部坍塌	50	0.25			
	滑坡	100	0.3			
既有防护及支挡结构物技术状况指数 RSCI	表观破损	10	0.1			0.25
	排(灌)水孔淤塞	20	0.2			
	结构损坏	20	0.3			
	结构失稳	100	0.4			
排水设施技术状况指数 DSCI	排水设施堵塞	5	0.5			0.2
	排水设施损坏	10	0.5			
评定结果：路基技术状况指数 SCI						

计算方法：SCI＝VSCI×ω_V＋ESCI×ω_E＋SSCI×ω_S＋RSCI×ω_R＋DSCI×ω_D

注：1. 填写本表时间对照附表 A-2 进行填写；检测方向中顺桩号方向为上行，逆桩号方向为下行；
2. 路基技术状况指数 SCI 为公路技术状况指数 MQI 的一个分项指标；
3. 当路基出现排水设施不完善、雪害、风积沙、雪流冰等不计入技术状况评定的病害时，应另行记录病害的位置及严重程度。

表 2-3 路基损坏扣分标准

类型	损坏名称	损坏程度	扣分标准	备注
1	路肩损坏	路肩或路缘石缺损	5	每 20 m 为一处，不足 20 m 按一处计
		阻挡路面排水	10	
		路肩不洁	2	
2	路堤与路床	杂物堆积	5	每 20 m 为一处，不足 20 m 按一处计
		不均匀沉降	20	
		*开裂滑移	50	
		冻胀翻浆	20	
3	边坡	坡面冲刷	5	每 20 m 为一处，不足 20 m 按一处计，当边坡高度超过 20 m 时，扣分加倍。当岩质边坡或黄土路基边坡出现局部碎落崩塌后，坡面形成坑洞、缺陷等，但不影响路基边坡整体稳定和通行安全的，可不扣分
		碎落崩塌	20	
		*局部坍塌	50	有滑塌或有明显安全隐患的计为一处，当边坡高度超过 20 m 时，扣分加倍
		*滑坡	100	—
4	既有防护及支挡结构物	表观破损	10	每 20 m 为一处，不足 20 m 按一处计
		排(泄)水孔淤塞	20	以构造物伸缩缝(含沉降缝)为自然段落，30% 及以上排水孔出现排水不畅计为一处
		局部损坏	20	每 20 m 为一处，不足 20 m 按一处计
		*结构失稳	100	按既有防护及支挡结构物单独评价
5	排水设施	排水设施堵塞（含涵洞）	5	每 20 m 为一处，不足 20 m 按一处计，独立涵洞计为一处
		排水设施损坏（不含涵洞）	10	
		排水设施不完善	0	—

注：1. 按照表中每种病害的单项扣分，扣完 100 分为止。
　　2. 若路基结构物缺少分项，不扣分。
　　3. 表中长度是指沿路线方向的长度，"每 20 m 为一处，不足 20 m 按一处计"是指若某种病害在一处计量单元中存在若干不连续的现象，统一按一处计。
　　4. 同一位置同时存在两种及两种以上病害时，按各自病害分项分别扣分。
　　5. 对于标"*"的病害，应根据实际情况进行分析判断。该病害影响正常通行或威胁交通安全时，该评定单元的路基技术状况指数 SCI 按 0 分计。
　　6. 病害为排水设施不完善，在进行路基技术状况评定时不扣分，仅作为安排路基养护计划的依据。

(三)路基技术状况评价

(1)路基技术状况用路基技术状况指数(SCI)评价，按式 2-1 计算。

$$SCI = VSCI \times w_V + ESCI \times w_E + SSCI \times w_S + RSCI \times w_R + DSCI \times w_D \qquad (2\text{-}1)$$

式中　$VSCI$——路肩技术状况指数；
　　　$ESCI$——路堤与路床技术状况指数；
　　　$SSCI$——边坡技术状况指数；
　　　$RSCI$——既有防护及支挡结构物技术状况指数；
　　　$DSCI$——排水设施技术状况指数；
　　　w_V——$VSCI$ 在 SCI 中的权重，取值为 0.1；
　　　w_E——$ESCI$ 在 SCI 中的权重，取值为 0.2；
　　　w_S——$SSCI$ 在 SCI 中的权重，取值为 0.25；
　　　w_R——$RSCI$ 在 SCI 中的权重，取值为 0.25；
　　　w_D——$DSCI$ 在 SCI 中的权重，取值为 0.2。

(2)路肩技术状况指数 $VSCI$ 应按式 2-2 计算。

$$VSCI = 100 - \sum (GDi_V \times \omega i_V) \qquad (2\text{-}2)$$

式中：$GDiV$——第 i 类路肩病害的总扣分，按表 2-3 的规定执行；
　　　ωiV——第 i 类路肩病害的权重，按表 2-4 的规定取值。

表 2-4　路肩病害权重

病害名称	路肩或路缘石缺损	阻挡路面排水	路肩不洁
系数	0.4	0.4	0.2

(3)路堤与路床技术状况指数 $ESCI$ 应按式 2-3 计算。

$$ESCI = 100 - \sum (GDi_E \times \omega i_E) \qquad (2\text{-}3)$$

式中　GDi_E——第 i 类路堤与路床病害的总扣分，按表 2-3 的规定执行；
　　　ωi_E——第 i 类路堤与路床病害的权重，按表 2-5 取值。

表 2-5　路堤与路床病害权重

病害名称	杂物堆积	不均匀沉降	开裂滑移	冻胀翻浆
系数	0.2	0.3	0.3	0.2

(4)边坡技术状况指数 $SSCI$ 应按式 2-4 计算。

$$SSCI = 100 - \sum (GDi_S \times \omega i_S) \qquad (2\text{-}4)$$

式中　GDi_S——第 i 类边坡病害的总扣分，按表 2-3 的规定执行；
　　　ωi_S——第 i 类边坡病害的权重，按表 2-6 取值。

表 2-6　边坡病害权重

病害名称	坡面冲刷	碎落崩塌	局部坍塌	滑坡
系数	0.2	0.25	0.25	0.3

(5)既有防护及支挡结构物技术状况指数 $RSCI$ 应按式 2-5 计算。

$$RSCI = 100 - \sum (GDi_R \times \omega i_R) \qquad (2\text{-}5)$$

式中　GDi_R——第 i 类既有防护及支挡结构物病害的总扣分，按表 2-3 的规定执行；

ωi_R——第 i 类既有防护及支挡结构物病害的权重，按表 2-7 取值。

表 2-7 既有防护及支挡结构物病害权重

病害名称	表观破损	排（泄）水孔淤塞	局部损坏	结构失稳
系数	0.1	0.2	0.3	0.4

(6) 排水设施技术状况指数 DSCI 应按式 2-6 计算。

$$DSCI = 100 - \sum (GDi_D \times \omega i_D) \tag{2-6}$$

式中：GDi_D——第 i 类排水设施病害的总扣分，按表 2-3 的规定执行；

ωi_D——第 i 类排水设施病害的权重，按表 2-8 取值。

表 2-8 排水设施病害权重

病害名称	排水设施不完善	排水设施堵塞	排水设施损坏
系数	0	0.5	0.5

(四)评定结果的应用

(1) 应根据公路网级路基技术状况指数 SCI 的评定结果，编制公路网级路基养护规划与年度计划。

(2) 应根据路基技术状况指数 SCI 各分项指标的评价结果，制订具体路段的路基养护对策、日常养护生产计划和养护工程计划。

(3) 路基养护对策应根据路基技术状况评定结果、养护工作对象与内容，以及病害处治类型，按表 2-9 进行选择。对于路基某一养护工作对象与内容，存在两个或两个以上对策可供选择时，应根据实际情况选择其一。

表 2-9 路基养护对策

养护工作对象与内容		日常养护		养护工程			
						应急养护	
		日常保养	日常维修	预防养护	修复养护	抢通保通	应急修复
路肩	路肩清扫	√	—	—	—	—	—
	路肩整修	√	√	—	√	—	—
	路缘石维修	√	√	—	—	—	—
路堤与路床	沉降处治	—	—	√	√	√	√
	开裂滑移处治	—	—	√	√	√	√
	冻胀翻浆处治	—	√	—	√	—	—
	桥头跳车处治	—	—	√	√	—	—
边坡	坡面防护	√	√	√	√	—	—
	碎落崩塌处治	√	√	√	√	√	—
	局部坍塌处治	—	—	√	√	√	√
	滑坡处治	—	—	—	√	√	√

养护工作对象与内容		日常养护		养护工程			
		日常保养	日常维修	预防养护	修复养护	应急养护	
						抢通保通	应急修复
既有防护及支挡结构物	表观破损处治	—	√	—	√	—	—
	排(泄)水孔淤塞处治	√	√	—	√	—	—
	局部损坏修复	—	√	√	√	—	—
	结构失稳加固	—	—	—	√	—	√
排水设施	排水设施疏通	√	√	—	√	—	—
	排水设施修复	—	√	√	√	—	—
	排水设施增设	—	—	√	√	—	—

学习情境二　路基的日常养护与维修的要求

一、一般规定

(1)应编制路基的日常养护年度计划，并根据养护质量要求及路基状况调查结果确定日常养护工作内容。

(2)路基日常养护应及时做好工作记录，包括作业时间、作业内容、作业人员、完成的工作量等内容。

(3)应提倡和鼓励使用机械设备开展养护作业，提升路基日常养护机械化水平。

二、日常巡查

(1)应在公路养护日常巡查工作制度中明确路基日常巡查工作内容。

(2)路基的日常巡查可分为一般巡查和专项巡查。

(3)路基的一般巡查频率每周不宜少于一次，遇特殊气候、突发灾害等情况，应适当增加巡查频率。一般巡查可用目测方式，也可用目测与量测相结合的方式，应包括下列主要工作内容：

1)检查路肩是否存在缺损、阻挡排水，是否存在杂草、杂物。

2)检查路堤是否存在杂物堆积，是否存在沉陷、冻胀翻浆。

3)目测边坡是否存在冲刷、缺口，坡面是否存在杂草、杂物，坡体是否存在松动、碎落崩塌、局部坍塌。

4)检查既有防护及支挡结构物是否存在表面破损、勾缝脱落、杂草、杂物，是否存在排(泄)水孔堵塞，是否存在局部损坏。

5)查看排水设施是否存在堵塞、破损等。

(4)路基的专项巡查应主要对高边坡、既有防护及支挡结构物、排水设施等的病害进行实地察看与量测，做好路基专项巡查记录，并应符合下列规定：

1)路基的专项巡查应在年度公路网级的路基技术状况调查基础上，每半年进行一次。

2)对最近一次路基技术状况指数 SCI 或任一分项指标评定为"次、差"的路段，其专项巡查频率每月不得少于一次。

(5)路基专项巡查应包括下列主要工作内容：

1)察看边坡坡顶和坡面是否存在裂缝以及裂缝的发展情况；边坡坡面是否存在岩体风化松散、局部坍塌、滑坡。

2)检查既有防护及支挡结构物是否存在结构变形、滑移、开裂；基础是否存在积水、冲刷、空洞等。

3)查看排水设施的排水是否通畅、有效，是否损坏、不完善。

三、日常保养

1.路基日常保养应包括下列主要工作内容：

整理路肩，修剪路肩杂草，清除路肩杂物。

(2)整理坡面，缺口培土，修剪坡面杂草，清除坡面杂物。

(3)清除护坡、支挡结构物上的杂物，疏通排(泄)水孔。

(4)清理绿化平台、碎落台上的杂物。

(5)疏通边沟、截水沟、集水井、泄水槽等排水设施。

(6)修整中央分隔带路缘石，清除杂物、杂草，清理排水通道。

四、日常维修

(1)应根据路基技术状况评定与日常巡查记录结果，按月度或季度编制日常维修工作计划。

(2)日常维修应包括下列主要工作内容：

1)修补路基缺口，整修路缘石，修整路肩坡度，处理路肩的轻微病害。

2)清理边坡零星塌方，修补坡面冲沟，修理砌石护坡、防护网、绿植等坡面防护工程的局部损坏。

3)修理既有防护及支挡结构物的表观破损和轻微的局部损坏。

4)整修绿化平台、碎落台。

5)局部开挖边沟、截水沟等，铺砌、修复排水设施等。

学习情境三　路基的日常养护与维修

一、路肩的养护与维修

路肩位于行车道外缘至路基边缘的地带，是路基的重要组成部分，其功能是保护路面边缘，供行人和非机动车通行，也可供临时停车和错车之用。造成路肩病害的主要因素是水的作用，因此，路肩的养护与维修工作就是减少或消除水对路肩的危害。

公路路肩应保持平整、坚实，横坡适顺，排水顺畅。土路肩或草皮路肩的横坡应略大于路面横坡，一般应比路面横坡大 $1\%\sim2\%$，以利于排水。硬路肩与路面同坡。硬路肩产生病害应参照同类型路面病害处治。

土路肩上出现的车辙、坑洼及因行车道罩面、加铺保护层而造成的错台现象，必须及时排除积水、清理淤泥，并用与原路肩相同的土填平夯实，恢复其原有状态。路肩过高妨碍路面排水时,应铲削整平,达到合乎规定的坡度。路肩外侧边缘由于流水冲刷,或牲畜踩踏、车轮碾压形成缺口时,应及时修补,使其保持整齐顺适。可结合实施 GBM 工程,使用石块、水泥混凝土预制块铺砌(或现浇)宽度不小于 20 cm 的路肩边缘带(护肩带),既保护路肩,又美化路容。

陡坡路段的路肩,易被暴雨冲成纵横沟槽,甚至冲坏路堤边坡,为此,可采取的防护措施有以下几项:

(1)设置截水明槽。自纵坡坡顶起,每隔 20 m 左右两侧交叉设置 30~50 cm 宽的斜向截水明槽,并用碎(砾)石填平,同时,在路肩边缘处设置高为 10 cm、顶宽为 10 cm、底宽为 20 cm 的拦水土埝,在每条截水明槽处留一淌水缺口,其下边的边坡用草皮或砌石加固,使雨水集中在截水明槽内排出,如图 2-1 所示。

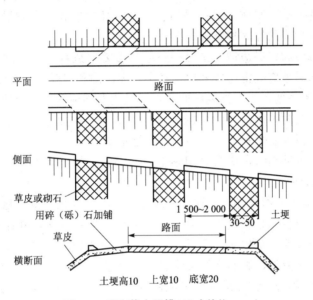

图 2-1 路肩截水明槽(尺寸单位:cm)

(2)用粒料加固土路肩或有计划地铺筑硬路肩。

(3)在陡坡路段的路肩和边坡上进行全范围人工植草,以防雨水冲刷。

在铺筑硬路肩有困难的路线或路段,可种植草皮或利用天然草业加固路肩。种植草木应选择适合当地土质、易于成活和生长的草种,成活生长后定期进行维护和修剪,草高不得超过 15 cm,并随时清除杂草和草丛中积存的泥砂杂物,以利于排水,保持路容美观。

路肩上严禁种植农作物和堆放任何杂物。对于养路材料,应在公路以外相连路肩之外,根据地形情况,选择适宜地点,设置堆料台,堆料台的间距以 200~500 m 为宜。

对于因路肩湿软而经常发生啃边病害的路段,可在路肩内缘铺设排水盲沟,以及时排除由路肩下渗的积水。

为减少土路肩的养护工作量,对路面过窄或行车密度大的路线,应尽量利用当地砂石或矿渣等材料,对路肩有计划地加固、硬化,或用沥青、水泥混凝土材料改铺成硬路肩。

高速公路及实施 GBM 工程的一般公路,路肩应铺为沥青混凝土或水泥混凝土,并砌筑路肩边缘带。此时的路肩养护工作将转变成同类型路面的养护。

车辆在高等级公路上行驶,如果出现故障,需要停在紧急停车带进行检查、修理。特别是对于重型车辆，必须使用千斤顶进行修理，会给停车带的沥青路面留下难以恢复的坑迹；同时，在修车过程中，个别车辆会在停车带上漏下柴油，这些柴油会腐蚀沥青混凝土路面，造成停车带沥青路面松散。随着时间的推移，这些坑迹和被腐蚀的地方就会发展成坑槽，这种情况的存在，既影响停车安全，又影响路肩的排水功能，并且会使路面水渗入基层或底基层，进而影响公路的质量。所以，要及时地对停车带上的坑迹和腐蚀处进行处理，确保路肩表面平整，横坡适度，边缘顺直。这些坑迹和腐蚀的处理办法可参照沥青路面坑槽维修办法，也可在路面坑槽修补时一同进行。高等级公路的路缘石如有损坏，应及时进行修补。

二、边坡的养护与维修

路基边坡应保持平顺、坚实，遇有缺口、坍塌、高边坡碎落、侧滑等病害，应分别针对具体情况采取各种相应的加固整修措施。

边坡包括路堑边坡和路堤边坡，是保护路基的重要组成部分。边坡的养护与维修重点是保持其稳定性，即边坡应经常保持平顺、坚实，无冲沟和裂缝，其坡度符合设计规定。

(1)对于石质路堑边坡，应经常观察坡面岩石风化发展情况，以及边坡上的危岩、浮石的变动，发现问题，及时采取适当的措施处理，如清除、抹面、喷浆、勾缝、嵌补、锚固等，避免危及行车、行人安全和堵塞边沟，影响排水。

土质路堑边坡出现冲沟时，应及时用黏土填塞捣实；如出现潜流涌水，可开沟隔断水源，将水引向路基以外。

(2)对于填土路堤边坡形成冲沟和缺口，应及时用粘结性良好的土修补拍实。对较大的冲沟和缺口，修理时应将原边坡挖成台阶形，然后分层填筑压实，并注意与原坡面衔接平顺。对路堤中间部分用粉煤灰填筑的路基，应注意加强边坡的养护。发现冲沟、缺口应及时修理，以防止粉煤灰流失，影响路基整体强度和稳定。

(3)对于边坡、碎落台、护坡道等易出现缺口、冲沟、沉陷、塌落或受洪水及边沟流水冲刷时，应根据水流、土质等情况，选用种草、铺草皮、栽灌木林、铺柴束、篱格填石、投放石笼、干砌或浆砌片石护坡等措施，进行防护和加固。

边坡如发生坍塌需要修整时，不能在边坡上贴土修补，而应在毁坏的地段上从下到上先挖成台阶，再分层填土夯实，夯实后的宽度略高于原来的坡面，以便最后切出边坡。

边坡上的植被对保护边坡大有益处，不能铲除，并禁止在边坡上割草、放牧。同时，严禁在边坡上及路堤坡脚、护坡道上挖土取料或种植农作物。

目前，土工合成材料的发展为边坡防护、加固提供了新材料、新技术和新方法。常用于边坡防护、加固的土工合成材料有土工网、土工格栅、防老化的塑料编织布、土工膜袋等。使用上述材料进行边坡防护和加固的突出优点是：施工简便、进度快、造价低、效果好。

三、排水设施的养护与维修

路基排水的主要作用是将路基范围内的土基湿度降低到一定限度内，保证路基常年处于干燥状态，确保路基具有足够的强度和稳定性。路基排水系统能否正常工作，将直接影响到路基的稳定性。因此，要对排水设施进行经常性的、预防性的养护和维修，确保其功能完好、排水顺畅。同时根据实际使用情况，不断改善路基排水条件。

水是造成路基及沿线设施病害以致破坏的重要因素。对路基有危害的水分为地表水与地下水两大类。

(1)地表水主要是由降水(包括雨水、雪水)形成的地面径流及大小河沟溪水等,这是路基排水的主要方面,也是对路基造成危害的主要水源。同时,路面上的水如不能及时排出,会给行车带来很大的安全隐患。

(2)地下水包括上层滞水、潜水及层间水等。暴雨径流、冰雪融水、上层滞水、潜水、泉水及路旁积水,它们均能软化、冲刷甚至毁坏地基,造成路基边坡滑塌、道路翻浆等病害。在公路养护过程中,要保持路基排水设施完好无缺,应根据实际情况,补充完善排水设施,并与沿线桥涵配合形成良好的排水系统,以保证路基的强度及边坡的稳定。

路基排水的主要作用是将路基范围内的土基湿度降低到一定限度内,保持路基常年处于干燥状态,确保路面具有足够的强度和稳定性。路基排水设施分为地面排水设施和地下排水设施。

路基排水系统能否正常工作,直接影响路基的稳定性,因此,必须对排水设施进行经常性的、预防性的养护和维修,确保其功能完好、排水顺畅。同时根据实际使用情况,要不断改善路基排水条件。因此,路基的排水要求如下:

路基排水设施应保持排水畅通。如有冲刷、堵塞和损坏,应及时疏通、修复或加固。路基排水设施断面尺寸和纵坡应符合原设计标准规定。对暗沟、渗沟等隐蔽性排水设施,应加强检查,防止淤塞,如有淤塞,应及时修理、疏通。原有排水设施不能满足使用要求时,应适时增设和完善。新增排水设施时,其设计、施工应符合现行《公路路基设计规范》(JTG D30—2015)和《公路路基施工技术规范》(JTG/T 3610—2019)的有关规定。

对各种排水设施,在春融前,特别是汛期前,应进行全面检查疏浚。雨天必须上路巡查,及时排除堵塞,保持水流畅通,防止水流集中冲坏路基。暴雨后应重点检查,如有冲刷、损坏,需及时修复加固,如有堵塞应及时清除。

对边沟、截水沟、排水沟及暗沟(管)等排水设施,在春融前,特别是汛前,应全面进行检查疏浚,雨中必须上路巡查,及时排除堵塞、疏导水流,保持水流通畅,防止水流集中冲坏路基。暴雨后应进行重点检查,如有冲刷、损坏,须及时修理加固,如有堵塞应立即清除。当路堤边坡出现冲沟或缺口时,宜选用与原路基相同的填料填筑夯实,路堑段应将截水沟内的积水引至坡外。

在养护工作中,要针对现有排水系统不完善的部分逐步加以改进、完善,充分发挥各种排水设施的功能。例如,对有积水的边沟,应将水引至附近低洼处;对疏松土质或黏土沟渠,需结合地形、地质、纵坡、流速等实际情况,综合考虑加固。尤其是土质边沟,应经常保持设计断面,满足排水要求,沟底不应小于0.5%纵坡。平原地区和排水困难路段,纵坡不宜小于0.2%。

对有中央分隔带的路面,要确保中央分隔带的排水畅通无阻。对于设有集中排水设施的中央分隔带的集水井、横向排水管,应经常清淤和维修,保持排水畅通。

雨季前后应对拦水缘石及泄水槽进行检查维修,保持其完好,连接处应平顺无裂缝。对未设置拦水缘石及泄水槽的路段,宜通过养护手段逐步完善。

高速公路的路面局部积水,应针对积水原因,及时采取清扫、整平路面及增设排水设施等相应措施。雨后应采取措施,排除高速公路互通立交区内的积水。所有从排水设施中排出的水,不得冲毁农田或其他建筑物,应注意对环境的保护。

如发现渗沟、盲沟出水口处长草、堵塞，应进行清除和冲洗。对有管渗沟应经常检查疏浚，以保证管内水流通畅。如发现反滤层淤塞失效，则应翻修，并剔除其中较小颗粒的砂石，以保证其孔隙，便利排水。如位置不当，则应另建渗沟或盲沟，其构造如图2-2所示。

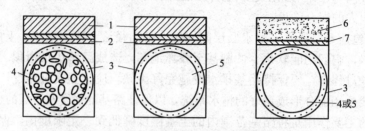

图 2-2　渗沟、盲沟构造示意
1—夯实黏土；2—双层反铺草皮；3—预制混凝土管；4—碎石；
5—排水管道；6—砂石过滤层；7—无纺土工布

使用针刺无纺布作反滤层是一项新技术。针刺无纺布的规格可选用 $200\sim300\ g/m^2$。选用时，应注意无纺布的有效孔径要小于渗流中颗粒的粒径。

四、路基防护工程的养护与维修

1. 植物防护

植物防护主要有种草、铺草皮和植树，采用植物覆盖层对坡面进行防护，工程简单，效果好。可以减缓地面水流速度，调节表层水温状况，植物根系深入土层，在一定程度上对表层土起到固结作用。

植物防护的养护主要是植物的养护，对草和树要经常浇水、施肥和除虫，保证植物正常生长。对于草皮死亡、树木缺株，应针对情况进行补植；对于植物防护由于水流作用，植物根部被冲空，坡面及坡顶裂缝、隆起，坡面局部冲沟，应针对情况进行维护或改变防护形式。若是由于水流速度较大，植物经常被冲毁，可改为抛石、护岸等其他防护形式；对坡面水流作用，可视情况在坡面上设置截水沟、排水沟，正确引导水流，防止地表水过度冲刷植被。

2. 石砌护坡

石砌护坡主要有干砌片石、浆砌片石、钢筋混凝土预制挂板等。

对于护坡片石、挂板等局部松动、脱落及陷没现象，应及时进行填补、加固，保证护坡工程的整体完好。护坡工程滑动、下沉、隆起等，针对这种护坡工程本身严重破坏的，如不能恢复，应拆除重建，或改为其他更有效的防护形式。护坡工程发生裂缝，可用水泥砂浆灌缝填补。当护岸受到洪水冲刷或波浪、漂浮物等冲击损坏，基础受到冲刷被掏空时，应采取抛石加固，保证边坡稳定。

3. 导流构造物

导流构造物主要有丁坝、顺坝、格坝、导流堤等，导流构造物的破坏主要是受水流作用，基础被掏空，构造物自身被冲刷，洪水期受到波浪、漂浮物等冲击，使构造物本身开裂、位移，或被彻底冲毁，因此，须对构造物进行抛石加固；对冲毁的构造物应进行全部拆除，重新设计和施工，以达到实际需要。

五、支挡工程的养护与维修

(一)挡土墙

挡土墙是用来支撑天然边坡或人工填土边坡以保持土体稳定的建筑物。在公路工程中,其广泛应用于支撑路堤或路堑边坡、隧道洞口、桥梁及河流岸壁等。

对挡土墙应加强检查,发现病害应查明原因,并观察其发展趋势,采取相应的修复、加固等措施,损坏严重时,可考虑全部或部分拆除并重建。应保持挡土墙的泄水孔畅通,定期检查和维修,清理伸缩缝、沉降缝,使其正常发挥作用。重建或增建挡土墙,应根据公路所在地区地形及水文地质等条件合理选择挡土墙类型,并应符合现行《公路路基设计规范》(JTG D30—2015)和《公路路基施工技术规范》(JTG/T 3610—2019)的有关规定。

挡土墙的日常养护除经常检查是否存在损坏外,每年应在春季和秋季各进行一次定期检查,北方冰冻严重地区更应注意,主要检查挡土墙在冰冻融化后墙身与基础的变化情况,以及冰冻前所采取的防护措施的效果。另外,在反常气候、地震或重型车辆通过等特殊情况后应进行及时检查,发现裂缝、断缝、倾斜、鼓肚、滑动、下沉或表面风化、泄水孔堵塞、墙后积水、周围地基错台、空隙等情况,应查明原因,并观察其发展趋势,采取相应的修理、加固等措施。对检查和修理加固情况,应做好工作记录,设立技术档案备查。

挡土墙发生裂缝、断裂,但已停止发展,可将缝隙凿毛,清除碎碴和杂物,然后用水泥砂浆填塞。水泥混凝土或钢筋混凝土挡土墙的裂缝也可用环氧树脂粘合。

挡土墙发生倾斜、鼓肚、滑动或下沉时,可选用的加固措施如下:

(1)锚固法。锚固法适用于水泥混凝土或钢筋混凝土挡土墙。采用高强度钢筋作锚杆,穿入预先钻好的孔内,用水泥砂浆灌满锚杆插入岩体部位,固定锚杆,待砂浆达到一定强度后,对锚杆进行张拉,然后用锚头固紧,如图2-3所示。

(2)套墙加固法。在原墙外侧加宽基础,加厚墙身,如图2-4所示。施工时,应挖除一部分墙后填土,减小土压力,同时,应注意新旧基础和墙身的结合。其方法是凿毛旧基础和旧墙身,必要时设置钢筋锚栓或石榫,以增强连接。墙后回填土必须分层填筑并夯实。

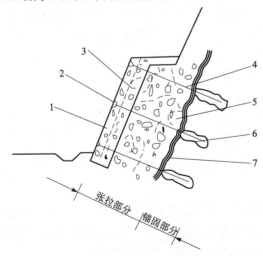

图2-3 锚固法加固挡墙

1—现浇混凝土;2—锚头;3—原墙体;4—预应力钢筋;
5—墙后填土;6—灌入泥浆;7—锚固岩基的推算线

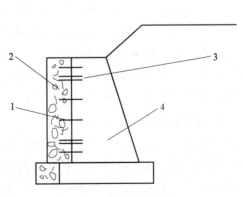

图2-4 套墙示意图

1—原挡墙;2—套墙;3—钢筋锚栓;4—连系石榫

(3)增建支撑墙加固法。在挡土墙外侧,每隔一定的间距,增建支撑墙。支撑墙的基础埋置深度、尺寸和间距应通过计算确定,如图2-5所示。

(4)原挡土墙损坏严重,采用以上加固方法不能达到设计强度要求时,则应考虑将损坏部分拆除重建。为防止不均匀沉降,新旧挡土墙之间应设置沉降缝,并应注意新旧挡墙接头协调。

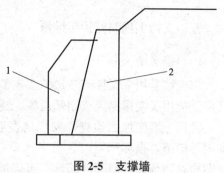

图 2-5 支撑墙
1—支撑墙;2—旧挡墙

挡土墙的泄水孔应保持畅通。如有堵塞,应及时疏通,如无法疏通,应另行选择适当位置增设泄水孔,或在墙背后沿挡墙增做墙后排水设施,一般可增设盲沟将水引出路基以外,以防止墙后积水,引起土压力增加或冻胀。

挡土墙表面出现风化剥落时,应将风化表层凿除,喷涂水泥砂浆保护层。当风化剥落严重时,应将风化部分拆除重砌。

锚杆式及加筋挡土墙,应注意是有否变形、倾斜或肋柱,挡板是否出现损坏、断裂。如有损坏,应及时修理、加固或更换。对暴露的锚头、螺母、垫圈应定期涂刷防锈漆,同时应检查锚头螺母是否松动、脱落,如有松动、脱落应及时紧固和补充。

浸水挡土墙,除平时经常检查其有否损坏外,应在洪水期前后详细观察、检查。汛前检查的目的是确定其作用效果和是否完整稳定,能否承受洪水的袭击和应采取的防护、加固措施;汛后检查的目的是观察其有否损坏,如有损坏,应及时修理和加固。

浸水挡土墙受洪水冲刷,出现基础被掏空,但未危及挡土墙本身时,可采取抛石加固或用块(片)石将掏空部分塞实并灌浆。当挡土墙本身出现损坏,如松动、下沉、倒塌、开裂等,应按原样进行修复。

(二)护岸

护岸设施,应在洪水期前后详细观察、检查其作用和效果是否达到稳定完好,如发现损坏,应及时修理和加固。

用土工膜袋做护岸,是近几年出现的一项新技术。土工膜袋就像一个中间带有许多节点的超大型塑料编织袋,其规格可按工程要求加工。施工时,将膜袋平铺于岸坡上(也可按设计要求伸于水下),从袋口(可多处同时施工)连续灌注流动性良好的混凝土,则充满混凝土的膜袋紧贴在岸坡上,形成一个稳固、连续的大面积混凝土壁,起到护岸的作用。此项技术的特点是施工速度快、简便、经济,而且可省去养管工作,适用于冲刷严重的沿河路堤,如图2-6所示。

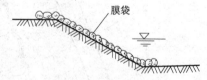

图 2-6 土工膜袋护岸

(三)透水路堤

透水路堤透水层及设置于其内的泄水管应保持稳定和良好的透水(泄水)性能,若有损坏应及时修复。透水路堤的上下游底铺砌应保持平整密实,若有损坏应及时修复。透水路堤的透水层,若失去透水性能影响路堤稳定且无法修复时应考虑改建为桥涵。

透水路堤的边坡,应保持稳定和完好,若发现有冲塌缺陷,应选用与原来相同的材料填补加固。透水路堤伸出路基坡脚以外部分,应经常清理,保持原有的宽度,防止边坡土壤坍落,淤塞石缝。

压力式透水路堤上游的路基护坡,应保持高出洪水位 1 m,雨季后检查如高度不足时,应采取补救加固措施。上游护底的铺砌,必须保持平顺、密实无淤积,如发现松动变形,需及时修补。

透水路堤顶面与路基之间所铺的隔离层,是防止毛细水上升的措施,如路基出现发软变形,证明隔离层失去作用,应进行翻修恢复。透水路堤在养护加固中,如遇不能清除淤塞阻水的情况,则应改建为桥梁或涵洞以利水流的宣泄。

学习情境四　路基翻浆的防治

一、翻浆的发展过程及其影响因素

(一)翻浆的发展过程

秋季,由于降水或灌溉的影响,地面水下渗、地下水水位升高,使路基水分增多,为冬季水分积聚提供了必要条件。

冬季,气温下降,路基上部的土开始冻结。此时,土孔隙内的自由水在 0 ℃时首先冻结,形成冰晶体。当温度继续下降时,与冰晶体接触的土颗粒表面的薄膜水(弱结合水在 -0.1 ℃~-10 ℃时冻结)受冰的结晶力的作用,移动到冰晶体上面冻结。因此,该部分土粒表面的水膜变薄,破坏了原来的吸附平衡状态,产生剩余分子引力,将吸取邻近土粒的薄膜水。

同时,当水膜变薄时,薄膜水内的离子浓度增加,产生渗透压力差。在土粒分子引力和渗透压力差的共同作用下,薄膜水就从水膜较厚处向水膜较薄处移动,并逐层向下传递。在温度为 0 ℃~-3 ℃(-5 ℃)的条件下,当未冻区有充足的水源供给时,水分发生连续移动,使路基上部大量聚冰。

如果冻结线在某一深度停留时间较长,水分有充分的聚结时间,当水源供给充足时,便在冻结线附近形成聚冰层。它通常只出现在路基上部的某一深度范围内,一般有 5~30 cm 厚。聚冰层可能有一层或多层。凡聚冰层所在之处即是路基土含水量最大之处。

尤其在沥青路面上,由于路面材料的导热系数远大于路肩土,因此路面下的土首先冻结,于是不单是路基下部水分,而且路肩、边坡下尚未冻结的土中的水分都向路面下已冻结区土中聚集。因而路面下聚集水分特别多,加重了聚冰层的形成。

春季化冻时,由于路面结构层的吸热和导温性较强,路面下的路基土先于路肩下的融化,于是路基下残余未化的冻土形成凹槽,化冻后的水分难以排出,路基上部处于过湿状态。当融化至聚冰层时,路基湿度更大,有时甚至超过液限。这样,路基在化冻过程中强度显著降低,以至丧失承载能力,在行车荷载作用下发生弹簧、开裂、鼓包、车辙,严重时泥浆外冒,路面大面积破坏,从而形成了翻浆。

(二)翻浆的影响因素

影响公路翻浆的主要因素有土质、温度、水、路面、行车荷载、人为因素等。其中,土质、温度、水三者的共同作用是形成翻浆的三个自然因素。

(1)土质。粉性土是最容易翻浆的土,这种土的毛细水上升较高,在负温度作用下水分聚流严重，而且土中的水分增多时强度降低幅度大而快，容易丧失稳定性。粉性土的毛细水上升虽高，但上升速度较慢，因此，只有在水源供给充足，并且在土基冻结速度缓慢的情况下，才能形成比较严重的翻浆。粉性土和黏性土含有大量腐殖质和易溶盐时，则更易形成翻浆。砂土在一般情况下不会发生翻浆，这种土毛细水上升高度小，在冻结过程中水分聚流现象很轻，同时，这种土即使含有大量水分，也能保持一定的强度。

(2)温度。一定的冻结深度和一定的冷量(冬季各月负气温的总和)是形成翻浆的重要条件。在同样的冻结深度和冷量的条件下，冬季负气温作用的特点和冻结速度的大小对形成翻浆的影响也是很大的。例如，当初冻时气温较高或冷暖交替出现，温度为 0 ℃～3 ℃ (−5 ℃～0 ℃)停留时间较长，冻结线长期停留在路面下较浅处，会使大量水分聚流到距路面很近的地方，产生严重翻浆的情况；反之，如冬季一开始就很冷，冻结线很快下降到距离路面较深的地方，则土基上部聚冰少就不易出现翻浆。除此之外，春天气温的特点和化冻速度对翻浆也是有影响的，如春季化冻时，天气骤暖，土基急速融化，则会加重翻浆的程度。

(3)水。翻浆的过程就是水在路基土中转移、变化的过程。路基附近的地表积水及浅的地下水，能提供充足的水源，是形成翻浆的重要条件。秋雨及灌溉会使路基土的含水量增加，使地下水水位升高，加剧翻浆的程度。

(4)路面。路面结构与类型对翻浆也有一定的影响，如在比较潮湿的土基上铺筑沥青路面后，由于沥青面层透气性较差，路基土中的水分不能通畅地从表面蒸发，使水分滞积于土基顶部与基层，导致路面失稳变形，以至出现翻浆。

(5)行车荷载。公路翻浆是通过行车荷载的作用，最后形成和暴露出来的，当其他条件相同时，在翻浆季节，交通量越大，车辆轴载越重，则翻浆越为严重。

(6)人为因素。在下列情况下，都将加剧翻浆的形成：

1)设计时对翻浆的因素考虑不周。路基设计高度不够，特别是低洼地带，路线没有避开不利的水文地质地带，缺乏防治翻浆的措施，以及路面结构不当、厚度偏薄等。

2)施工质量存在问题。填筑方案不合理，不同土质填料混杂填筑，或采用大量的粉质土、腐殖土、盐渍土、大块冻土等劣质填料，或分层填筑时压实度不足。

3)养护不当。排水设施堵塞；路拱有反向坡，路面、路肩积水，对翻浆估计不足，且无适当的抢防措施。

二、翻浆的分类和分级

根据导致翻浆的水源不同，可将翻浆分为五个类型，见表 2-10。

表 2-10　翻浆分类

翻浆类型	导致翻浆的水类来源
地下水类	受地下水的影响，土基经常潮湿，导致翻浆。地下水包括上层滞水、潜水、层间水、裂缝水、泉水、管道漏水等。潜水多见于平原区，层间水、裂隙水、泉水多见于山区
地表水类	受地表水的影响，使土基潮湿，导致翻浆。地表水主要指季节性积水，也包括路基、路面排水不良而造成的路旁积水和路面积水
土体水类	因施工遇雨或用过湿的土填筑路堤，造成土基原始含水量过大，在负湿度作用下使上部含水量显著增加导致翻浆

续表

翻浆类型	导致翻浆的水类来源
气体水类	在冬季强烈的温差作用下，土中水主要以气态形式向上运动，聚积于土基顶部和路面结构层内，导致翻浆
混合水类	受地下水、地表水、土体水或气态水等两种以上水类综合作用产生的翻浆。此类翻浆需根据水源主次定名

根据翻浆高峰时期路面变形破坏程度，将翻浆分为三个等级，见表2-11。

表2-11 翻浆分级

翻浆等级	路面变形破坏程度
轻	路面龟裂、湿润、车辆行驶时有轻微弹簧
中	大片裂纹、路面松散、局部鼓包、车辙较浅
重	严重变形、翻浆冒泥、车辙很深

三、翻浆的防治措施

防治翻浆的基本途径是防止地面水、地下水或其他水分在冻结前或冻结过程中进入路基上部，可将聚冰层中的水分及时排除或暂时蓄积在透水性好的路面结构层中；改善土基及路面结构；采用综合措施防治。

(一)做好路基排水，提高路基

良好的路基排水可以防止地面水或地下水浸入路基，使路基土体保持干燥，从而减轻冻结时水分聚流的来源，这是预防和处理地面水类和地下水类翻浆的首要措施。

提高路基是一种效果显著、简便易行、比较经济的常用措施。增大路基边缘至地下水或地面水水位间的距离，使路基上部土层保持干燥，在冻结过程中不致因过分聚冰而失稳。

在重冰冻地区及粉性土地段，在提高路基时还要与其他措施，如砂垫层、石灰土等配合使用。

(二)铺设隔离层

隔离层设在路基顶面下 0.5～0.8 m 处，其目的在于阻断毛细水上升通道，保持上部土基干燥，防止翻浆发生。地下水水位或地面水水位较高，又不宜提高路基时，可铺设隔离层。隔离层按使用材料可分为以下两类：

(1)透水性隔离层。透水性隔离层采用碎石、砾石、粗砂或炉渣等做成。其厚度一般为 10～20 cm。为了防止淤塞，应在隔离层上面和下面铺设 1～2 cm 的泥炭、草皮或炉渣、石屑、针刺无纺布等透水性材料的防淤层。隔离层底部应高出地面水 20 cm 以上，并向路基两侧做成3%～4%的横坡。与边坡接头的地方，要用大块碎砾石铺进 50 cm，如图 2-7 所示。

(2)不透水隔离层。不透水隔离层可分为不封闭式和封闭式两种。前者适用于一般路段，用以隔断毛细水；后者适用于地面排水有困难或地下水水位高的路段，用以隔断毛细水和横向渗水。

隔离层的适用条件及注意事项如下：

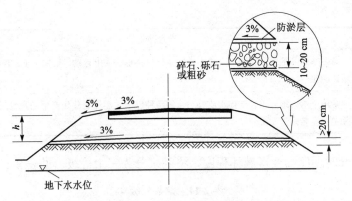

图 2-7 粗粒料透水隔离层

(1)隔离层对新旧路线翻浆均可采用,特别适用于新线。

(2)不透水隔离层适用于不透水路基中,在透水路面下只能设透水隔离层。

(三)设置路肩盲沟或渗沟

1. 路肩盲沟

为及时排除春融期间路基中的自由水,达到疏干路基上部土体的目的,可在路肩上设置横向盲沟。其适用于路基土透水性较好的地下水类翻浆路段。

盲沟布置应与路中心线垂直。如路段纵坡大于1%时,则宜与路中心线成60°～75°的交角(顺下坡方向),两边交错排列,一般5～6 m设置一道,深为20～40 cm,宽为40 cm左右。

盲沟应用渗水性良好的碎(砾)石填充,沟底宜做成4％～5％的坡度。盲沟出水口应高出边沟水面30 cm,出口按一般盲沟处理。

2. 排水渗沟

为了降低路基的地下水水位,可在边沟下设置盲沟或有管渗沟。为了拦截并排除流向路基的层间水,可采用截水渗沟。

近年来,开发了一种新型的加筋软式透水管。透水管内经磷酸防腐处理并涂敷PVC的高强度弹簧硬钢丝,在钢圈外紧接纺织三层高强度尼龙和特殊纤维制成的滤布和透水层。其坚固耐用,施工方便,尤其适于复杂地形使用,替代传统的盲沟和渗沟施工可取得较好的效果。

(四)换土

对因土质不良造成翻浆的路段,可在路基上部换填水稳性好、冰冻稳定性好、强度高的粗颗粒土,以提高土的强度和稳定性。

一般可根据地区情况、道路等级、行车要求、换填材料等因素确定换土厚度。一般在路基土层换填40～60 cm厚的砂性土,路基即可基本稳定。

(五)改善路面结构层

(1)铺设砂(砾)垫层。砂(砾)垫层是用砂砾、粗砂或中砂作成的垫层。其具有较大的空隙,能隔断毛细水的上升;化冻时能蓄水、排水;冻融过程中体积变化小,可减小路面的冻胀和沉陷。它还具有一定的强度,能将荷载进一步扩散,从而可减小路基的应力和应变。

(2)铺设水泥稳定类、石灰稳定类或石灰工业废渣类基(垫)层,以增强路面的板体性、水稳性和冻稳定性，提高路面的力学强度，起到减缓和防止路基冻胀和翻浆的作用。

但在重冰冻地区潮湿路段，石灰土不宜直接采用，须与其他措施配合应用，如在石灰土下铺设砂垫层等。

(六)砂桩

砂桩是排除路基土体水分、防治翻浆的一种方法，过去各地采用较多。近十多年来，由于公路事业的迅速发展，黑色路面大大增加，防治翻浆的方法相应的采用石灰土、砂垫层等较多，砂桩用得较少，但砂石路面防治翻浆仍多采用此方法。

砂桩要等全部化冻时水分才能向下排出，故在重冰冻翻浆地段，下部尚未化冻，上部便积存了大量水分，影响排水效果。因此，砂桩适用于防治轻冰冻地区地下水类翻浆。

(七)改线

如果上述各种方法都不合适时，在可能的情况下可采用改线的方法。即将路线改至邻近的水文地质和土壤条件较好的地带去。对于新建公路，在勘测选线时，必须注意沿线的水文地质情况，尽量避免通过易于翻浆的地段，如不可避免时，在设计时应作出根治措施，彻底处理好翻浆。

四、道路翻浆的养护

翻浆现象是一个四季都在发生变化的过程。秋季，水分开始聚积；冬季，水分在路基中重分布；春季，水分使路基上部过分潮湿；夏季，水分蒸发、下渗，路基处于干燥状态。因此，在各个季节里，应根据各自不同的现象，采取相应的养护措施，加强预防性的防治工作，以防止或减轻翻浆病害。

(一)秋季养护

秋季养护的主要工作是排水，尽量防止水分进入路基，保持路基处于干燥状态，以减少冬季冻结过程中由于温差作用向路面下土层聚流的水分。因此，秋季养护要做好下列工作：

(1)随时整修路面、路肩、边坡。路面应维护好路拱和平整度，及时处理裂纹、松散、车辙、坑槽、搓板、纵向冲沟等病害，避免积水。

路肩应保持规定的排水横坡，尤其应在雨后夯压密实，保持路肩坚实平整。边坡要保持规定坡度，要拍压密实，防止冲刷和坍塌阻塞边沟，造成积水。

(2)修整地面排水设施，保证地面排水通畅。

(3)检查地下排水设施，保证地下水能及时排出。

(二)冬季养护

冬季养护的主要工作，是采取措施减轻路基水分在温差作用下向路基上层聚积的程度，同时要防止水分渗入路基。所以，冬季养护工作有以下几个方面：

(1)及时清除翻浆路段的积雪。

(2)经常上路检查，及时修补路面出现的裂缝、坑槽等，及时排除融化的雪水。

(3)在往年发现有翻浆而尚未根治的路段以及发现翻浆苗头的路段，应在翻浆前做好准备工作，包括准备好抢防的用料。

(三)春季养护

春季是翻浆的暴露时期，在天气转暖的情况下，翻浆发展很快，养护的主要工作是抢防。

当路面出现潮湿斑点、松散、龟裂，表明翻浆已开始出现，对鼓包、车辙或大片裂缝，行车颠簸，路基发软等现象，应采取以下抢防措施：

(1)在两边路肩上，每隔3～5 m，交错开挖横沟，沟宽一般为30～40 cm，沟深按解冻情况，逐渐加深，直到路面底层以下，沟的外口，高于边沟沟底。

(2)路面坑洼严重的路段，除横向外，还应顺路面边线加修纵向小盲沟或渗水井。井的大小以不超过40 cm为宜，井与井的间距应根据实际情况确定，沟或渗水井的深度应至路面底层以下。如交通量不大，也可挖成明沟。

(3)在条件许可，应尽量绕道行车或限制重车通过，避免因行车碾压，加剧路面破坏。

(4)在交通量较小的县乡公路上，可以用木料、树枝等做成柴排，铺在翻浆路段上。上面再铺碎石、砂土，以临时维持翻浆期间通车，防止路面被压坏。

(四)夏季养护

夏季是翻浆的恢复期，养护的主要工作是修复翻浆破坏的路基、路面，采取根治翻浆的措施。

首先要查明翻浆的原因，对损坏路段的长度、起讫时间、气温变化、表面特征、养护情况等进行调查分析，作出记录，确定治理方法和措施。

学习情境五 滑塌的防治

一、滑坡的防治

滑坡是指斜坡上的岩体或土体在自然或人为因素的影响下沿带或面滑动的现象。

(一)滑坡的主要原因

产生滑坡病害的原因有很多，主要是地质和水文两个方面因素的影响。

1. 地质因素

(1)山坡表层为渗水的土或破碎岩层，下层为不透水的土或岩层，且层理向路基倾斜。在这种情况下，当有地面水渗入或有地下水活动时，会使表层土或岩层滑动，从而造成滑坡。

(2)山坡岩层软硬交错，且其软弱面向路基倾斜，由于风化程度不同或地下水侵蚀等原因，使岩层可能沿某一软弱面向下滑动。

(3)边坡较陡，上部有堆积物或松散层，或上边坡为岩层交错的断开地带，在自重或外界因素的影响下，容易产生滑坡。

2. 水文因素

(1)边坡上有灌溉渠道或水田，未进行适当处理，渗漏严重或有大量雨水渗入滑坡体内，使土体潮湿软化，增加土体重量，降低土的强度，促进滑坡的产生。

(2)地下水是引起滑坡的主要条件之一，地下水水量增加，浸湿滑坡面，降低滑坡面的抗滑能力，从而加速滑坡的形成。

(3)截水沟漏水或设置不合理。例如，在渗水性强的边坡上设置截水沟，沟内没有铺设防水层，当地面水集中流入天沟内后，水分大量渗入土体内部，以致产生滑坡。

(4)沿溪路堤受河水水位涨落或河水冲刷滑坡坡脚，减弱支撑力，引起坡体下滑。

(二)滑坡的防治

1. 地面排水

滑坡体以外的地面水,应予拦截引离;滑坡体上的地面水要注意防渗,并尽快汇集引出。各种地面排水措施的适用条件及布置、设计与施工原则见表2-12。

表2-12 滑坡排水措施表

名称	适用条件	布置及设计施工原则
环形截水沟	滑体外	截水沟应设在滑坡可能发展的边界5 m以外,根据需要可以设置数条,分段拦截地表水,向一侧或两侧的自然沟系排出。在坡度陡于1:1的山坡上,常采用陡坡排水槽来拦截山坡上方的坡面径流。沟槽断面以满足滑泄坡面径流为准,如土质渗水性强,应采用黏性土、石灰三合土或浆砌片石铺砌防渗层
树状排水系统	滑体内	结合地形条件,充分利用自然沟系,作为排水工程渠道,汇集并旁引坡面径流于滑坡体外排出,排水沟布置应尽量避免横切滑体,主沟宜与滑移方向一致。支沟与主沟斜交30°~45°。如土质松软,可将土夯成沟形,上铺黏性土或石灰三合土加固。通过裂缝处,可采用搭叠式木质水槽或陶管、混凝土槽、钢筋混凝土槽,以防山坡变形拉断水沟,使坡面水集中下渗
明沟与渗沟相配合的引水工程	滑体内的泉水或湿地	目的在于排除山坡上层滞水和疏干边坡土体含水,埋入地下部分类似集水渗沟,露出地面部分是排水明沟
平整夯实自然山坡坡面	滑体内	如山坡土质疏松,坡面水易于阻滞下渗,应对坡面整平夯实。填塞裂缝,防止坡面径流汇集下渗
绿化工程(植物、铺种草皮)	山坡滑体内	绿化工程是配合表面排水的一项有效措施,特别对渗水严重的黏性土滑坡和浅层滑坡,效果显著。在滑坡面种植灌木及阔叶果树,可疏干滑体水分,根系起加固坡面土层的作用。铺种草皮可滞缓坡面径流流速,防止冲刷,减少下渗,避免坡面泥土淤塞沟槽

2. 地下排水

排除滑坡地下水的工程措施,应用较多的有各式渗沟。

(1)支撑渗沟,用以支撑不稳定的滑坡体,兼起排除和疏干滑坡体内地下水的作用,适用深度(高度)为2~10 m。

支撑渗沟有主干和分支两种。主干平行于滑动方向,布置在地下水露头处或由土中水形成坍塌的地方,支沟应根据坡面汇水情况合理布置,可与滑坡移动方向成30°~45°交角,并可伸展到滑坡范围以外,起到挡截地下水的作用,如图2-8和图2-9所示。

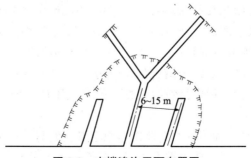

图2-8 支撑渗沟平面布置图

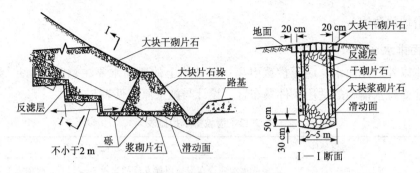

图 2-9 支撑渗沟结构示意图

(2)边坡渗沟。当滑坡前缘的路基边坡有地下水均匀分布或坡面大片潮湿时，可修建边坡渗沟，以疏干和支撑边坡；同时，也能起到截阻坡面径流和减轻坡面冲刷的作用。

边坡渗沟的平面形状有垂直的、分支的及拱形的。分支渗沟的主沟主要起支撑作用，而支沟则起疏干作用。分支渗沟可以互相连接成网状布置，如图 2-10 所示。

(3)截水渗沟。当有丰富的深层地下水进入滑坡体时，可在垂直于地下水水流的方向上设置截水渗沟，以拦截地下水，并排出滑坡体外，如图 2-11 所示。

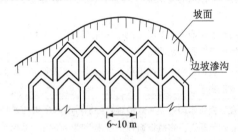

图 2-10 网状边坡渗沟

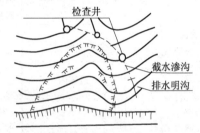

图 2-11 截水渗沟平面布置

3. 减重

减重就是在滑坡体后缘挖除一定数量滑坡体面使滑坡稳定下来。这种措施适用于推动式滑坡，一般滑动面不深，滑床上陡下缓，滑坡后壁或两侧有岩层外露或土体稳定不可能再发展的滑坡。减重主要是减小滑体的下滑力，不能改变其下滑趋势，所以减重常与其他整治措施配合使用。

4. 支挡工程

支挡工程分为以下三类：

(1)抗滑垛。抗滑垛一般用于滑体不大，自然坡度平缓，滑动面位于路基附近或坡脚下部较浅处的滑坡。主要是依靠片石垛的自重，以增加抗滑力的一种简易抗滑措施。片石垛可用片石干砌或石笼堆成。图 2-12 所示为用于路堤滑坡的干砌片石抗滑垛。

(2)抗滑挡土墙。在滑坡下部修建抗滑挡土墙，是整治滑坡常用的有效措施之一。对于大型滑坡，常作为排水、减重等综合措施的一部分；对中、小型滑坡，常与支撑渗沟联合使用。其优点是山体破坏少，稳定滑坡收效快。抗滑挡土墙一般多采用重力式结构，其尺寸应经计算确定。

(3)抗滑桩。抗滑桩是一种用桩的支撑作用稳定滑坡的有效抗滑措施。一般适用于非塑性体层和中厚度滑坡前缘，以及使用重力式支撑建筑物圬工量过大、施工困难的场合。

抗滑桩按制作材料分，有混凝土桩、钢筋混凝土桩；按施工方法分，有打入法、钻孔法、挖孔法等。

图 2-13 所示为浅路堑边坡滑坡，用混凝土桩使滑体稳定的示例。

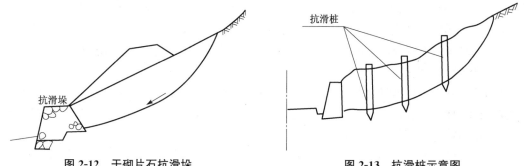

图 2-12　干砌片石抗滑垛　　　　　　图 2-13　抗滑桩示意图

二、崩塌的防治

崩塌是岩体突然而猛烈地从陡峻的斜坡上崩离翻滚跳跃而下的现象。崩塌可发生在高峻的自然山坡上，也可发生在高陡的人工路堑边坡上。发生崩塌的物体一般为岩石，但某些土坡也会发生崩塌。

崩塌的规模有大有小，由于岩体风化、破碎比较严重，边坡上经常发生小块岩石的坠落，这种现象称为碎落；一些较大岩块的零星崩落称为落石，规模巨大的崩塌也称山崩。

崩塌与滑坡的明显区别是：崩塌发生急促，破坏体散开，并有倾倒、翻滚现象；而滑坡体一般总是沿着固定滑动面(或带)整体地、缓慢地向下滑动。

公路路堑开挖过深，边坡过陡，或由于切坡使软弱结构面暴露，都会使边坡上的岩体失去支撑，在水流冲刷或地震作用下引起崩塌。

防治崩塌的措施主要有以下几项：

(1)路基上方的危岩应及时检查清除，特别在雨季前要细致检查。如有威胁行车安全的路段，可根据地形和岩层情况，采用嵌补、支顶的方法予以加固。

(2)在小型崩塌或落石地段，应尽量采取全部清除的办法；如由于基岩破坏严重，崩塌、落石的物质来源丰富，则宜修建落石平台、落石槽等拦截结构物。

(3)由于存在软弱结构面而易引起崩塌的高边坡，可根据情况采用支挡墙或支护墙等措施，以支撑边坡，并防止软弱结构面的张开或扩大。

(4)对边坡坡脚因受河水冲刷而易形成崩塌者，河岸要做防护工程。

(5)在可能发生崩塌的地段，必须做好地面排水设施。

学习情境六　特殊地区路基养护

一、盐渍土地区路基养护

地表 1 m 内含有容易溶解的盐类超过 0.3% 时，则该地表土为盐渍土，土中易溶盐大多为氯化盐、硫酸盐、碳酸盐等。我国西北、东北等气候干旱地区及沿海平原地区分布着大面积的盐渍土，其含盐量通常是 5%～20%，有的高达 60%～70%。由于土中含有易溶盐，使土的物理、力学性质发生变化，导致许多路基病害的产生。盐渍土在干旱季节和干旱地区，因盐类的胶结和吸湿作用，有利于路基稳定。但一旦受到雨水、冰雪融化的淋溶，含水量急增，则会出现湿化坍塌、溶陷、路基发软，致使强度降低，丧失稳定，甚至失去承载力。由于盐渍土含盐类型和含盐量、含硝量以及其他因素的不同，对路基的破坏各异。因此应针对产生病害的原因，采取相应的措施进行处治。

（1）秋末冬初季节或春融时期，由于雨水及融雪水较多，路基容易出现坍塌、溶陷，可采取下列防护及治理措施。

1）加密排水沟，使沟底保持 0.5%～1% 的纵坡；对于路基填土低、排水困难的路段，应加宽加深边沟或在边沟外增设横向排水沟，其间距不宜大于 500 m，沟底应有向外倾斜 2%～3% 的横坡，如图 2-14 所示。

2）换填厚度为 30～50 cm 的风积沙或矿料，保持正常通车。

3）打石灰桩或砂桩，深度达冰冻线以下，梅花状排列。

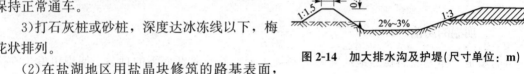

图 2-14　加大排水沟及护堤（尺寸单位：m）

（2）在盐湖地区用盐晶块修筑的路基表面，原来没有覆盖层或有而失散的，应用砂土混合料进行覆盖和恢复；出现车辙、坑凹、泥泞，应清除浮土，洒泼盐水湿润，再填补碎盐晶块整平夯实，仍用砂土混合料覆盖压实。

（3）边坡经雨水或雪融水冲蚀后出现的沟槽、溶洞、松散等，可采用盐壳平铺或用黏土掺砂砾铺上拍紧，防止疏松。

（4）为防止边坡水土流失，在坡脚处增设各侧宽 2 m 的护坡道。护坡道高出常水位 20 cm 以上。护坡道及边坡上可结合当地的植物生长情况，种植耐盐性的树木或草本植物（如红柳、红杨、甘化、白茨等）以增强其稳定性。

（5）在过盐边坡地区，对较高等级的道路，为防止路肩吹蚀、泥泞及防止水分从路肩部分下渗，而造成路面沉陷，路肩可考虑采用下列加固措施：

1）用粗粒渗水材料掺在当地土内封闭路肩表层；

2）用沥青材料封闭路肩；

3）就地取材，用 15 cm 厚的盐壳加固。

（6）对硫酸盐渍土路基，根据需要和可能，采取用卵石、砾石、黏土或盐壳平铺在路堤边坡上等措施，处治边坡疏松、风蚀和人畜踩踏而造成的破坏。

二、黄土地区路基养护

黄土主要分布在昆仑山、秦岭、山东半岛以北的干旱和半干旱地区，其中以黄土高原的黄土沉积最为典型。

黄土具有疏松、湿陷、遇水崩解、膨胀等特性。常见的病害有以下几种：

（1）路堤沉陷。

（2）路缘石周围渗水。

（3）路肩和边坡在多次干湿循环后，出现裂缝、小块剥落、小型塌方、沟槽、陷穴、滑塌或在地下水及地面水的综合作用下，形成泥流，使路肩、边坡受到破坏。

（4）边沟被水冲深、蚀宽，导致路肩、边坡脚破坏。

对病害的治理,应针对不同情况,采取下列加固措施:

(1)公路通过纵向、横向沟壑时,对边坡病害的治理可采取下列措施。

1)沟壑边坡疏松土层,采用挖台阶办法清除。台阶宽度不小于1 m,如图2-15所示。

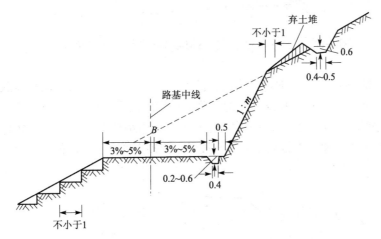

图2-15 边坡疏松土层挖台阶(尺寸单位:m)

2)疏松的坡面,要拍打密实,或用轻碾自坡顶沿坡面碾实;如坡度缓于1:1,雨量适宜草类生长的,可用种草、铺草皮等方法加固。

3)雨量较小、冲刷不严重的,可采用黏土掺拌铡草进行抹面,并每隔30~40 cm打入木楔,增强草泥与坡面的结合。

4)雨雪量较大的地区,应用石灰、黄土、细砂三合土或加炉渣的四合土进行抹面加固。

5)高路堤边坡防护加固:植物护坡,选用根系发达、茎干低矮、枝叶旺盛、生长力强、多年生植物;葵花拱式浆砌铺块。材料可采用混凝土块或块片石等,然后播种草籽和种植小灌木,如图2-16所示。

图2-16 葵花拱式浆砌边坡

(2)对路基出现的陷穴,要查清水的来源、水量、发展情况等,先做好导水或排水设施,将水排除到路基以外,然后,灌砂、灌泥浆填塞或挖开填塞孔道后,再回填夯实。

(3)因地表水侵蚀,路肩上出现坑凹,可采取下列措施:

1)用砂、土混合料改善表层。

2)路肩硬化采用无机结合料稳定类半刚性基层,沥青表处面层,或其他硬化结构。

3)路肩未硬化地段,为防止地表水渗入路面底层中,每隔20~30 cm设盲沟一处。盲沟口与边坡急流槽相接,盲沟与盲沟之间铺设塑料薄膜防水层,如图2-17所示。

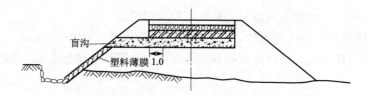

图 2-17 路肩未硬化,设置盲沟与铺塑料薄膜(尺寸单位:m)

(4)在高路堤(大于 12 m)地段,为防止路基下沉,在垫层下铺设塑料薄膜防水层(塑料薄膜厚度不小于 0.14 mm),并设置盲沟。路面采用水泥混凝土预制块铺砌。

(5)通过沟壑时,如未设置防护工程,应在上游一侧路基边坡底部先铺设塑料薄膜或其他隔水材料,然后贴在隔水层上铺砌浆砌片石坡脚,铺砌高度高于常水位 20~50 cm,如图 2-18 所示。

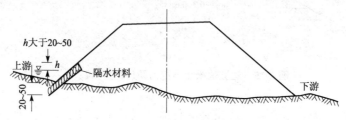

图 2-18 坡脚铺设塑料薄膜及片石铺砌(尺寸单位:mm)

(6)设置拦水埝及急流槽,按《公路养护技术规范》(JTG H10—2009)的规定办理。

三、沙漠地区路基养护

我国沙漠地区主要分布在北方干旱、半干旱地区。由于气候比较干燥,雨量稀少,风沙大,地表植被均较稀疏、低矮,边坡或路肩容易被风蚀,或整个路基被风积沙掩埋等,因此,应备足防护材料,做好路基的防护工作。

在多风沙地区,沙害是公路的常见病害。其危害主要表现为风蚀和沙埋,其中尤以沙埋为主。路基遭受沙埋有两种形式,一是在风沙流活动地区,由于沙粒沉落堆积,掩埋路基如图 2-19 所示;二是在流动沙丘地区,由于沙丘向前移动,掩埋路基。路基遭受风蚀,将会出现削低、变窄、掏空和坍塌等现象。

治理风沙应贯彻先治标、后治本,标本兼治的原则。以工程措施防治沙害,能及时解决紧迫的路线通阻问题,是治标的措施。以植物

图 2-19 沙漠公路沙埋

措施防治沙害是治本的措施,但见效时间较长,一般应与治标措施结合进行。采用的工程措施应根据沙害特点,做到就地取材,力求经济、耐用和便于维修。上述两种措施的采用,可按地区的自然条件和沙区的特点,区分主与辅,并以主辅相结合的原则进行。

防治风沙应先调查流沙的移动方式、方向、年移动距离、输沙量、沙丘形态、风向和风速等,并摸清其变化规律,绘制年风向和风速的玫瑰图。根据积累的资料,经过综合分

析，制定防治风沙的最优方案。

(一)路基风蚀及防护

1. 路基风蚀

因路基表面受风力作用，使路基表面土层被风剥蚀，造成路基变窄变低。可将路基表面进行封固，以抵御风蚀。

2. 路基防护

为防止沙质路基遭风蚀，可用下列各种材料封固(以全铺为宜)，对路基进行防护：

(1)柴草类防护。利用各种柴草、草皮在路基迎风面上或凸出部位，进行平铺、层铺或叠铺。

(2)土类防护。用黏性土或天然矿质盐等覆盖路基土表面。

(3)砾卵石类防护。平铺砾卵石或栽砌卵石后填砂砾。

(4)无机结合料防护。用水泥土、石灰土及水玻璃加固土等封固。

(5)有机结合料防护。用石油沥青土、煤沥青土等。

(二)路侧沙害防护措施

为防止公路被沙埋的危害，在公路两侧的一定范围内，必须采取各种工程防护措施，以控制风蚀过程的发生和改变沙子移动与堆积的条件。按防护措施的作用与性质，可分为固、阻、输(导)三种方法，应遵守下列规定。

1. 固沙

固沙是采用各种材料作为覆盖物，将沙质表土与风的作用隔离；设置各式沙障，达到降低地表风速，减小风沙流的活动，可分别采取下列措施：

(1)覆盖物固沙：利用柴草、土类和砂砾石等材料覆盖于沙面上来隔离风与沙面的作用。

(2)沙障固沙：用柴草、黏土、树枝等材料设置成沙障，以减小地表风速，削弱风沙流活动能力，并阻挡部分外来流沙，可因地制宜。

1)草方格沙障：在流动沙丘上，将麦草等扎成$1\sim2$ m见方的草方格(方格的一边必须与主风向垂直)。这种半隐蔽式沙障，防沙效果良好，如图2-20所示。

2)黏土沙障：用黏土碎块在沙丘上堆砌成小土埂。它不但设置简便、耐用，且固沙与保水性能较好。

3)草把子沙障：将芦苇绑扎成束，铺设于流动沙丘上，将束径的二分之一埋入沙中，以增加地面的粗糙度来阻止沙丘的移动。

4)树枝条高立式沙障：用树枝条或芦苇按行列式或格状插入沙内。其外露高度要在1 m以上，达到削弱风沙活动能力，并阻挡部分路外流沙侵入。

图2-20 固沙

2. 阻沙

利用各种材料，在迎风路侧的适当距离和位置上，设置若干人工障碍物，以降低近地面的风速,减弱风沙流的作用,使沙粒沉积在一定的范围内,达到减少和抑制沙丘前移,从而减轻或防止对公路的危害。阻沙工程可采取下列措施。

(1)高立式防沙栅栏。高立式防沙栅栏主要用灌木枝条、玉米、高粱或芦苇等高杆植物制作而成。一种形式是用这些植物杆,成行栽入沙内 30~50 cm,外露 1 m 以上形成防风篱笆;另一种形式是将植物杆枝编成 1.5 m×2.0 m 的笆块,固定于桩上。

由于防风篱笆的排列和笆块编织孔径不同,造成的风阻作用和透风程度有明显的差别。紧密不透风的篱笆减低风速的有效距离是其高度的 15~20 倍,迎风侧积沙宽度是篱高的 2~3 倍,背风侧的积沙宽度为篱高的 5 倍左右。当篱笆的孔隙率为 50% 时,其迎风侧积沙甚少,背风侧积沙宽度为篱高的 12~14 倍。因此,从防风阻沙的作用来看,直立式防沙栅栏以紧密结构为宜,如图 2-21 所示。

(2)挡沙墙(堤)。挡沙墙(堤)是直接利用就地沙土或砂砾修筑的紧密不透风的挡沙结构。其高度一般为 2~2.5 m,两侧边坡为 1:1.5~1:2。采用就地沙土修筑时,应用土或砂砾进行表面封固。

挡沙墙(堤)的阻沙量 V 与墙高 h 及主风向与路线的交角 α 的关系。

$$V = 4.5h^2 \sin\alpha \tag{2-7}$$

(3)栅栏与挡沙墙(堤)结合。为提高阻沙效果,可采取栅栏与挡沙墙(堤)结合的形式。阻沙设施设置的道数及近路的一道距离路基边缘的最近间距,应根据沙源数量、年风沙流量、风向与路线交角等因素进行综合考虑。一般阻沙设施距离路基边缘的最小距离,不小于 150 m;多道防沙设施之间的距离,不应小于设施高度的 15~20 倍,如图 2-22 所示。

图 2-21 防沙栅栏

图 2-22 挡沙墙(堤)

(三)输(导)沙

借助人工构造物或人为地改变地形,以加大地面风速,使公路两侧的防护范围内成为非堆积搬运地带,达到防沙目的,可采取下列措施:

(1)修筑路旁平整带。将路基两侧 20~50 m 范围内的一切突出物整平,并用固沙材料封固。有取土坑的,可将坑修成弧形的浅槽,如图 2-23 所示。

(2)设下导风板(又称聚风板)。下导风板由立柱、横撑木及栅板组成。其板面高度与下口高度之比以 1:0.7 为宜(图 2-24)。其主要适用于风向单一、沙丘分布稀疏、移动快的低矮沙丘、沙垄造成的局部严重沙害。下导风板设置长度应超过需防护沙害路段的长度,以免板端的绕流作用而使两端出现舌状积沙。

(3)设有浅槽与风力堤的输沙法。在沙源较丰富的流动沙丘地区,为防治沙丘前移造成对路基的危害，在路基迎风侧设置浅槽与风力堤，借助浅槽特有的气流升力和与风力堤的综合作用，加大风速，达到公路的输沙目的(图2-25)。图2-25中风力堤顶与路基同高；L/H值控制在10~20的范围内，各变化点均应做成流线型浅槽与风力堤采用固沙措施封固。

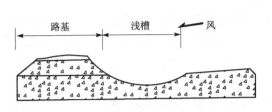

图2-23 设有浅槽的路基输沙

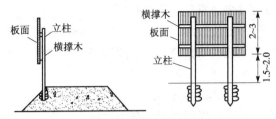

图2-24 直立式下导风栅板的结构和设置部位
(尺寸单位：m)

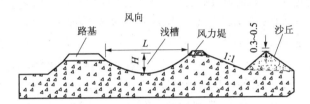

图2-25 设有浅槽与风力堤的路基输沙
(尺寸单位：m)

(4)将路堤作成输沙断面。路堤高度低于30 cm，边坡坡度采用1∶3；路堤高度大于30 cm，风向与路线成锐角相交时，边坡度采用1∶6。路肩边缘均应做成流线型。

(5)路线与沙垄延长线锐角相交时，可在上风侧30~40 m处设置大体与路线平行、尾部稍向外摆的沙障或导沙堤，将风沙流角度做微小的拨动，以便将风沙流导出路外。

由于沙害情况比较复杂，且影响因素诸多，各种工程设施若设置不当，容易造成更严重的沙害。因此，在设置防沙工程设施时，应先进行小规模试验，并及时总结经验，逐步推广应用。

四、多年冻土地区路基养护

在年平均气温低于0 ℃的情况下，地下形成一层能长期保持冻结状态的土，这种土称为多年冻土。在我国的兴安岭和青藏高原的高寒地区分布有成片的多年冻土，天山、阿尔泰山及祁连山等地也有零星分布。低温地带的多年冻土往往含有大量水分或夹有冰层，并有一些不良的地质现象，导致路基产生病害。路基病害主要有以下几项：

(1)路堑边坡坍塌。

(2)路基底发生不均匀沉陷。

(3)由于水分向路基上部集聚而引起冻胀、翻浆。

(4)路基底的冰丘、冰堆往往使路基鼓胀，引起路基、路面的开裂与变形，而融解后，又发生不均匀沉陷。因此，多年冻土地区的路基养护应遵循"保护冻土"的原则，做到"宜填不宜挖"，尽量避免扰动冻土。

1. 采取的措施

对多年冻土地区的路基养护可以采取以下措施：

(1)维护路基。

1)在多年冻土地区填土路基坡脚20 m范围内不得破坏原地貌。

2)多年冻土地区的地面水无法下渗,容易形成地表潮湿或积水,故应将积水引向路基以外排出,避免危害路基。

3)疏浚边沟、排水沟,防止破坏冻层。若冻土发生融化,则会发生边坡坍塌。养路所用的土或砂石材料,宜在路堤坡脚或路堑坡顶20 m以内采集,防止破坏冰土,影响路基稳定;采集时,应分点采集。

(2)采取导温措施。

1)基床保温措施。在基底铺设隔温层,既可以补偿路堤基底的表层植被及泥炭因压缩变薄及压实而导致的热传导性能增加,也可减少填土蓄热对基底的散热影响,起到保温效果。关于隔温材料的种类,国外常采用泡沫塑料隔热板材,但其造价较高,而我国东北大、小兴安岭地表生长的塔头草及泥炭层为良好的保温材料,可就地取材,造价低且施工简便,一般铺设厚度为0.4~0.6 m,上铺0.2 m厚的黏土层作为保护。当用夯填泥炭、草皮或夯填黏土、草皮铺砌坡面时,边坡坡度一般为1:1.5~1:2.0;当用叠砌草皮、反扣塔头铺砌坡面时,边坡坡度一般为1:1.0~1:1.5。基底铺设泥炭层的多年冻土路堤在基底泥炭隔温层及两侧设置的保温护道的共同作用下,基底人为上限上升明显。更换底层土为一定厚度的保温材料,如炉渣等,可以调整路基冻结深度,减少路基上冻土的水分上聚流现象,同时炉渣具有吸收薄膜水和排水较好的性能,可以促使融期路基干燥。炉渣保温层的厚度可通过冻渗理论计算,一般不少于0.4 m。

2)导温盲沟。导温盲沟也称冷暖盲沟,是一种由炉渣横向暖沟与卵石纵向冷沟联合组成的导温方案。其原理是通过先在轨道下基床间设置的横向暖沟使土基冻结滞后,再在路基两侧设置纵向冷沟。由于其填料的温度传导系数大且通风良好,使得其周围的路基土先行冻结,因而,路基土中的水分必然向冷沟附近的冷却区聚集。春融时,冷沟附近的冻土及冻体先行融化,土中的水由纵向盲沟排出。这样,整个基床土将分期融冻、分期冻结,路基湿度将大大降低,提高了路基的整体承载力。实践中,曾采用包裹有土工布的40~200 mm洗净的卵石代替反滤层,效果较好。

3)设置保温护道。多年冻土路堤的另一个保温措施是设置保温护道,以减少及削弱因热传导作用而引起的对多年冻土的影响,防止向阳坡侧人为上限的下降和缓和坡侧人为上限的破坏。以黏性土填筑的保温护道可以阻挡和减少路堤坡脚处地表水渗入基底,防止基底冻土融化,保证路堤稳定。护道材料宜根据"就地取材、方便施工"的原则,并结合防水综合选择,采用泥炭草皮或细粒土均可。在需要加强防水的地段以土护道为宜。

4)土工布、EPS导温垫床。土工布具有隔离、渗滤、排水、加固和强化土体的作用,在整治一般翻浆中已得到广泛应用。EPS(聚苯乙烯塑料)是一种新型防冻土聚合材料,呈泡沫状,经可发性聚苯乙烯存储、预发泡、成熟处理及模制过程加工而成。试验证明,密度为45 kg/m³的EPS材料,吸水率小、含气量高、导温系数小,在受水浸湿时仍有较好的隔热效果,且能满足动荷载为200 kPa的强度和变形要求,近几年,已在寒冷地区整治路基冻害中多处使用。实践证明,采用密度为45 kg/m³、外形尺寸为(厚×长×宽)5 cm×150 cm×75 cm的EPS板,效果良好。

(3)提高路堤,保证路堤的最小高度。在多年冻土上修筑路堤,只要满足最小高度(遵循"保护冻土"原则设计路堤时,能使基底人为上限维持在原天然上限位置的最小高度)并采取综合的保温措施后,一般人为上限最终均能较天然上限有所上升,或保持在天然上限的位置。因此,为了保持路堤稳定,防止基底人为上限的下降,需要确定路堤的最小高度。

确定路堤的最小高度,需要考虑多种因素。它既与区域气候密切相关,又与填料类别、地表下泥炭层厚度及以下的冻土介质特性和采取的保温措施有关,但最主要因素是区域气候。

(4)治理路堑段。对细颗粒土和多年冻土地段的路堑,由于开挖引起冻土融化,黏性土呈可塑状态,砂性土呈潮湿状态,这种情况一般不会影响基底稳定,可不用换填,只需适当地加深黏性土基底的边沟及加大其纵坡。为防止冻土融化而发生边坡滑坍,路堑边坡应适当放缓至1:1.5~1:2.0,或考虑用草皮加固。对于富冰冻土地段的路堑,除放缓边坡外,基底还应换填不小于0.5 m厚度的渗水性土。

在路堑的坡顶避免设置截水沟,宜修挡水墙并与坡顶距离不小于6.0 m。对饱冰冻土及地下冰地段的路堑,为避免冻土融化发生边坡滑坍及基底松软,应采取边坡保温及基底换填的措施。

(5)治理涎流冰等冰害路段。涎流冰是指在寒冷气候条件下,地下水或地面水漫溢到地面或路面上,自下而上逐层冻结,形成涎流冰,东北地区常称为"冰湖"。《公路养护技术规范》(JTG H10—2009)规定:"对有涎流冰产生的路段,应适当提高路基高度,保持路基高于涎流冰最大壅冰高度加0.5 m"。具体可参考以下措施:

1)因受地形或纵坡限制,不能提高路基时,可在临水一侧路外缘点,或在路侧溪流初结冰后,从中凿开一道沟,用树枝杂草覆盖加铺土或雪保温,使水沿水沟流动,避免溢流上路;也可将溪流改至远离公路的地方通过。

2)将路基上侧的泉水,夹层、透水层的渗水,从保温暗沟导流出路外。若含水层尚有不冻结的下层含水层,可将上层水导入下层含水层中排出。

3)当路基处于有涎流冰的山坡时,可在路基上侧边沟外增设聚冰坑和挡冰墙;也可在公路边沟外侧上方1.0~1.5 m处开挖与路线平行的深沟,以截断活动层泉流,使冬季涎流冰聚集在公路较远外,保证公路不受涎流冰的影响。

4)根据涎流冰的数量,在公路外侧修筑储水池,使涎流冰不上路。

(6)保护地表植被及泥炭层。地表多被活的地被植物及泥炭层所覆盖,这些活的地被植物及泥炭层是多年冻土良好的保温层。因为植物介于大气层和地层之间,积极参与两者之间的热量交换,对土的冻结和融化均有很大影响。尤其在夏季时,植物能遮挡太阳的强热辐射,减弱地表的受热程度,减少进入土中的热量,减缓和减少冻土的融化速度和深度。在冬季时,植被使土中的热量不易散发,降低疾患土的冷却速度。植物根系有保持一定水分的能力,若为苔藓及泥炭,则吸水能力更强。大量的水分蒸发会消耗很多热量,使相当一部分太阳辐射热进入不到冻土中。同时,植物在进行光合作用时,也要吸收太阳内能供其生长发育的能量。由此可见,天然植被起着非常重要的作用。

2. 施工注意事项

(1)遵循"保护冻土"原则设计的路堑及部分换填的路堤,其施工期宜安排在冻结期。如在融期施工,则应采用分段快速施工的方法,以免冻层暴露时间过久而发生破坏。

(2)多年冻土地区的地表水无法下渗,容易形成地表潮湿或积水,这不但会影响路基的稳定,还会影响施工质量与工效。因此,施工前必须做好排水工作。

(3)在开挖排水沟或取土坑时,必须注意防止由于冻土融化而产生的边坡坍塌及影响路基稳定的现象发生。一般不宜开挖过深，以免造成地下水露出，冬季形成冰锥，危害路基。

（4）路基的防护与加固应考虑保温。对于需保护的冻土，其上均须及时设置足够厚度的保温层，以免在施工过程中引起多年冻土的融化。

（5）草皮护坡铺砌应上下错缝，彼此互相嵌紧。块与块之间的缝隙用土或碎草皮填塞严密（严禁用石块塞缝），使草皮连成一个整体，以利于坡面草皮成活和防止空气对流，加速保温层的稳定。

3. 养护措施

针对冻土地区路基病害的不同情况，可以采取以下措施：

（1）多年冻土地区的路基养护，应遵循"保护冻土"的原则，做到"宜填不宜挖"。除满足不同地区、气候、水文、土质等路基填筑的最小高度外，另加 50 cm 保护层。路基填方高度不宜小于 1 m。

（2）养护材料尽量选用砂砾等非冻胀材料，不应选用黏土、重黏土之类毛细作用强、冻胀性大的养护材料。

（3）加强排水，防止地表积水，保持路基干燥，减少水隔，做到最大限度地保护冻土。应完善路基侧向保护和纵向、横向排水系统，一切地表径流应分段截流，通过桥涵排出路基下方坡脚 20 m 以外。路基坡脚 20 m 以外不得破坏地貌，不得挖除原有草皮；取土坑应设在路基坡脚 20 m 外；路基上侧 20 m 外应开挖截水沟，防止雨、雪水沿路基坡脚长流或向低处汇积，导致地表水下渗、路基下冻土层上限下降。疏浚边沟、排水沟时，应防止破坏冻层，导致冻土融化，产生边坡坍塌。

（4）受地形限制，路基填筑高度不够时，应铺筑保温隔离层。隔温材料可采用泥炭、炉渣、碎砖等，防止热融对冻土的破坏。

（5）防护构造物应选用耐冻融性材料。选用防水、干硬性砂浆和混凝土时，在冰冻深度范围内，其强度等级应提高一级。

（6）涎流冰的治理宜采用的方法是：将路基上侧的泉水及夹层和透水层的渗水，从保温暗沟（或导管）导流出路基外。如含水层下有不冻结的下层含水层，则可将上层水引入下层含水层中排出。

（7）提高溪旁路基的高度，使其高于涎流冰面 60 cm 以上。因受地形或纵坡限制不能提高路基时，可在临水一侧路外筑堤埂或从中部凿开一道水沟，用树枝杂草覆盖加铺土保温，使水流沿水沟流动，避免溢流上路。如地形许可，可将溪流改至远离公路处通过。

五、泥沼及软土地区路基养护

软土是指以水下沉积的饱水的软弱黏性土或淤泥为主的地层，有时也夹有少量的腐泥或炭层。

根据软土的孔隙比及有机质含量，并结合其他指标可将其划分为软黏性土、淤泥质土、淤泥、泥炭质土及泥炭五种类型。习惯上，常把淤泥、淤泥质土、软黏性土总称为软土，而把有机质含量很高的泥炭、泥炭质土总称为泥沼。

泥沼比软土具有更大的压缩性，但它的渗透性强，受荷后能够迅速固结。软土和泥沼沉积物都具有天然含水率大、孔隙比大、压缩性高和强度低的特点，在其上修建公路时，容易产生路堤失稳或沉降过大等问题。

我国东北的大小兴安岭、长白山、三江平原、松辽平原等地及青藏高原和西北地区的湖盆洼地、高寒山地均分布有泥沼；在内陆湖塘盆地、江河湖海沿岸和山河洼地则分布有近代沉积的软土。泥沼、软土地带的路基多因地面低洼、降雨充足，故地下水水位高、含水饱和、透水性小、压缩性大、抗剪强度低，在填土荷载和行车荷载的作用下，容易因路基基底土被压缩而产生较大的沉降，基底土被挤压塑流，向两侧或下坡一侧隆起，使路堤下陷、滑动以及冰冻膨胀而产生弹簧、翻浆等病害。

1. 主要病害

软土及泥沼地基对高等级公路的危害主要体现在以下几个方面：

(1) 对路基的影响。

1) 过大的工程竣工后沉降会导致路堤整体变差，易发生剪切变形破坏，高路堤时更为危险。

2) 在路堤横断面上过大的工程竣工后不均匀沉降会导致路拱变形，结构层开裂，路面出现错台、裂缝、坑洞、翻浆等问题，影响道路的正常通行，容易造成堵车、滑溜、撞尾翻车等事故。

(2) 对路面的影响。工程竣工后不均匀沉降引起的路面裂缝，尤其是混凝土路面断板、裂缝，极大地缩短了维修周期。

(3) 对排水的影响。路堤底面沿横向产生盆形沉降曲线，使横坡变缓，影响排水，雨水容易渗入路基。

(4) 对结构物的影响。

1) 台下软基的不均匀沉降增加了桥台承受的水平推力，严重的可能导致桥台错位或断裂。

2) 过大的不均匀沉降导致通水管涵(节)错位，过水断面减小，降低了管涵的通水能力。

(5) 对行车的影响。

1) 在桥路连接处的频繁加减速影响了交通的迅速流动，降低了单位时间内的交通量；小型结构物及桥头至桥梁引道之间的工后沉降差过大会造成跳车，危及行车安全。

2) 桥头路堤差异沉降引起汽车的冲击荷载，加速了桥头路面及桥梁伸缩缝的破坏。

3) 高低不平的路面增加了车辆的损耗和废气的排放，降低了运营效率和空气质量。

显然，高等级公路软土地基的沉降问题不仅会破坏乘车的舒适性及行车的平顺性，还会使车辆无法快速的行驶，达不到快速、安全、舒适的目的。另外，太大的工后沉降意味着太高的公路维修养护费用。因此，软土及泥沼地基沉降问题是影响建成公路路面质量、行车速度、使用寿命、工程造价的关键性问题，务必引起高度重视。

2. 防治措施

对泥沼、软土地区路基产生的病害，可采取下列方法处治：

(1) 降低水位。当在路基两侧开挖沟渠的工程量不大时，可加深路堤两侧边沟，以降低水位，促进路基土渗透固结，达到稳固路基的效果。

(2) 置换法。对软土路基沉降等病害可采用换填土层法，即将路基一定深度范围内的湿软土层挖去，换以强度较大的砂、碎(砾)石、灰土或素土，以及其他性能稳定、无侵蚀性的土类，并予以压实，填至路基标高。

(3) 抛石挤淤。抛石挤淤为强迫换土的一种形式，适用于软土液性指数大、厚度小于3～4 m、排水困难、片石能沉达下卧硬层者。抛石挤淤宜采用不易风化的直径一般不小于30 cm 的大片(块)石，其具体做法是：先将病害路段路堤挖到软土层，抛石自路堤中部开始，逐步向两侧展开，使淤泥挤出，在片(块)石抛至一定高度后(一般应露出淹没水面)，用压路机碾压，然后在其上铺设反滤层，再填土至路基原有高度。

(4)挡墙、木排桩反压护道法。当路堤下沉、两侧或路堤下坡一侧隆起时，可在路堤两侧或一侧填筑适当高度与宽度的护道，在护道的重力作用下使路堤下的淤泥或泥炭向两侧（或单侧）被挤出隆起的趋势得以平衡，保证路堤稳定。

(5)侧向压缩。在路堤坡脚处修筑块(片)石挡土墙、板桩、木排桩、钢筋混凝土桩、片石齿墙等纵向结构，限制基底软土的侧向挤出，从而保证基底的稳定。

(6)挤密法。在软土路基中采用冲击或振动等方法造成一定直径的钻孔，在孔中灌以砂、石、灰土或石灰等材料，捣实而成直径较大的桩体，利用横向挤紧作用使路基土粒彼此靠紧，孔隙减少，而且孔被填满和压紧，形成桩体。

桩体具有较高的承载能力，群桩的面积约占松散土加固面积的 20%，以致桩和原土组成复合地基，达到加固的作用。

砂桩与石灰桩的布置与尺寸如下：

1)砂桩。砂桩的一般直径为 20～30 cm，桩的间距为桩径的 3～5 倍，桩长一般直通地下水水位，按等距离梅花形布置，纵横方向均不少于 3 排；顶部应设有厚度为 30～40 cm 的砂砾垫层，并连成一片；砂桩的灌填材料为中砂、粗砂，含泥量不大于 3%，灌砂必须分层夯实。

2)生石灰桩。生石灰桩的布置及尺寸与沙桩相同，孔中以生石灰掺粗沙混合体积比为 (1～2)∶1 灌入，并分层夯实，桩顶用黏土夯实封闭。石灰桩施工的基本要求如下：

①生石灰必须密封储存，最好选用新鲜块灰；

②灰块必须粉碎至一定要求。

(7)土工布法。土工布在高压下具有较大的孔隙率，透水性能好，有较强的垂直、水平排水能力，很高的抗拉强度及隔水作用。土工布能提高路基的整体强度，重新分布土基压力，增强路基的稳定性。

目前，合成纤维已具有较高的化学稳定性，已能制出不霉、不烂、耐酸、耐碱和良好耐热性、抗冻性能好的土工布。土工布的厚度一般为 0.5～5.0 mm，每平方米的质量一般多在 500 g 以下；孔隙率有的可达 90%；透水性在垂直方向可达 3×10^{-3} m/s 左右，在水平方向可达 6×10^{-3} m/s；抗拉强度可达 200～250 kPa；破坏强度一般为 200～800 kPa；延伸率为 50%～80%；可耐 70 ℃～240 ℃ 的高温，在 −70 ℃ 时不破损，恢复到常温时仍能保持其原有性能。

(8)塑料排水板法。塑料排水板法是一种利用塑料板排水，以达到加固软土地基和防止公路翻浆等效果的新型材料。塑料排水板法可以代替常用的沙井法，应用插板机将塑料排水板插入土中，然后在上面加载预压，土中的水即可沿塑料通道溢出，使地基以加固。排水板具有一定的强度和延伸度，适应地基变形的能力强，材料截面尺寸不大，插放时对路基扰动小，并能保持排水板条竖立，施工效率高，材料质量小，运输方便，插板质量也容易被控制和检查。

塑料排水板的设计，可采用沙井地基的固结理论和设计方法。此时，将塑料板换算成相当直径的沙井。设换算直径为 D，塑料板的宽度为 b，厚度为 δ，则

$$D=\alpha\frac{2(b+\delta)}{\pi} \qquad (2-8)$$

式中　α——换算系数，考虑到塑料排水板的截面并非圆形，其渗透系数和沙井也有所不同而采取的换算系数。

对 $b=100$ mm、$\delta=3\sim 4$ mm 的标准型塑料板，取 $\alpha=0.75$，求得 $D=50$ mm。可把这种塑料板换算成直径为 50 mm 的沙井来进行计算。理想的塑料板井，不考虑排水用的水头损失，此时相当于 $D=66$ mm，实际排水效果约相当于直径为 700 mm 的排水沙井。

路堤两侧边坡应栽植柳、枫杨等亲水性好、根系发达的树木，以增强路基抵抗冲刷和侵蚀的能力。

任务二　路面技术状况的调查与评价

学习情境一　路面技术状况调查

一、一般规定

(1) 路面检测与调查应包括路面损坏、路面平整度、路面车辙、路面跳车、路面磨耗、路面抗滑性能和路面结构强度七项内容。

(2) 公路技术状况检测与调查应以 1 000 m 路段长度为基本检测(或调查)单元。在路面类型、交通量、路面宽度和养管单位等变化处，检测(或调查)单元的长度可不受此规定限制。

(3) 公路技术状况检测与调查应按上行(桩号递增方向)和下行(桩号递减方向)两个方向分别实施，二、三、四级公路可不分上下行检测与调查。

(4) 原则每年进行一次调查与评定。

二、路面技术状况调查

1. 路面破损状况调查

对高等级公路路面破损，在范围不够大的情况下调查人员可用直尺、病害数据采集仪进行实地量测，必要时可拍摄照片或录像；当病害范围较广时，宜组织专业技术人员采用高速路面摄影车等高效测试设备进行调查。

调查时间需根据路面病害类型确定，具体见表 2-13 和表 2-14，但调查次数一年应不少于一次。对于强度不足或疲劳引起的荷载性裂缝(龟裂)，宜在春季或雨季最不利季节之后进行；对于因温度收缩等引起的非荷载性裂缝(块裂及横向裂缝)宜在冬季以后调查，当然，为便于观测裂缝，最佳时机宜选择在雨后(或预先洒水)路表已干燥但尚有水迹的时候进行观测；对车辙、壅包、波浪等热稳性变形宜在夏季观测；对松散类破损宜在雨季观测。根据需要也可采用定期的或规定的同一时间内进行调查。

调查时，除应量测破损面积以及裂缝的长度、宽度或块度外，还需量测车辙、坑槽、沉陷的深度，以及波浪、壅包的最大间隔和错台量的大小等，以确定各种破损的严重程度等级。各类破损长度或面积的量测，准确至 0.1 m。调查结果应按破损类型及其严重程度记入记录表，并按路段将调查结果进行汇总。路段长度为 100~500 m。

路面损坏状况检测，宜采用自动化的快速检测方法，条件不具备时，可人工检测。采用快速检测设备检测路面损坏时，应纵向连续检测，横向检测宽度不得小于车道宽度的 70%。检测设备应能够分辨 1 mm 以上的路面裂缝，检测结果宜采用计算机自动识别，识别准确率应达到 90% 以上。

采用人工方法调查时，调查范围应包含所有行车道，按规范规定的损坏类型实地调查。有条件的地区，可借助便携式路况数据采集仪进行现场调查、汇总、计算与评定。沥青路面调查表见表 2-15；水泥混凝土路面见表 2-16。紧急停车带按路肩处理。路面损坏检测数据应以 100 m（人工检测）或 10 m（快速检测）为单位长期保存。

表 2-13　沥青路面破损分类分级

损坏类型		分级	外观描述	分级指标	计量单位
裂缝类	龟裂	轻	初期龟裂，缝细，无散落，裂区无变形裂块明显	轻度应为主要裂缝块度在 0.2~0.5 m 之间，平均裂缝宽度小于或等于 2 mm	m^2
		中	缝较宽，无或轻散落或轻度变形裂块破碎	中度应为主要裂缝块度小于 0.2 m，平均裂缝宽度在 2~5 mm 之间	
		重	缝宽，散落重，变形明显，急待修理	重度应为主要裂缝块度小于 0.2 m，平均裂缝宽度大于 5 mm	
	块状裂缝	轻	缝细，不散落或轻微散落，块度大	轻度应为主要裂缝块度大于 10 mm，平均裂缝宽度在 12 mm 内	m^2
		重	缝宽，散落，裂块小	重度应为主要裂缝块度在 0.5~10 m 之间，平均裂缝宽度大于或等于 2 mm	
	纵裂	轻	缝壁无散落或轻微散落，无或少支缝缝壁	轻度应为主要裂缝宽度小于或等于 3 mm	m^2 [长度(m)× 0.2 m]
		重	散落重，支缝多	重度应为主要裂缝宽度大于 3 m	
	横裂	轻	缝壁无散落或轻微散落，无或少支缝缝壁	轻度应为主要裂缝宽度小于或等于 3 mm	m^2 [长度(m)× 0.2 m]
		重	散落重，支缝多	重度应为主要裂缝宽度大于 3mm	
松散类	坑槽	轻	坑浅，面积较小(<1 m^2)	轻度应为坑槽深度小于 25 mm，或面积小于 0.1 m^2	m^2
		重	坑深，面积较大(>1 m^2)	重度应为坑槽深度大于或等于 25 mm，或面积大于或等于 0.1 m^2	
	松散	轻	细集料散失，路面磨损，路表粗麻		m^2
		重	细集料散失，多量微坑，表面剥落		

续表

损坏类型		分级	外观描述	分级指标	计量单位
变形类	沉陷	轻	深度浅，行车无明显不适感	轻度应为沉陷深度在 10~25 mm 之间，行车无明显颠簸感	m²
		重	深度深，行车明显颠簸不适	重度应为沉陷深度大于 25 mm，行车有明显颠簸感	
	车辙	轻	变形较浅	轻度应为车辙深度在 10~15 mm 之间	m² [长度(m)× 0.4 m]
		重	变形较深	重度应为车辙深度大于或等于 15 mm	
	波浪壅包	轻	波峰波谷高差小	轻度应为波峰波谷高差在 10~25 mm 之间	m²
		重	波峰波谷高差大	重度应为波峰波谷高差大于 25 mm	
表面破损类	泛油		路表呈现沥青膜，发亮，镜面，有轮印		m²
	修补损坏		修补应为裂缝、坑槽、松散、沉陷、车辙等损坏的修复。块状修补应按面积计算，条状修补应按长度(m)乘以 0.2 m 影响宽度计算。长度大于 5 m 的整车道修复不计为路面修补损坏。修补范围内再次发生的损坏，应按新的损坏类型计算。		m²

表 2-14 水泥混凝土路面破损分类分级

损坏类型		分级	外观描述	分级指标	计量单位
断裂类	破碎板	轻	板块被裂缝分为 3 块及以上，且伴有松动、下沉	轻度应为板块被裂缝分为 3 块及以上，破碎板未发生松动和沉陷	m²
		重		重度应为板块被裂缝分为 3 块及以上，破碎板有松动、沉陷和唧泥等现象	
	裂缝	轻	板块上只有一条裂缝	轻度应为裂缝宽度小于 3 mm，一般为未贯通裂缝	m² 检测结果应用影响宽度(1.0 m)换算成损坏面积
		中		中度应为裂缝宽度在 3~10 mm 之间	
		重		重度应为裂缝宽度大于 10 mm	

续表

损坏类型		分级	外观描述	分级指标	计量单位
断裂类	板角断裂	轻	板角断裂应为裂缝与纵横接缝相交,且交点距板角小于或等于板边长度一半的损坏,应按断裂板角的面积计算	轻度应为裂缝宽度小于3 mm	m² [长度(m)×0.2 m]
		中		中度应为裂缝宽度在3~10 mm之间	
		重		重度应为裂缝宽度大于10 mm	
松散类	错台	轻	错台应为接缝两边出现的高差,应按长度(m)计算。检测结果应用影响宽度(1.0 m)换算成损坏面积	轻度应为接缝两侧高差在5~10 mm之间	m²
		重		重度应为接缝两侧高差大于或等于10 mm	
	拱起		拱起应为横缝两侧板体高度大于10 mm的抬高,损坏应按拱起涉及板块的面积计算		m²
变形类	边角剥落	轻	边角剥落应为沿接缝方向板边上出现的碎裂和脱落,裂缝面与板面成一定角度,应按长度(m)计算。检测结果应用影响宽度(1.0 m)换算成损坏面积	轻度应为板边上的碎裂和脱落	m²
		中		中度应为板边上的碎裂和脱落,接缝附近水泥混凝土有开裂	
		重		重度应为板边上的碎裂和脱落,接缝附近水泥混凝土多处开裂,开裂深度超过接缝槽底部	
	接缝料损坏	轻	接缝料损坏应按长度(m)计算,检测结果应用影响宽度(1.0 m)换算成损坏面积	轻度应为填料老化,不密水,尚未剥落脱空,未被砂、石、土等填塞	m² [长度(m)×0.4 m]
		重		重度应为三分之一以上接缝出现空缝或被砂、石、土填塞	
	坑洞	轻	坑洞应为板面出现直径大于30 mm、深度大于10 mm的坑槽,损坏应按坑洞或坑洞群的包络面积计算		m²
	唧泥		唧泥应为板块接缝处有基层泥浆涌出,损坏应按长度(m)计算。检测结果应用影响宽度(1.0 m)换算成损坏面积		m²

续表

损坏类型	分级	外观描述	分级指标	计量单位
露骨		露骨应为板块表面细集料散失、粗集料暴露或表层疏松剥落，损坏应按面积计算		m²
修补损坏		修补应为裂缝、板角断裂、边角剥落和坑洞等损坏的修复。块状修补应按面积计算，裂缝类的条状修补应按长度(m)乘以0.2 m影响宽度计算。长度大于5 m的整车道修复不计为路面修补损坏。修补范围内再次发生的损坏，应按新的损坏类型计算		m²

表2-15 沥青路面损害调查表

调查时间： 调查人员：

路线编码名称： 调查方向： 起点桩号： 单元长度： 路面宽度：

损坏类型	程度	权重 w_i	单位	百米损坏										累计损坏
				1	2	3	4	5	6	7	8	9	10	
龟裂	轻	0.6	m²											
	中	0.8												
	重	1.0												
块状裂缝	轻	0.6	m²											
	重	0.8												
纵向裂缝	轻	0.6	m											
	重	1.0												
横向裂缝	轻	0.6	m											
	重	1.0												
沉陷	轻	0.6	m²											
	重	1.0												
车辙	轻	0.6	m											
	重	1.0												
波浪壅包	轻	0.6	m²											
	重	1.0												
坑槽	轻	0.8	m²											
	重	1.0												

续表

路线编码名称：			调查方向：		起点桩号：		单元长度：		路面宽度：			
松散	轻	0.6	m²									
	重	1.0										
泛油		0.2	m²									
修补		0.1	块状/m²									
			条状/m									

表 2-16 水泥路面损害调查表

调查时间：　　　　　　　　　　　　　　　　　　　　　　　　　　　　调查人员：

损坏类型	程度	权重 w_i	单位	百米损坏										累计损坏
				1	2	3	4	5	6	7	8	9	10	
破碎板	轻	0.8	m²											
	重	1.0												
裂缝	轻	0.6	m											
	中	0.8												
	重	1.0												
板角断裂	轻	0.6	m²											
	中	0.8												
	重	1.0												
错台	轻	0.6	m											
	重	1.0												
拱起		1.0	m²											
边角剥落	轻	0.6	m											
	中	0.8												
	重	1.0												
接缝料损坏	轻	0.4	m											
	重	0.6												
坑洞		1.0	m²											
唧泥		1.0	m											
露骨		0.3	m²											
修补		0.1	块状/m²											
			条状/m											

2. 路面平整度调查

路面平整度宜采用快速检测设备，可结合路面损坏和车辙一并检测。单独检测路面平整度时，宜采用高精度的断面类检测设备。路面平整度检测设备必须定期标定，每年至少标定一次，标定的相关系数应大于 0.95。条件不具备的三、四级公路，路面平整度可采用 3 m 直尺进行人工检测，检测结果按表 2-7 评定。路面平整度是反映路面在行驶质量方面所提供服务能力的重要指标。路面平整度的检测一般有 3 m 直尺、连续式平整度仪、颠簸累积仪和纵断面量测方法。由于颠簸累积仪检测快速，故宜于路网平整度全面调查时采用。小范围的抽样调查，可采用连续式平整度仪或 3 m 直尺检测。高等级公路平整度调查每年至少都要进行一次，每次都要安排在基本相同的时段内进行。

表 2-17 路面平整度评价表

技术等级	优	良	中	次	差
RQI	≥90	≥80，<90	≥70，<80	≥60，<70	<60
3 m 直尺/mm	≤10	>10，≤12	>12，≤15	>15，≤18	>18
颠簸程度	无颠簸，行车平稳	有轻微颠簸，行车尚平稳	有明显颠簸，行车不平稳	严重颠簸，行车很不平稳	非常颠簸，行车非常不平稳

在同一路段上采用不同仪器进行检测会得出不同的平整度指标数值，所以国际上采用纵断面量测法，量测的结果称为国际平整度指标（IRI）。

采用 3 m 直尺以其量测距离路表面的最大间隙作为路面的平整度，单位为 mm。检测点可采取随机取样或每 100 m 连续量测 10 次，即 1 km 共测 100 次，然后按式（2-9）计算路段现有的平整度：

$$d = d_1 + Z_a \delta \tag{2-9}$$

式中 d——评定路段的路面平整度（mm）；

d_1——用 3 m 直尺测定路面最大间隙的平均值（mm），其中 $d_1 = \dfrac{\sum d_i}{n}$；

d_i——3 m 直尺每次测定的路面最大间隙（mm）；

n——检测点数；

Z_a——与保证率有关的系数；

δ——3 m 直尺测定的标准差（mm），其中 $\delta = \sqrt{\dfrac{\sum (d_i d_1)^2}{n-1}}$。

采用连续式平整度仪测定路面平整度，以其量测路面的不平整度的标准差 δ 表示，单位为 mm，其原理与 3 m 直尺连续测定的平整度基本相同。由于平整度计算值的标准差 δ 与计算区间的长度有关，为了便于分析比较，我国规定计算区间的长度统一取为 100 m。目前，我国的连续式平整度仪大多有自动计算功能，可以自动打印输出测定路段的标准差和振幅大于某一定值（如 3 mm、5 mm、8 mm、10 mm）的超差次数。当采用人工计算时，可根据平整度仪记录的曲线，以 100 m 为一个计算区间，每隔一定距离（人工采集取 1.5 m，自动采集为 0.1 m）采集的路面凹凸偏差位移值，按式（2-9）中的标准差公式计算标准差，取各计算标准差的平均值作为评定路段的平整度。

连续式平整度仪测定时的行驶速度一般以 5 km/h 为宜,最大不得超过 12 km/h,并应保持匀速。对于坑槽较多、破损严重的路面,不宜采用。

颠簸累积仪有车载式和拖式两种。车载式颠簸累积仪的平整度采用车辆通过路面时后轴与车厢之间的单向位移累积值(VBI)表示,单位为 cm/km,测定值可以自动显示和打印输出。由于车速对车辆的颠簸影响很大,因而测定值与车速有关。为此,规定标准测试车速为$(32±3)$km/h;标准的计算区间长度为 100 m,根据要求也可为 200 m、500 m 或 1 000 m。同时,测定车的性能和轮胎气压应符合规定的要求。对于坑槽较多,破损严重的路面不宜采用。

国际平整度指数 IRI 是目前国际上公认的衡量路面舒适性指数(RCI)或路面行驶质量指数(RQI)的指标,由精密水平仪测定路段上每隔 0.25 m 测点的标高后通过计算确定,单位为 m/km。

当采用其他设备测定时,可通过标定进行回归分析,建立与国际平整度指数的相关关系,换算成国际平整度指数。以车载式颠簸累积仪为例,其测定值与国际平整度指数之间的相关关系如式(2-10)所示。

$$IRI = a + b \times VBI_v \tag{2-10}$$

式中　IRI——国际平整度指数(cm/km);

　　　VBI_v——测试车速为 v km/h 时颠簸累积仪测得的颠簸累积值(cm/km);

　　　a,b——回归系数。

进行标定时,应选择 5~6 段不同平整度的路段,每段平整度应均匀,长度一般为 250~300 m,取 3~5 次测定值的平均值进行回归分析。

应用其他设备,同样可按上述方法建立与国际平整度指数或相互指标之间换算的相关关系。路面平整度检测数据应以 100 m(人工检测)或 20 m(快速检测)为单位长期保存。

3. 路面车辙检测

路面车辙宜采用快速检测设备,可结合路面损坏和路面平整度一并检测。路面车辙检测设备必须定期标定,每年至少标定一次。根据断面数据计算路面车辙深度(RD),计算结果应以 10 m 为单位长期保存。

4. 路面跳车

路面跳车根据路面高差确定,路面纵断面高出应按式(2-11)计算:

$$\Delta h = \max\{h_1, h_2, \cdots, h_i, \cdots, h_{100}\} - \min\{h_1, h_2, \cdots, h_i, \cdots, h_{100}\} \tag{2-11}$$

式中　Δh——路面纵断面高差(cm)。路面纵断面高差应为 10 m 路面纵断面最大高程和最小高程之差;

　　　h_i——第 i 点的路面纵断面工程;

　　　i——第 i 个路面纵断面高程数据。路面纵断面高程应为自动化设备检测数据。每 0.1 m 计一个高程,10 m 路面纵断面共计 100 个高程数据。

路面跳车应按表 2-18 的规定划分跳车程度。

表 2-18　路面跳车程度划分标准

检测指标	轻度	中度	重度
路面纵断面高差(Δh)/cm	≥2,<5	≥5,<8	≥8

5. 路面磨耗

路面磨耗应采用断面类检测设备。检测位置应为车道的左轮迹带、右轮迹带和无磨损的车道中线，采用路面构造深度。

6. 路面抗滑性能

路面所具有的抗滑能力是安全性能评价的主要指标，其调查指标为轮胎与路面的摩擦因数。路面在使用过程中，因车轮的不断磨损，路表面的抗滑能力因集料被磨光而逐渐下降，当抗滑能力下降到不安全时，便需采取措施予以恢复。影响路面抗滑能力的因素有路面表面特性、路面潮湿程度和行车速度等。

路表面的细构造是指集料表面的粗糙度，它随车轮的反复磨耗而逐渐磨光，通常用石料磨光值（PSV）表征其抗磨光的性能。路表的细构造在低速行车时，对路表的抗滑能力起决定作用；在高速行车时，对抗滑能力起决定作用的却是粗构造。粗构造是由路表外露集料构成的，其功能是使路表面水迅速排除，以免形成水膜。粗构造由构造深度来表征。

路面的抗滑能力可采用不同的方法测定，通常采用摆式摩擦系数测定仪和横向力系数（SFC）测定仪。高速公路宜采用横向力系数测定仪，一般每年春秋季节进行抗滑能力的测定。

路面抗滑性能宜采用基于横向力系数的路面抗滑性能检测设备或其他具有可靠数据标定关系的自动化检测设备。检测设备必须定期标定，每年至少标定一次。路面抗滑性能检测数据（横向力系数）应以 20 m 为单位长期保存。

7. 路面结构强度

路面强度调查主要用于评价路面结构的承载能力，从而确定路面的剩余使用时间，即在达到预定的破损状况之前路面还能使用的年数或能承受标准轴载的作用次数。依据剩余使用时间的长短，可以判断路面结构的完好程度和其损坏的速度，以确定必要的养护措施。

路面强度的调查指标为路面的弯沉值，过去我国测定路面强度多采用贝克曼梁式弯沉仪，目前，高等级公路的路面强度提倡采用自动弯沉仪（如加拿大 Dynaffect 测量车）检测。路面的弯沉应在不利季节测定，并注意温度修正；若在非不利季节测定，应按各地的季节影响系数进行修正。

试验表明，半刚性基层沥青路面的承载能力的变化过程可分为三个阶段。路面竣工后的前 1~2 年为第一阶段，在这一阶段，由于交通荷载的压密作用和半刚性基层材料的强度增长特性，路面弯沉逐渐减小，大约在路面竣工后的第二年达到最小值。路面竣工后 2~4 年为第二阶段。在这一阶段，路面弯沉迅速增大，因为，一方面半刚性基层的强度增长已十分缓慢，并逐渐趋于相对稳定状态；另一方面由于交通荷载的重复作用以及大气因素的作用，加之沥青混凝土因材料和施工不均而导致的强度非均匀性等因素的影响，结构内部的微观缺陷因局部的应力集中而不断扩展，并逐渐形成小范围的局部破损，从而导致结构的整体刚度下降。路面竣工 3~4 年以后直至达到极限破坏状态为第三阶段。在这一阶段路面因各种复杂因素产生的局部强度不足的问题已充分暴露，积蓄于内部缺陷附近区域的高密度能量已通过缺陷的扩展而转移，并自动实现整个系统的能量平衡，从而使得结构内部损伤的进一步发展得到控制，路面结构的整体刚度重新达到一种新的、较低水平的相对稳定，路表弯沉进入了一个比较稳定的缓慢变化阶段，即所谓的结构疲劳破坏的稳定发展阶段，并一直延续到结构出现疲劳破坏。

若将路面竣工后第一年不利条件的路面弯沉(即设计弯沉 L_r)取为1,则其后每年标准状态下弯沉值 L_c 与 L_r 的比值定义为相对弯沉,即 L_c/L_r。图2-26所示为半刚性基层沥青路面的相对弯沉值与不同年份的关系曲线。

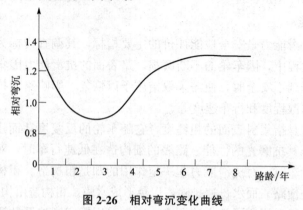

图2-26 相对弯沉变化曲线

路面结构强度宜采用自动检测设备检测。自动检测时,宜采用具有可靠数据标定关系的自动化检测设备,检测结果应能换算成我国相关技术规范规定的回弹弯沉值。自动检测设备必须定期标定,每年至少标定一次。标定的相关系数不得小于0.95。弯沉检测数据应以20 m为单位长期保存。

采用贝克曼梁检测时,检测数量应不小于20点/(km·车道)。抽样检测时,检测范围可控制在养护里程的20%以内。

根据《公路技术状况评定标准》(JTG 5210—2018)的规定,检测频率见表2-19。

表2-19 检测频率表

检测与调查内容		沥青路面		水泥混凝土路面	
		高速、一级公路	二、三、四级公路	高速、一级公路	二、三、四级公路
路面 PQI	路面损坏	1年1次	1年1次	1年1次	1年1次
	路面平整度	1年1次	1年1次	1年1次	1年1次
	路面车辙	1年1次			
	路面跳车			1年1次	
	路面磨耗	1年1次		1年1次	
	路面抗滑性能	2年1次		2年1次	
	路面结构强度	抽样检测	抽样检测		
路基 SCI		1年1次			
桥隧构造物 BCI		按现行标准规范的有关规定执行			
沿线设施 TCI		1年1次			

注:路面结构强度为抽样检测指标,抽样检测的路线或路段应按路面养护管理需要确定,最低抽样比例不得低于公路网列养里程的20%。

学习情境二 路面技术状况评价

一、路面技术状况评价

公路技术状况评定以 1 000 m 路段长度为基本检测(或调查)单元。

沥青路面技术状况评定应包括路面损坏、路面平整度、路面车辙、路面跳车、路面磨耗、路面抗滑性能和路面结构强度七项内容。

水泥混凝土路面技术状况评定应包括路面损坏、路面平整度、路面跳车、路面磨耗和路面抗滑性能五项内容。

路面的综合评价指标(PQI)用分项加权用式(2-12)计算得出,其数值范围为 0～100,该值越大,路况越好。等级划分见表 1-4。

$$PQI = w_{PCI}PCI + w_{RQI}RQI + w_{RDI}RDI + w_{RBI}PBI + w_{PWI}PWI + w_{SRI}SRIw + w_{PSSI}PSSI \tag{2-12}$$

式中 w_{PCI}——路面损坏 PCI 在 PQI 中的权重,按表 2-20 取值;
w_{RQI}——平整度 RQI 在 PQI 中的权重,按表 2-20 取值;
w_{RDI}——车辙 RDI 在 PQI 中的权重,按表 2-20 取值;
w_{PBI}——抗滑性能 SRI 在 PQI 中的权重,按表 2-20 取值;
w_{PWI}——平整度 RQI 在 PQI 中的权重,按表 2-20 取值;
w_{SRI}——车辙 RDI 在 PQI 中的权重,按表 2-20 取值;
w_{PSSI}——抗滑性能 SRI 在 PQI 中的权重,按表 2-20 取值。

表 2-20　PQI 分项指标权重

路面类型	权重	高速公路、一级公路	二、三、四级公路
沥青路面	w_{PCI}	0.35	0.60
	w_{RQI}	0.30	0.40
	w_{RDI}	0.15	—
	w_{PBI}	0.10	—
	$w_{SRI(PWI)}$	0.10	—
	w_{PSSI}	—	—
水泥混凝土路面	w_{PCI}	0.50	0.60
	w_{RQI}	0.30	0.40
	w_{PBI}	0.10	—
	$w_{SRI(PWI)}$	0.10	—

1. 路面破损状况

路面破损状况采用路面状况指数(PCI)进行评价,路面状况指数由沥青路面破损率

（DR）计算得出。PCI 按式(2-13)、式(2-14)计算：

$$PCI = 100 - \alpha_0 DR^{\alpha_1} \tag{2-13}$$

$$DR = 100 \times \frac{\sum_{i=1}^{i_0} w_i A_i}{A} \tag{2-14}$$

式中 DR——路面破损率(%)；

α_0——沥青路面采用 15.00，水泥混凝土路面采用 10.66；

α_1——沥青路面采用 0.412，水泥混凝土路面采用 0.461；

A_i——第 i 类路面损坏的累计面积(m^2)；

A——路面检测或调查面积(m^2)；

w_i——第 i 类路面损坏的权重或换算系数，沥青路面按表 2-21 取值，水泥混凝土路面按表 2-22 取值；

i——第 i 路面损坏类型，包括损坏程度(轻、中、重)；

i_0——损坏类型总数，沥青路面取 21，水泥混凝土路面取 20。

表 2-21 沥青路面损坏类型和权重

类型(i)	损坏名称	损坏程度	权重(人工调查)/w_i	计量单位/m^2
1	龟裂	轻	0.6	面积
2		中	0.8	
3		重	1.0	
4	块状裂缝	轻	0.6	面积
5		重	0.8	
6	纵向裂缝	轻	0.6	长度×0.2 m
7		重	1.0	
8	横向裂缝	轻	0.6	长度×0.2 m
9		重	1.0	
10	坑槽	轻	0.8	面积
11		重	1.0	
12	松散	轻	0.6	面积
13		重	1.0	
14	沉陷	轻	0.6	面积
15		重	1.0	
16	车辙	轻	0.6	长度×0.4 m
17		重	1.0	

续表

类型(i)	损坏名称	损坏程度	权重(人工调查)/w_i	计量单位/m²
18	波浪壅包	轻	0.6	面积
19		重	1.0	
20	泛油		0.2	面积
21	修补		0.1	面积或长度×0.2 m

注：1. 人工调查时，应将条状修补的调查长度(m)乘以影响宽度(0.2 m)换算成面积。
2. 自动化检测时，块状修补的换算系数 w_1 为0.1，条状修补的换算系数 w_1 为0.2。

表2-22 水泥混凝土路面损坏类型和权重

类型(i)	损坏名称	损坏程度	权重/w_i	计量单位/m²
1	破碎板	轻	0.8	面积
2		重	1.0	
3	裂缝	轻	0.6	长度×1.0 m
4		中	0.8	
5		重	1.0	
6	板角断裂	轻	0.6	面积
7		中	0.8	
8		重	1.0	
9	错台	轻	0.6	长度×1.0 m
10		重	1.0	
11	唧泥		1.0	长度×1.0 m
12	边角剥落	轻	0.6	长度×1.0 m
13		中	0.8	
14		重	1.0	
15	接缝料损坏	轻	0.4	长度×1.0 m
16		重	0.6	
17	坑洞		1.0	面积
18	拱起		1.0	面积
19	露骨		0.3	面积
20	修补		0.1	面积或长度×0.2 m

注：1. 人工调查时，应将条状修补的调查长度(m)乘以影响宽度(0.2 m)换算成面积。
2. 自动化检测时，块状修补的换算系数 w_1 为0.1，条状修补的换算系数 w_1 为0.2。

2. 路面行驶质量(RQI)

路面平整度用路面行驶质量指数(RQI)评价，按式(2-15)计算：

$$RQI=\frac{100}{1+\alpha_0 e^{\alpha_1 IRI}} \tag{2-15}$$

式中　IRI——国际平整度指数(m/km)；

　　　α_0——高速公路和一级公路采用0.026，其他等级公路采用0.0185；

　　　α_1——高速公路和一级公路采用0.65，其他等级公路采用0.58。

3. 路面车辙(RDI)

路面车辙用路面车辙深度指数(RDI)评价，按式(2-16)计算：

$$RDI=\begin{cases}100-\alpha_0 RD & (RD\leqslant RD_a) \\ 90-\alpha_1(RD-RD_a) & (RD_a<RD\leqslant RD_b) \\ 0 & (RD>RD_b)\end{cases} \tag{2-16}$$

式中　RD——车辙深度(mm)；

　　　RD_a——车辙深度参数，采用10.0；

　　　RD_b——车辙深度参数，采用40.0；

　　　α_0——模型参数，采用1.0；

　　　α_1——模型参数，采用3.0。

4. 路面跳车指数(PBI)

路面跳车采用路面跳车指数PBI评价，按式(2-17)计算：

$$PBI=100-\sum_{i=1}^{i_0}\alpha_i PB_i \tag{2-17}$$

式中　PB_i——第i类程度的路面跳车数；

　　　a_i——第i类程度的路面跳车单位扣分，按表2-23的规定取值；

　　　i——路面跳车程度；

　　　i_0——路面跳车程度总数，取3。

表 2-23　路面跳车扣分标准

类别(i)	跳车程度	计量单位	单位扣分
1	轻度	处	0
2	中度		25
3	重度		50

5. 路面磨耗指数(PWI)

路面磨耗采用路面磨耗指数PWI评价，按式(2-18)、式(2-19)计算：

$$PWI=100-\alpha_0 WR^{\alpha_1} \tag{2-18}$$

$$WR=100\times\frac{MPD_C-\min\{MPD_L,MPD_R\}}{MPD_C} \tag{2-19}$$

式中　WR——路面磨耗率(%)；

　　　α_0——模型参数，采用1.696；

$α_1$——模型参数,采用 0.785;

MPD——路面构造深度(mm);

MPD_c——路面构造深度基准值,采用无磨损的车道中线路面构造深度(mm);

MPD_L——左轮迹带的路面构造深度(mm);

MPD_R——右轮迹带的路面构造深度(mm)。

6. 路面抗滑性能(SRI)

路面抗滑性能用路面抗滑性能指数(SRI)评价,按式(2-20)计算:

$$SRI = \frac{100 - SRI_{min}}{1 + α_0 e^{α_1 SFC}} + SRI_{min} \qquad (2\text{-}20)$$

式中 SFC——横向力系数;

SRI_{min}——标定参数,采用 35.0;

$α_0$——模型参数,采用 28.6;

$α_1$——模型参数,采用 -0.105。

7. 路面结构强度($PSSI$)

路面结构强度用路面结构强度指数($PSSI$)评价,按式(2-21)、式(2-22)计算:

$$PSSI = \frac{100}{1 + α_0 e^{α_1 SSR}} \qquad (2\text{-}21)$$

$$SSR = \frac{l_R}{l_0} \qquad (2\text{-}22)$$

式中 SSR——路面结构强度系数(Pavement Structure Strength Ratio),为路面容许弯沉与路面实测代表弯沉之比;

l_R——路面容许弯沉(mm);

l_0——路面实测代表弯沉(mm);

$α_0$——模型参数,采用 15.71;

$α_1$——模型参数,采用 -5.19。

二、沥青路面养护维修对策

沥青路面的养护对策应根据公路等级、交通量及分项路况评价结果确定。分项路况评价指标包括路面强度、行驶质量、路面破损状况和抗滑性能等方面。路面综合评价指标仅用于对路面质量的总体评价。

公路养护管理部门可根据公路等级、交通量、分项路况的评价结果,结合养护资金情况,采取以下维修养护对策:

(1)在满足强度要求的前提下(路面的结构强度系数为中等以上时),若高速公路及一级公路的路面状况指数(PCI)评价为优、良,或者二级及二级以下公路的路面状况指数评价为优、良、中时,以日常养护为主,并对局部破损进行小修;若高速公路及一级公路的路面状况指数(PCI)评价为中及中以下,或者二级或二级以下公路的路面状况指数评价为次及次以下,应采取中修罩面措施。

(2)在不满足强度要求的前提下(路面的结构强度系数为中等以下时),应采取大修补强措施以提高其承载能力。

(3)若高速公路及一级公路的行驶质量指数(RQI)评价为优、良,或者二级及二级以下的公路的行驶质量指数评价为优、良、中时,以日常养护为主;若高速公路及一级公路的行驶质量指数(RQI)评价为中及中以下,或者二级及二级以下公路的行驶质量指数评价为次及次以下时,应采取罩面等措施改善路面的平整度。

(4)高速公路及一级公路的抗滑能力不足($SFC<40$ 的路段),或二级及二级以下公路抗滑能力不足($SFC<30$ 或 $BPN<32$ 的路段),应采取加铺罩面层等措施,提高路表面的抗滑能力。

(5)因路面不适应现有交通量或载重的需要,应通过提高现有路面的等级或通过加宽等改建措施,提高道路的通行能力和服务质量。

三、水泥混凝土路面养护对策

(1)高速公路及一级公路的路面破损状况等级为优和良,或者二级及二级以下公路的路面破损状况等级为中及中以上时,可采用日常养护和局部或个别板块修补措施。

(2)高速公路及一级公路的路面破损状况等级为中及中以下,或者二级及二级以下公路的路面破损状况等级为次及次以下时,应采取全路段修复或改善措施,包括沥青混合料修补、板块破碎和碾压稳定、铺筑沥青混凝土或水泥加铺层以及修建纵向边缘排水设施等。

(3)高速公路及一级公路的路面行驶质量等级为中及中以下,或者二级及二级以下公路的行驶质量等级为次级以下时,应采取刻槽、罩面或加铺层等措施,改善路面的平整度。

(4)高速公路的路面抗滑能力等级为中及中以下,或者二级及二级以下公路的抗滑能力等级为次级次以下时,应采取刻槽、罩面等措施,提高路表面的抗滑能力。

(5)路面结构承载能力不满足现有交通的要求时,应采取铺筑沥青混凝土或水泥混凝土加铺层措施,提高其承载能力。

任务三　沥青路面的养护与维修

学习情境一　沥青路面养护标准及日常养护与保养

一、路面养护质量标准

1. 养护质量标准

公路网级沥青路面技术状况指数(PQI)应满足表 2-24 的要求,公路网级沥青路面技术状况 PQI 不满足要求时,应合理安排养护计划,并采取综合养护措施,达到沥青路面技术状况要求。

表 2-24　沥青路面强度的养护质量标准

路况指数	高速公路	一级及二级公路	三级及四级公路
PQI	≥90	≥85	≥80

每个基本单元沥青路面技术状况指数(PQI)及分析指标应满足表 2-25 的要求,每个基

本单元沥青路面技术（PQI）及分析指标不满足要求时，应安排日常维修、养护工程或改建、扩建工程，恢复沥青路面技术状况要求。

表 2-25　沥青路面强度的养护质量标准

路况指数	高速公路	一级及二级公路	三级及四级公路
PQI	≥80	≥75	≥70
PCI	≥80	≥75	≥70
RQI	≥80	≥75	≥70
RDI	≥75	≥70	—
SRI	≥75	≥70	—

2. 中修、大修、改建及专项工程的质量标准

(1)对沥青路面采取大修补强、中修罩面、改建及实施专项养护工程时，除参照本项目的相关技术规定外，还应满足《公路路基施工技术规范》(JTG/T 3610—2019)、《公路沥青路面施工技术规范》(JTG F40—2004)、《公路路面基层施工技术细则》(JTG/T F20—2015)、《公路工程质量检验评定标准 第一册 土建工程》(JTG F80/1—2017)等有关技术规范的规定。

(2)沥青路面平整度、抗滑性能、路面状况、强度、车辙及路拱横坡度的养护，若达不到表 2-17 和表 2-18 的规定标准时，应采取适当的措施对其进行处治予以修复，以达到规定的要求。

二、沥青类路面日常养护

(一)初期养护

1. 热拌沥青混合料路面的初期养护

(1)摊铺、压实后的热拌沥青混合料路面，待摊铺层自然冷却，混合料表面温度低于 50 ℃后方可开放交通。

(2)纵横向施工接缝是沥青路面的薄弱环节，应加强初期养护，随时用 3 m 直尺查找暴露出来的轻微不平，铲高补低，经拉毛后用混合料垫平、压实。

2. 沥青贯入式路面的初期养护

(1)路面竣工后，开放交通时，行驶车辆限速在 15 km/h 以下，根据表面成型情况，逐步提高到 20 km/h。

(2)设专人指挥交通或设置临时路标，按先两边后中间控制车辆行驶，达到全面压实。

(3)应随时将行车驱散的嵌缝料回扫、扫匀、压实，以形成平整、密实的上封层。当路面泛油后，要及时补撒与施工最后一层矿料相同的嵌缝料，同时控制行车碾压。

3. 沥青表面处治路面的初期养护

(1)层铺法施工的沥青表面处治路面的初期养护，与贯入式路面的要求基本相同。

(2)拌合法施工的沥青表面处治路面的初期养护，与热拌沥青混合料的要求相同。

4. 乳化沥青路面的初期养护

乳化沥青路面的初期稳定性差，压实后的路面应做好初期养护，设专人管理，按实际破乳情况，封闭交通2~6 h；在未破乳的路段上，严禁一切车辆、人、畜通过；开放交通初期，应控制车速不超过20 km/h，并不得制动和调头。当有损坏时应及时修补。

(二)沥青路面日常保养

日常保养应包括下列主要工作内容：
(1)清除路面泥土杂物、污染物、散落物等。
(2)排除路面积水，疏通路面排水。
(3)清除路面积雪、积冰、积沙等。
(4)实施路面夏季洒水降温作业。

(三)沥青路面清扫作业的规定

(1)定期沿路幅右侧或左侧开展路面日常清扫作业，清扫频率应根据公路等级、交通量大小、路面污染情况确定，遇突发污染事件应及时开展路面特殊清扫作业。
(2)路面清扫作业可采用机械清扫或人工清扫方式，高速公路及一级公路应以机械清扫方式为主，二级及二级以下公路可视实际情况采用合适方式进行清扫作业。
(3)路面清扫作业应根据现场泥土杂物、清洁情况及通车状况选择不同功能的机械清扫设备，宜采用无尘清扫设备与工艺，机械清扫车辆应配备洒水及除尘设备，清扫作业时应根据路面扬尘程度确定适当的洒水量，减少扬尘。
(4)机械清扫作业应避开交通量大的时段，不宜在影响正常交通的中间行车道和变换车道进行。对机械无法清扫的路面边角，应人工进行辅助清洁。
(5)应根据实际情况适当加大桥梁桥面清扫频率，宜与桥面泄水孔、伸缩缝清理工作相结合，清扫时不得堵塞桥面泄水孔和伸缩缝。
(6)隧道路面清扫宜在交通量较小时进行，并利用电子显示屏等设备做好安全作业提示。清扫宜采用无尘清扫作业方式，严禁扬尘。
(7)沥青路面受油类物质或其他化学品污染时，应撒砂、木屑或采用化学中和剂处理后进行清扫。影响行车安全时，应采用水冲洗干净并进一步处治。
(8)路面清扫后的垃圾、杂物等不得随意倾倒、堵塞边沟、阻挡路肩排水，应运至指定地点或垃圾场站妥善处理。

(四)排水作业的规定

(1)定期检查路面排水和积水情况，应对一般路段、桥涵、隧道路面排水系统进行清理和疏通，保持排水功能正常、路面无积水。
(2)汛期前对影响路面排水的设施应进行全线检查和疏通，雨天时应及时排除积水，汛期后应对排水设施进行全面检查和修复。
(3)对沥青路面局部沉陷、横坡不适、拦水带开口设置不合理等原因导致的积水，应及时采取排除措施。

(五)清除冰等作业的规定

(1)根据当地历年气象记录资料、气象预测资料、路面结构、沿线环境条件等因素，应制订切合实际情况的除冰雪和防冻工作计划，以及适用于各种不同的气温、降雪量和积雪深度条件下的除冰雪和防冻作业规程，配备相应的除冰雪、防冻作业人员、材料和机具设备。
(2)冬季降雪或下雨时，应及时掌握气象变化情况，出现降温、降雪时应按制订的工作方案及时进行除冰雪和防冻，并做好桥面、坡道、弯道、匝道、收费广场等重点路段的除冰雪和防冻措施。

(3)除冰雪宜以机械作业为主，人工作业为辅。除雪机械的作业方向宜与正常行车方向一致，并从路面左侧向右侧或中间向两侧依次进行。降雪量较大，难以在降雪过程中清除全部积雪时，应在雪停后及时清除路面全部积雪。

(4)路面上的压实雪、融化的雪水或未及时排除的雨水形成冰冻层时，应开展除冰与防滑作业，尤其是在大中桥、纵坡较大或平曲线半径较小路段，应做好防冰冻与防滑处理。

(5)除冰雪撒布的融雪剂、防冰冻、防滑等材料宜采用环保型材料。应根据降雪情况确定撒布时机、方式与数量，及时清除路面积雪与残留物。

(6)除冰雪和防冻作业可连续开展，作业现场必须实行统一指挥，并落实与作业形式相适应的安全作业措施和交通控制措施，夜间作业时可适当增设闪光设施、警示标志等。

(六)夏季洒水降温作业的规定

(1)了解当地气象温度相关资料，掌握沥青路面表面温度变化规律，应制订切合实际情况的夏季洒水降温工作计划和作业规程。

(2)洒水降温作业宜采用机械方式，洒水车辆车身应有明显标识，配备导向闪光箭头，车顶宜安装带有黄闪标志的车辆闪光灯。

(3)夏季连续三天最高气温达到35℃及以上，沥青路面表面温度达到60℃及以上时，对于易发生车辙、波浪、壅包的路段及上坡、弯道、桥面铺装、重载交通等路段，进行洒水降温作业，或进行交通管制。

(4)夏季洒水降温作业时，宜选在每天12：00～15：00时间段进行。洒水车辆应驶在路面右侧位置。其行驶速度，高速公路及一级公路不宜大于60 km/h，二级及以下公路不宜大于40 km/h。

三、预防性季节保养维修

沥青路面对气温变化比较敏感，因此，应根据各地不同季节的气候特点、水和温度变化规律，按照"预防为主，防治结合"的原则，结合成功经验，针对季节性病害根源，因地制宜，采取有效的技术措施，做好预防性季节性保养和维修工作。

1. 春季

春季应做好沥青路面温缩裂缝和其他裂缝的灌、封维修，采用低温春雨期养护材料和春融翻浆防治器材及时、快速地修补坑槽、松散和翻浆等病害。

2. 夏季

夏季气温较高，是沥青路面养护工作施工的有利季节，应抓住高温期处治泛油，铲除壅包、波浪，及时修复冬寒春雨期临时维修的破损，恢复路面使用质量。

3. 秋季

秋季气温逐渐降低，东南沿海地区易遭台风暴雨袭击，东北、西北地区将受北方冷空气活动影响，沥青路面维修必须密切注意天气预报，抓紧完成养护工程年度计划项目，适时做好冬季病害的预防性保养维修。

4. 冬季

继续做好冬季病害的防治，做好防雪、防冰、防滑、疏阻、抢险及养路材料采备等工作。

学习情境二 沥青类路面常见破损的维修

一、裂缝

(一)裂缝的成因

沥青路面裂缝形式有各种各样,按其表现不同,除龟裂、横向裂缝、纵向裂缝外,还有块状裂缝、放射裂缝、不规则裂缝等多种类型,如图 2-27 所示。这里只对主要类型的成因进行分析。

图 2-27　路面裂缝图
(a)横向裂缝;(b)纵向裂缝;(c)龟裂;(d)块状裂缝

龟裂主要是路面的整体强度不足而引起的。其原因可能是路面结构设计不合理,路基压实度不足,路面材料配合比不当或未拌和均匀等,也可能是由于路面出现横向或纵向裂缝后未及时封填,致使水分渗入下层,尤其在融雪期间冻融交加,加剧了路面的破损。沥青在施工以及长期使用过程中的老化,也是导致沥青面层形成龟裂的原因之一。

横裂按其成因不同,可分为荷载性裂缝和非荷载性裂缝两大类。荷载性裂缝是由于路面设计不当和施工质量低劣,或由于车辆严重超载,致使沥青面层或半刚性基层内产生的拉应力超过其疲劳强度而产生裂缝。非荷载性裂缝是横向裂缝的主要形式,其有两种情况,即沥青面层温度收缩性裂缝和基层反射性裂缝。这种病害较为普遍,主要由于沥青面层温度变化而引发病害。

纵向裂缝通常由路基、基层沉降,或施工接缝质量或结构承载力不足而引起。由路基、基层沉降引起的纵缝,通常断断续续,绵延很长。由沥青面层分幅摊铺、施工搭接引起的纵缝,其形态特征是长且直。而由结构承载力不足引起的纵缝多出现在路面边缘,因路基湿软造成承载力不足,从而产生纵缝。

(二)裂缝维修

(1)在高温季节全部或大部分愈合的轻微裂缝,可不加处理。

(2)在高温季节不能愈合的轻微裂缝,可采用灌缝方法进行处治。

1)密封胶可分为高温型、普通通型、低温型、寒冷型和严寒型五类,分别适用于于最低气温不低于0 ℃、-10 ℃、-20 ℃、-30 ℃、-40 ℃的地区。其技术要求应符合现行《路面加热型密封胶》(JT/T 740—2015)的有关规定。

2)应根据路面裂缝的具体情况确定开槽灌缝的尺寸,宽度×深度宜为12 mm×12 mm、12 mm×18 mm、15 mm×15 mm或15 mm×20 mm。

3)采用开槽机、灌缝机、清干机等专用灌缝设备,应按开槽、清洁、干燥、灌缝与养护工艺流程进行作业。

4)灌缝成型应饱满,灌缝材料性能稳定后才可开放交通。

5)施工环境温度应高于5 ℃,在路面表面干燥状态下施工。

(3)采用贴缝进行处治。

1)贴缝胶可分为普通型、低温型、寒冷型和严寒型四类,分别适用于最低气温不低于-10 ℃、-20 ℃、-30 ℃、-40 ℃的地区。其技术要求应符合现行《路面裂缝贴缝胶》(JT/T 969—2015)的有关规定。

2)贴缝前应将路面裂缝及其两侧各20 cm表面范围内的泥土杂物、污染物、散落物等清理干净,无凸起、凹陷、松散,保证裂缝作业面平整。

3)贴缝胶应从裂缝一端粘贴,其长度不小于整条裂缝长度,贴缝胶应处于裂缝中间部位;遇不规则裂缝,可将贴缝胶断开,按裂缝的走向跟踪粘贴;贴缝胶结合处形成80~100 mm的重叠。

4)贴缝完成后宜采用贴缝机、铁滚等进行碾压,达到贴缝无气泡、皱褶,保证贴缝胶与路面充分结合、粘结紧密,检查确认后开放交通。

5)施工环境温度应高于5 ℃,在路面表面干燥状态下施工。

(4)裂缝处治后出现明显变形、唧泥等破坏的,应采用带状挖补方法进行彻底处理,对损坏的基层宜采用大粒径透水性沥青混合料进行回填处理,面层应采用与原沥青面层相同的材料进行修补,并做好纵横向排水处理措施。

(5)重度局部块裂、龟裂应按坑槽修补方法进行。

(6)因沥青性能不好、路面龄期较长或油层老化等原因出现的大面积裂缝,如基层强度尚好时,通过技术经济比较,可选用下列维修方法:

1)乳化沥青稀浆封层,封层厚度宜为3~6 mm。

2)加铺沥青混合料上封层,或先铺设土工合成材料后,再在其上加铺沥青混合料上封层。

3)改性沥青薄层罩面。

(7)由于土基、基层强度不足或路基翻浆等引起的严重龟裂,应先处治好基层后再重做面层。

山西宁武公路
沥青路面坑槽挖补

二、壅包

(一)壅包的成因

(1)沥青面层中沥青含量过多、黏度和软化点偏低，矿料级配不良，细料偏多，致使面层材料自身的高温抗剪强度不足，在行车作用下产生壅包。

(2)基层局部含水率过大，水分滞留于基层，或基层浮土过多，或透层沥青洒布不合要求等原因，影响面层和基层之间的结合，在行车水平力的作用下，使路面产生推移而形成局部不规则隆起的变形。

(3)由于基层局部强度不足或水稳性不好，使基层松软，在行车作用下形成局部壅包，如图2-28所示。

图 2-28 壅包

(二)壅包的维修

(1)属于施工时操作不慎，将沥青漏洒在路面上形成的壅包，将壅包除去即可。

(2)已趋于稳定的轻微壅包，将壅包采用机械刨削或人工挖除。将路表处置平整。

(3)因面层沥青用量过多或细料集中而产生较严重壅包，应用机械或人工将壅包全部除去，并低于路面约10 mm。扫尽碎屑、杂物及粉尘后用热沥青混合料填平并压实。

(4)如果路面连续多处出现壅包且面积较大，但路面基层仍属稳定，则应将有壅包的路面面层全部挖除，然后重做面层，或采用就地热再生进行处治。

(5)因基层局部含水量过大，使面层与基层层间结合不良而被推移变形造成的壅包，应把壅包连同面层挖除，将水分晾晒干，或用水稳定性较好的材料更换已变形的基层，再重做面层。

(6)属于基层局部强度不足或水稳性不好，使基层松软而导致的壅包，应将面层和基层完全挖除。处理基层，待基层稳定后，再做面层。

三、沉陷

(一)沉陷的成因

沉陷是由于路基、路面产生竖向变形而导致路面下沉的现象，如图2-29所示。通常有以下三种情况：

(1)均匀沉陷。均匀沉陷是由于路基、路面在自然因素和行车作用下，达到进一步密实和稳定引起的沉落，一般不会引起路面破坏。

(2)不均匀沉陷。不均匀沉陷是由于路基、路面不密实，碾压不均匀，在水的侵蚀下经行车作用引起的变形。

(3)局部沉陷。局部沉陷是由于路基局部填筑不密实或路基有枯井、树坑、沟槽等，当受到水的

图 2-29 沉陷

侵蚀而发生的沉陷。

(二)沉陷的维修

(1)因路基不均匀沉降引起的路面沉陷,根据路面破损状况可采取下列处治措施:

1)路面略有下沉、无破损或仅有少量轻微裂缝时,可在沉陷部位喷洒粘层沥青,用沥青混合料将沉陷部分填补,并压实、整平。

2)路面出现较大范围的不均匀下沉时,可对沉陷路段两端衔接部位各 10 m 范围内分层、分台阶铣刨沥青面层,纵向台阶搭接宽度不宜小于 30 cm,横向台阶搭接宽度不宜小于 20 cm,清理干净下承层,喷洒粘层沥青,在侧壁涂覆乳化沥青后,分层重铺沥青面层。

3)路基密实稳定、不再继续下沉后,进行沥青面层处治。

4)因路基沉陷导致路面破损严重,矿料已松动、脱落形成坑槽的,应按照坑槽的维修方法予以处治。

(2)因土基或基层结构遭到破坏而引起路面沉陷,应参照上述有关要求处治好基层后再重做面层。

(3)桥涵台背因填土不实出现不均匀沉降的处理方法。

1)台背回填材料选择不适的,宜采用强度高、透水性好且级配合理的材料进行换填处理。

2)台背回填压实不足的,可采用重新压实处理,台背死角处采用夯实机械进行压实。

3)采用台背注浆进行加固处理。

4)铣刨或挖除沥青面层,在沉陷部分加铺基层后,重铺沥青面层。

5)直接按沉陷病害进行处治。

6)在对台背填土重做压实处理的基础上,加设桥头搭板。

四、车辙

(一)产生原因

车辙是沥青路面上较为常见的病害形式,如图 2-30 所示。为了便于鉴别道路路况恶化的原因,可根据其问题性质、位置和路面类型,将车辙分为下面两种:

(1)有车辙无推移。此类车辙主要起因于路面结构深层的位移,因而其宽度通常比较大,车辙边缘的推移很小。此种类型车辙可能是由于荷载扩散能力不足或二次压实造成的。造成荷载扩散不够的原因是道路面层和基层太薄,不足以防护路基。车辙随交通荷载作用次数的增大而增大,如果有车辙和

图 2-30 车辙

交通历史资料,或者在两个车道交通荷载明显不同的道路,可以建立车辙交通量关系。对产生该类车辙的路段,可沿线测定路面弯沉,评价整体强度和荷载扩散能力,分析是否由于路面整体强度过低造成。如果车辙的严重程度与路面强度无关,则发生车辙的原因很可能是由于在道路的早期交通作用下路面基层或面层受到二次压实所致。在此种情况下,车辙的扩展速度将在初期压实后下降。

(2)有车辙又有推移。在车辙的边缘产生明显的推移,表明路面中某一层有剪切破坏,这是由于路面面层的剪切强度难以抵御荷载应力所致。其严重程度通常并不与以弯沉或修

正结构数表示的路面总体强度有关。

(二)车辙维修

应根据车辙病害类型、范围、严重程度及原因,合理确定采取局部车辙处治或大范围直接填充、就地热再生、铣刨重铺等措施。

(1)局部车辙处治可采用微表处填充,也可采用坑槽等病害综合热修补车进行现场加热、耙松、补料与压实处理,还可采取局部铣刨重铺措施。

(2)车辙直接填充材料可采用微表处,也可采用用热拌或温拌沥青混合料、高模量沥青混合料、功能性罩面材料等。

(3)车辙就地热再生材料、沥青混合料及施工技术要求应符合现行《公路沥青路面再生技术规范》(JTG/T 5521—2019)的有关规定。

(4)车辙铣刨重铺材料可采用热拌、温拌或冷拌沥青混合料、高模量沥青混合料、功能性罩面材料等。

(5)车辙处治实施可按表2-26选用。

表 2-26 车辙处治措施选用表

车辙深度 RD	直接填充	就地热再生	铣刨重铺
$RD \leqslant 15mm$	√	△	△
$15 < RD \leqslant 30mm$	△	√	√
$RD > 30mm$	×	△	√

注:√——推荐采用,△——可以选用,×——不推荐。

(6)车辙处治所用的原材料、混合料设计、施工工艺、设备要求与质量控制应按现行《公路沥青路面施工技术规范》(JTG F40—2004)和《公路沥青路面养护技术规范》(JTG 5142—2019)的有关规定执行。

(7)因面层与基层层间有不稳定的夹层而形成的车辙,应将面层挖除,清除夹层后重做面层。

(8)由于基层强度不足、水稳性能不好,使基层局部下沉而造成的车辙,应先处治基层。其方法可参照上述有关做法。

五、波浪与搓板

(一)波浪与搓板的成因

影响路面平整度的主要原因有路面设计强度、路面底基层及基层的施工质量、路面施工机械的选用及路面材料的质量等,如图2-31所示。

(1)沥青混合料的配合比不合理、设计强度不足,难以抵抗行车水平荷载的作用。

(2)基层铺筑不平,无论怎样的方法使面层摊铺平整,但压实后也因虚铺厚度不同,路面无法不平整。

图 2-31 波浪壅包

(3)路基不均匀沉降,造成已铺筑路面出现坑洼。
(4)沥青混合料的拌和不均匀等都会造成面层的不平整和波浪。
(5)路面摊铺机结构参数不稳定、行走装置打滑、摊铺机摊铺的速度快慢不匀、机械猛烈起步和紧急制动,以及供料系统速度忽快忽慢,都会造成面层的不平整和波浪。
(6)碾压工艺不合理所造成的路面不平整。

(二)波浪与搓板的维修

(1)由于面层原因形成波浪或搓板时,可按下述方法进行维修:

1)路面仅有轻微波浪或搓板,可采用以下方法之一予以处治:

①在高温季节路面发软时,利用重型压路机沿与路中心线成45°角的方向反复进行碾压,以适当改善路面的平整度。

②在波谷部分喷洒沥青,并均匀撒适当粒径的矿料,找平后压实。

③将凸起部分铣刨削平。

2)波浪(搓板)的波峰与波谷高差起伏较大时,应顺行车方向将凸出部分铣刨削平,并低于路面约10 mm。削除部分喷洒热沥青,再匀撒一层粒径不大于10 mm的矿料,扫匀,找平,并压实。

3)严重的大面积波浪或搓板,应将面层全部挖除,然后重铺面层,或采用就地热再生进行处治。

(2)如果基层平整度太差,应将基层处治后再重铺面层。

(3)若面层与基层之间存在不稳定的夹层,面层在行车荷载的作用下推移变形而形成波浪(搓板),应挖除面层,清除不稳定的夹层后,喷洒粘结沥青,重铺面层。

(4)属于基层局部强度不足,或稳定性差等原因造成的波浪(搓板),应先对基层进行处治,再重做面层。

六、坑槽

(一)坑槽的成因

坑槽产生的主要原因是面层开裂后未及时养护而逐渐形成的,是由龟裂和松散等水损坏进一步发展的结果。另外,基层局部强度不足,在行车作用下也易产生坑槽,如图2-32所示。

(二)坑槽的维修

应根据坑槽病害类型、严重程度及原因,采取就地热修补、热料热补、冷料冷补等合理措施进行修补。

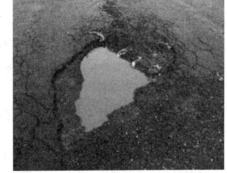

图2-32 坑槽

1. 坑槽处治要求

(1)坑槽修补材料应具有足够的强度以及良好的高低温性能、抗水损坏和老化性能。

(2)按照"圆洞方补、斜洞正补"的原则,画出所需修补坑槽的轮廓线。坑槽修补轮廓线与行车方向平行或垂直,并超过坑槽破损边界10~15 cm。

(3)坑槽处治至损坏的最底部,补后新填补部分应略高于原沥青路面。

(4)雨季和多雨地区,应对路面坑槽修补接缝处进行封缝处理。

(5)坑槽修补完成后,应清理作业区域,开放交通。

2. 坑槽就地热修补工艺的规定

(1)采用热修补养护车等专用设备,适用于坑槽深度不大于 6 cm。

(2)按路面坑槽修补轮廓线,将加热板调整到合适的位置,加热沥青面层至可耙松的状态。

(3)将加热的沥青面层耙松、切边,并铲除不可利用的旧沥青混合料,坑槽表面和周围喷洒乳化沥青等粘结材料,加入新的热料,并充分摊铺、整平。

(4)用压路机由边部向中间反复压实,使其达到要求的压实度。

(5)压实完成后,新修补路面喷洒适量乳化沥青。

(6)坑槽就地热修补原材料。沥青混合料及施工技术要求应符合现行《公路沥青路面再生技术规范》(JTG/T 5521—2019)的有关规定。

3. 坑槽热料热补工艺的规定

(1)沿坑槽修补轮廓线开挖或铣刨至坑底的不渗水稳定处,其深度不得小于坑槽的最大深度,坑槽较深时应按原沥青面层外层开挖,层间形成阶梯搭接,搭接宽度不小于 20 cm。

(2)清理掉路面坑槽内的松散沥青混合料,达到底部平整、坚实,壁面与公路平面垂直,坑槽底面和整面清洁、完全干燥,无松散料。

(3)路面坑槽底面和壁面喷撒、涂覆乳化沥青等粘结材料,粘结材料应具有较高的粘结性、黏附性、弹性和延展性。

(4)采用专用设备对热料进行保温加热,并按开凿的层次分层填入热料,逐层整平、压实,保证修补质量。

(5)坑槽热料热补原材料,沥青混合料及施工技术要求应符合现行《公路沥青路面施工技术规范》(JTG F40—2004)的有关规定。

4. 坑槽冷料冷补工艺的规定

(1)清理掉坑槽内的松散沥青混合料,必要时沿坑槽修补轮廓线同热料热补工艺进行开挖、清理,路面坑槽底面和壁面喷洒、涂覆乳化沥青等粘结材料。

(2)向坑槽内填入冷补材料,并摊铺、整平均匀,保证坑槽周边材料充足,采用板夯、夯锤或振动式压路机进行压实,使其达到要求的压实度。

(3)坑槽冷补材料技术要求应符合现行《沥青路面坑槽冷补成品料》(JT/T 972—2015)的有关规定。

对交通量较小的路段在低温寒冷或阴雨连绵的季节,无法采用常规方法,也无条件采用合适的材料补坑槽时,为防止坑槽面积的扩大,可采取临时性的措施,对坑槽予以处治,待天气好转后再按规范要求重新修补。若因基层结构组成不良,如含泥多,含水量过大或基层局部强度不足等使基层破坏而形成坑槽,应先处治基层,再修复面层。

七、麻面与松散

(一)麻面与松散的成因

麻面与松散产生的原因主要是使用的沥青稠度偏低、用量偏少、粘结力差,或沥青加热时温度过高,与矿料黏附力不足;矿料级配偏粗、过湿,嵌缝料不规格,或在低温、雨期施工等,均可使粒料脱落形成松散或麻面。基层或土基湿软变形,也可导致麻面与松散,如图 2-33 所示。

(二)麻面与松散的维修

(1)因施工不良造成的路面麻面松散,可采用下列方法进行处治:

1)将路面上已松动的矿料收集起来,将残留在麻面松散层上的浮料清扫干净,喷洒沥青用量为 $0.8 \sim 1.0 \ kg/m^2$ 的封层油,再按用量为 $5 \sim 8 \ m^3/1\ 000 \ m^2$ 撒布 $3 \sim 5 \ mm$ 粒径的碎石或粗砂,用轻型压路机压实。

2)将路面麻面松散部分进行铣刨重铺,或采用就地热再生进行处治。

图 2-33 松散

(2)因沥青老化造成的路面麻面松散,可采取封层养护措施进行处治,也可采用就地热再生进行处治,还可采用铣刨或挖除松散部分后重铺沥青面层。

(3)因沥青与酸性石料之间的黏附性不良造成的路面麻面松散,可铣刨或挖除松散部分,重铺沥青面层,其矿料不宜使用酸性石料。在缺乏碱性石料的地区,应在沥青中掺入抗剥离剂、增黏剂或使用干燥的消石灰、水泥等表面活性物质作为填料的一部分,或采用石灰浆处理粗集料等抗剥落措施。

八、泛油

(一)泛油的成因

泛油主要是由于沥青面层沥青用量过大、稠度太低、热稳性差等原因引起的,或者高温时下层粘结料上溢等都易引起泛油,如图 2-34 所示。

(二)泛油的维修

(1)对泛油的路段,应先取样作抽提试验测定出油石比,然后采取相应的处治措施。

(2)出现轻微泛油时,可撒布 $3 \sim 5 \ mm$ 粒径的碎石或粗砂,并采用压路机或行车碾压。

(3)出现重度泛油,未发生沥青的迁移现象时,可采用下列方法进行处治:

图 2-34 泛油

1)先撒布 $5 \sim 10 \ mm$ 粒径的碎石,后采用压路机碾压。待稳定后,再撒布 $3 \sim 5 \ mm$ 粒径的碎石或粗砂,采用压路机或行车碾压。

2)先撒布 $10 \sim 15 \ mm$ 粒径或更大粒径的碎石,后采用压路机强力压入路面。待稳定后,再撒布 $5 \sim 10 \ mm$ 或 $3 \sim 5 \ mm$ 粒径的碎石,采用压路机或行车碾压。

3)将路面表面 $1 \sim 2 \ cm$ 的富油沥青层铣刨后,铺筑 $1 \sim 2 \ cm$ 的微表处、超薄罩面或薄层罩面。

(4)因沥青面层的沥青用量偏高、矿料级配偏细或混合料空隙率偏低引起的路面泛油,可采用碎石封层、就地热再生、铣刨泛油面层后重铺等方式。

(5)因沥青混合料水稳定性不良、空隙率偏大引起的沥青向上迁移型泛油,而沥青中、下面层的沥青含量低,混合料处于松散状态。存在结构性破坏时,可采用铣刨沥青面层、重新铺筑处治方式。

九、脱皮

(一)脱皮的成因

路面脱皮产生的原因主要有以下几点：

(1)铺筑面层时，基层未洒透层油，面层与基层粘结不良，在行车作用下，面层发生推移现象，形成脱皮。

(2)层铺法施工时，上下层间有浮土或因潮湿而形成隔层，表层被行车推移。

(3)面层矿料含土量大，粉料多或矿料潮湿，施工中碾压过度，矿料被压碎，形成阻碍油料渗透的隔离层，破坏了嵌缝料和主层矿料的粘结，在行车作用下使面层矿料脱落。

(4)在原沥青路面上做沥青加铺层时，老路面上未洒粘层油，或低温施工，或加铺层渗水，春融季节，在行车的作用下，使加铺沥青层破坏脱落。如图 2-35 所示。

图 2-35 脱皮

(二)脱皮的维修

(1)由于沥青面层与封层之间粘结不好，或初期养护不良引起的脱皮，应清除已脱落和已松动的部分，再重新作封层，所作封层的沥青用量及矿料粒径规格应视封层的厚度而定。

(2)面层与基层之间因粘结不良而产生的脱皮，应先清除掉脱落、松动的面层，分析粘结不良的原因。若面层与基层间所含水分较多，应晾晒或烘干；若面层与基层之间夹有泥层，则应将泥砂清除干净，喷洒透层沥青后，重做面层。

十、啃边

(一)啃边的成因

啃边产生的主要原因如下：

(1)路面宽度不适应交通量的需要，路肩不密实，机动车会车或超车时碾压路面边缘造成啃边。

(2)路肩与路面衔接不平顺，以致使路肩积水，路面边缘湿软，在行车作用下形成啃边。

(3)沥青路面两边未设置路缘石或路基宽度不够，如图 2-36 所示。

图 2-36 啃边

(二)啃边的维修

(1)因路面边缘沥青面层破损而形成啃边应将破损的沥青面层挖除，在接槎处涂刷适量的沥青，用沥青混合料进行填补，再整平压实。修补啃边后的路面边缘应与原路面边缘齐顺。

(2)路面边缘的基层因松软、沉陷而形成的啃边，应先对路面边缘基层局部加强后再恢复。

(3)加强路肩的养护工作,及时铲除高路肩;随时注意填补路肩上的车辙、坑洼或沟槽;经常保持路肩与路面衔接平顺,并保持路肩应有的横坡,以利于排水。

(4)为防止路面出现啃边,宜采取以下措施:

1)用砂石、碎砖(瓦)、工业废渣等改善、加固路肩或设硬路肩,使路肩平整、坚实。

2)将路面基层加宽到其面层宽度外 20~25 cm,在行车量较少的路段可在路面边缘设置略低于路面的路缘石。

3)在平交道口或曲线半径较小路面内侧,可适当加宽路面。

十一、磨光

(一)磨光的成因

磨光多发生在高等级公路上,主要是由于路面在行车水平力的作用下,路面表层集料棱角被磨掉,或沥青路面油石比含油量过大,泛油严重所造成,如图 2-37 所示。

(二)磨光的维修

(1)对已磨光的沥青面层,可用路面铣刨机直接恢复其表面的粗糙度。

(2)对高速公路、一级公路的沥青路面,石料棱角被磨掉,路面光滑,摩阻系数低于要求值时,应加铺抗滑层。

图 2-37 磨光

(3)对表面过于光滑,摩阻系数特别小的路段,应作封层或罩面处理。

1)封层可以采用拌合法或层铺法施工的单层表面处治,也可以采用乳化沥青稀浆封层。

2)罩面宜采用拌合法。

3)封层与罩面前,应先处治好原路面上的各种病害,若原路表面有沥青含量过多的薄层,应将其刮除掉后洒粘层油。罩面及封层的技术要求应符合现行《公路沥青路面施工技术规范》(JTG F40—2004)的规定。

学习情境三 沥青路面罩面、再利用维修技术

一、沥青路面罩面

沥青路面罩面按其使用功能划分为普通型罩面(简称罩面)、防水型罩面(简称封层)和抗滑层罩面(简称抗滑层)三种。

1. 罩面

(1)适用范围。罩面主要适用于消除破损、完全或部分恢复原有路面平整度、改善路面性能的修复工作。

(2)材料要求。

1)结合料宜使用性能较好的黏稠型道路石油沥青、乳化石油沥青、改性乳化沥青或改性沥青。

2)宜选择耐磨、强度高的石料。

3)高速公路、一级公路宜采用中粒式、细粒式密级配沥青混凝土或沥青玛碲脂结构；二级及以下公路可采用热拌沥青碎石混合料结构；三级及以下公路可采用沥青表面处治层结构。

(3)厚度要求。罩面厚度应根据所在路段的交通量、公路等级、路面状况、使用功能等综合考虑确定。

1)当路面状况指数、行驶质量指数在中、良等级，路面仅有轻度网裂时，可采用较薄的罩面层厚(1.0～3.0 cm)。

2)当路面破损、平整度、抗滑三项指标都在中等以下，又要求恢复到优、良等级时，应采用较厚的罩面层厚(3.0～5.0 cm)。

3)高速公路、一级公路罩面采用4.0～5.0 cm的厚度，其他公路可采用较薄的罩面层厚度1.0～4.0 cm。

4)各级公路的罩面层厚度不得小于最小施工层厚度。

2. 封层

(1)适用范围。封层主要适用于提高原有路面的防水性能、平整度和抗滑性能的修复工作。

(2)材料要求。

1)封层的结合料采用乳化石油沥青、改性乳化石油沥青。

2)矿料选用耐磨、强度高的石料。

3)各种材料技术指标应符合有关规范规定。

4)高速公路、一级公路可采用沥青稀浆封层养护，但宜用粗粒式改性乳化沥青混合料，其他等级公路可采用乳化沥青混合料。

(3)厚度要求。

1)交通量较大、重型车较多的路段采用厚约1.0 cm封层。

2)在中等交通量路段采用厚约0.7 cm封层。

3)在交通量小、重型车少的路段采用厚约0.3 cm封层。

3. 抗滑层

(1)适用范围。抗滑层适用于提高路面抗滑能力的修复工作。

(2)材料要求。

1)选用适合铺筑抗滑表层的材料和沥青混合料。

2)高速公路、一级公路选用重交通道路石油沥青、改性石油沥青、改性乳化石油沥青作为结合料。

3)选用抗滑耐磨的石料，磨光值应大于42。

4)所用材料技术指标应符合有规范要求。

(3)厚度要求。

1)用于高速公路、一级公路时采用不小于4.0 cm的厚度。

2)二级公路用中粒、细粒式沥青混凝土结构，也可采用热拌沥青碎石或沥青表面处治结构，厚度不得小于最小施工层厚度。

3)三、四级公路可采用乳化沥青封层结构，厚度可为0.5～1.0 cm。

4. 施工要求

(1)除按《公路沥青路面施工技术规范》(JTG F40—2004)的有关规定外，还应按下列要求进行：

1)对确定罩面的路段，在罩面前必须完成各种病害的处治修复工作，并清除路面上的泥土杂物。

2)根据施工气温、旧沥青路面状况等因素采取相应施工工艺措施，罩面前必须喷洒粘层沥青，确保新老沥青层的结合，沥青用量为 $0.3\sim0.5$ kg/m^2，裂缝及老化严重时为 $0.5\sim0.7$ kg/m^2。有条件时，洒粘层沥青前最好用机械打毛处理。

3)当气温低于 10 ℃ 或路面潮湿时，不得浇洒粘层沥青，不得摊铺沥青罩面层。

(2)采用乳化沥青稀浆封层时，必须有固定的专业人员、固定的专业乳液生产和施工(撒布、摊铺)设备、专职的检测试验人员，并按有关规定标准进行检测和质量控制。稀浆封层撒布机在使用前，应根据稀浆混合料配合比设计，对集料、乳液、填料、加水量进行认真调试、调试稳定后方可正式摊铺。

二、旧沥青路面的再生利用

1. 再生利用的概念

旧沥青面层的利用，一般可分为两种情况：一是将旧面层的结合料、旧集料进行再生，组配成合格的再生沥青混合料供重新铺筑路面使用，叫作再生利用；二是旧面层在破碎后仅需掺加少量结合料或矿料后使用，叫作重复利用。

再生沥青混合料的拌制一般可分为热拌和冷拌两种。热拌再生沥青混合料是旧料、新矿料、再生剂与新沥青在热态下拌和而成；冷拌再生沥青混合料是旧料、新矿料、再生剂与乳化沥青在常温下拌和而成。热拌再生沥青混合料强度高，路用性能良好；冷拌再生沥青混合料成型期较长，强度相对较低。

热拌再生沥青混合料一般适用于翻修养护工程，可用于一、二、三级公路的中、下面层，以及四级公路的面层。对于一级、二级及三级公路的上面层，以及高速公路中、下面层，必须经试验、总结、评定合格后才能使用。冷拌再生沥青混合料一般适用于翻修养护的四级公路的路面。

2. 沥青路面再生利用的定义及技术分类

沥青路面若产生了破损，除采用前述的罩面、封层、灌缝、修补坑槽等技术措施外，还可以采用路面再生技术进行修复。

(1)沥青路面再生利用的定义。沥青路面再生技术是将需要翻修或者废弃的旧沥青路面经过翻挖回收、破碎、筛分，再和新集料、新沥青材料适当配合，重新拌和，形成具有一定路用性能的再生沥青混合料，用于铺筑路面中、下面层或路面基层的整套工艺技术。"再生利用"有以下 3 个层次：

1)沥青路面基层和(或)底基层的再生利用。

2)沥青面层的再生利用。

3)沥青的再生利用。

对于既有沥青路面基层和(或)底基层的再生，由于组成材料复杂，其首要的问题是解决材料的分类和破碎，然后按基层或底基层的设计要求进行级配。它可以单独再生后作基层或底基层，也可以与既有沥青面层一起再生后做基层或底基层，一般采用冷再生技术。

对于既有沥青面层的再生，首要条件是其沥青的再生，然后是将其混合料进行再生，最后重铺成面层。但是，由于既有沥青面层中的沥青不能单独分离出来，因此，沥青的再生只能在其沥青混合料的再生过程中完成。

(2)沥青路面再生技术的分类。路面再生的种类很多，按再生形成的层位不同，可分为再生面层、再生基层和再生底基层；按再生方式的不同，可分为热再生和冷再生；按拌和地点的不同，可分为现场再生和厂拌再生。因此，沥青路面再生技术可分为现场热再生、现场冷再生、工厂热再生和工厂冷再生四大类。

在工程中应根据旧路面基层损坏情况和沥青路面面层的厚度来选择再生方案。沥青路面再生推荐方案见表2-27。

表2-27 沥青路面再生推荐方案

基层情况	面层厚度/mm	再生方案
损坏	90～200	工厂再生
完好	≤40	现场再生
	40～60	工厂再生或现场再生
	≥60	工厂再生

3. 沥青路面再生的原理

沥青路面材料可分为胶结材料(沥青材料)和骨架材料(沙石材料)两大类。其中，沙石材料只需略加处理就可直接利用，因此，沥青路面材料的再生关键在于沥青材料的再生。

(1)沥青的老化。沥青在使用过程中，由于长时间受阳光、空气和水的作用，以及沥青与矿料之间的物理、化学作用，沥青分子会发生氧化和聚合作用，使低分子化合物转变为较高分子化合物，导致路用性能劣化，这种现象通常称为"老化"。沥青老化后，化学组分发生改变，性质也发生改变，表现为针入度减少、延度降低、软化点升高、绝对黏度提高、脆点降低等。

(2)旧沥青材料的再生机理。旧沥青再生的机理研究目前有两种理论：一种是"相容性理论"，认为沥青产生老化的原因是沥青胶质物系中各组分的相容性降低，导致组分之间溶度参数差增大，认为掺入一定的再生剂可使其溶度参数差减小，沥青即能恢复到(甚至超过)原有的状态；另一种是"组分调节理论"，认为由于组分的移行，在沥青老化后各组分之间的比例不协调，导致沥青路用性能降低，认为通过掺加再生剂调节其组分，可使沥青恢复原来的性质。因此，要使老化沥青恢复原有性能，就需要将老化沥青和原沥青的组分进行比较后，向老化沥青中加入所缺少的组分(即添加沥青再生剂)，使组分重新协调。

(3)旧沥青材料的再生。沥青材料是由油分、胶质、沥青质等几种组分组成的混合物，而且沥青的某一种组分、油分，也同样是由分子量大小不等的碳氢化合物所组成的混合物。根据沥青材料是混合物的原理，将几种不同的组分进行调配，可得到性质各异的调和沥青。用这种方法所生产的沥青，在石油工业中被称为调和沥青。

旧沥青材料再生，就是根据生产调和沥青的原理，在已经老化的沥青中加入某种组分的低黏度油料(再生剂)或适当黏度的沥青材料进行调配，使调配后的再生沥青具有适合的黏度和所需的使用性质。所以，再生沥青实际上是由旧沥青与新沥青材料(必要时添加再生剂)经过调配混合而成的一种调和沥青。实际施工中,旧沥青与再生剂、新沥青材料的混合是在有沙石材料的情况下进行的。

(4)再生剂的作用。沥青路面因沥青材料老化而老化,一般来说,当沥青路面材料中旧沥青的黏度高于 1 MPa·s,或者其针入度低于 40(1/10 mm)时,就应考虑使用低黏度油料做再生剂。用来做再生剂的低黏度油料主要是一些石油系列的矿物油,如精制润滑油时的抽出油、润滑油、机油和重油等,有些植物油也可作为再生剂。在工程中,可以利用上述油料的废料做再生剂,以降低成本。再生剂的作用如下:

1)调节旧沥青的黏度,使旧沥青的黏度降低,达到沥青混合料所需的沥青黏度。使过于脆硬的旧沥青混合料软化,以便在机械和热的作用下充分分散,与新沥青、新集料均匀混合。

2)渗入旧混合料中和旧沥青充分交融,使在老化过程中凝聚起来的沥青质重新溶解分散,调节沥青胶体结构,从而达到改善沥青流变性能的目的。

4. 沥青路面再生利用的一般要求

(1)旧料是沥青路面翻修时所得的面层材料。翻挖路面时可采用机械、人工或两种方式联合进行作业。其质量应符合下列要求:

1)旧料必须洁净,不得混入有机垃圾。混入无沥青粘结的沙石料的比例不得大于 10%,含泥量不得大于 1%。

2)块状旧料可采用机械轧碎或人工敲碎,也可将块料置放在硬场地上用钢轮压路机压碎,这几种破碎方法一般在气温较低的季节进行,有条件时可用热蒸汽分解。

3)破碎后的旧料最大粒径按用途确定。用于粗粒式再生沥青混合料时,最大粒径为 26.5 mm 或 31.3 mm(方孔筛);用于中粒式再生沥青混合料时,最大粒径为 16 mm 或 19 mm(方孔筛);用于细粒式再生沥青混合料时,最大粒径为 9.5 mm 或 13.2 mm(方孔筛)。

4)破碎后的旧料应按质量分类堆放在平整、坚实和排水良好的场地。堆放高度以不结块为度,一般小于 1.5 m。

(2)根据地区使用条件、公路等级及旧沥青性能,可对旧料掺入适用的再生剂。适用的再生剂有机油、润滑油、抽出油和玉米油。再生剂的性能和储放应符合下列要求:

1)再生剂应具有较强的渗透和软化能力,以降低旧沥青黏度,达到要求的针入度。

2)能与旧沥青互溶,使其和新沥青均匀地混合成一体。

3)能调节旧沥青的成分,达到路用沥青的质量要求,有较好的抗老化性能。

4)再生剂应储存在有盖的容器中,防止水和垃圾等杂质混入。储存和使用必须满足防火要求。

(3)用于再生沥青混合料的新沥青和乳化沥青的类型和标号可根据公路等级、用途和当地气候条件选定,其质量应符合有关规定。

(4)再生沥青混合料使用的粗、细集料应具有足够强度,与沥青能够黏附良好,并无风化和杂质,颗粒形状接近立方体,其他质量要求应符合有关规定。

(5)热拌再生沥青碎石的沥青用量可根据本地区经验或试验确定;冷拌再生沥青混合料的级配和乳化沥青用量,可按乳化沥青路面实践经验确定。

(6)冷拌再生沥青混合料宜采用机械拌和,受条件限制时可采用人工拌和。

(7)再生沥青路面的运输、施工和质量管理等技术要求应符合《公路沥青路面施工技术规范》(JTG F40—2004)的规定。

5. 沥青路面再生技术

(1)现场热再生技术。

1)概述。现场热再生是沥青路面再生中最早的方法之一。有些现场热再生方法可以追溯到20世纪30年代。现场热再生就是在现场用原地再生的方法修复已破坏的沥青路面，该方法中新材料的使用最少。具体是指现场加热软化旧路面表面，然后将路面表面材料移开，与再生剂混合，也可能加入新沥青或集料，不必从老路面运走回收的材料，只需在现场直接重新摊铺路面。

这种方法有时也被称为表面再生。加热翻松通常将原表面以下25 mm的沥青路面翻开，使其再生，并使路面最终成型。而重新铺面，则将路表面以下25 mm的路面进行循环利用，加入再生剂以改进沥青黏度，然后在再生后的面层上摊铺一层薄罩面。重新拌和是将新材料与回收的材料一起在拌合锅中拌和均匀，然后将混合料摊铺为磨耗层。这些方法中的翻松过程有时以铣刨来代替。

一般来说，现场热再生时路表面的加热温度不应超过177 ℃。施工气温应大于10 ℃，且路表面应没有积水。现场热再生的处理深度一般为20～50 mm，典型深度为25 mm。现场热再生后的路面一般1 h左右，即可开放交通。

2)现场热再生的优缺点和适用性。现场热再生可用于修正大多数路表面破坏，甚至包括由于表面混合料组成缺陷而引起的破坏。与其他修复方法相比，现场热再生方法不会改变排水、路缘、下水道、人行通道、路肩及其他结构物。同时，现场热再生的优点还在于路面的高程和桥梁的净空能得到保证，而且经济上相对便宜。与其他修复技术相比，对交通控制的要求较低。此方法也可用于表面集料剥落的重新罩面，重新建立路拱和排水，修改集料级配和沥青用量，改善表面抗滑性能。但此种再生方法对沥青路面的基层或底基层没有改善。

现场热再生仅限于路面有足够承载能力时使用，只对表面25～50 mm或适当厚一点的路面进行再生。结构不足的道路不适用此方法，除非设计中考虑了强度的要求。

当旧路有明显基层破坏、不规则的频繁修补，以及需对排水进行较大改进时，现场热再生的方法是不适用的。虽然有报告称现场热再生可以处理的路面最大深度达75 mm，但一般情况下最大深度为38～50 mm。

适用于现场热再生的道路的沥青面层至少应有75 mm厚，过薄的沥青面层容易使基层被翻松齿轮产生的横向剪切应力撕开、打散。如果表面开裂已到达基层，则此方法不适用，因为再生后裂缝还会重新出现。对于很窄的道路，现场热再生也不是首选方案，因为再生设备的工作宽度可达3.3～4.8 m。

由此可见，现场热再生看似十分先进，但是由于在一台大型机组上集成了旧料的加热装置、计量装置、新旧料的搅拌装置，因此，很难应对旧路翻修过程中的各种情况，无法一一满足沥青混合料再生的要求。该技术的主要局限性如下：

①仅适用于基层完好的沥青路面再生。
②加热沥青面层的深度一般不超过50 mm。
③施工容易受气候的影响，寒冷季节一般不宜施工。
④在现场加热时，很容易出现表层沥青焦化而里层沥青还未软化的现象。

(2)现场冷再生技术。

1)概述。现场冷再生是指利用旧沥青路面材料(包括面层材料和部分基层材料)进行破碎加工，需要时加入部分新集料或细集料，按比例加入一定剂量的添加剂（水泥、石灰、粉煤灰、泡沫沥青、乳化沥青等）和适量的水，在自然的环境温度下连续地完成材料的铣刨、破碎、添加、拌和、摊铺及压实成型的作业过程，重新形成结构层的一种工艺方法。

现场冷再生有全深度和半深度两种方式。在全深度再生中，沥青层和一部分集料基层被铣刨、破碎，与胶结料混合后摊铺成稳定的基层；在半深度再生中，一部分沥青层，通常为50～100 mm，被再生作为低交通量或中等交通量的道路的基层。随着冷铣刨技术的提高，全深度再生技术现在可用于再生相当一部分无粘结基层材料。

2)现场冷再生的作用。采用现场冷再生，可以使路面恢复所需的线形、断面，消除原路面的车辙、不规则和不平整的区域，还可以消除横向、反射和纵向裂缝。路面现场冷再生的应用不断增加的另一些主要原因是，减少对材料特别是碎石的开采，生产效率高，费用低，对交通的影响减少到最小，可以保留原有的路面高程，对环境的影响小，节约石油资源。对于那些离拌合厂较远的次要道路和低交通量道路，现场冷再生比集中厂拌冷再生更适用。现场冷再生不需要将沥青路面再生材料运到拌和厂，然后再将冷再生材料运回施工现场，节约了运输费用。

3)现场冷再生的优点。

①充分利用旧路面的集料，减少对石料的开采，从而保护资源，特别是在路面集料比较紧缺的地区更是如此。

②通过再生利用减少了对沥青材料的需求，路面中残留的沥青可以通过再生方式得到利用。

③现场冷再生可以使已破坏的路面恢复到原有的路面路拱及坡度，这对于路面排水、跨线桥净空控制等非常重要。

④现场冷再生不需要加热，节约能源，减少了烟尘、废气对环境的污染。现场冷再生比现场热再生更环保。

⑤现场冷再生已被证明可以减少沥青路面的反射裂缝。通过延缓和减少反射裂缝，可以延长路面的使用寿命，提高行车的舒适性。

⑥现场利用旧路面材料，既减少了材料的往返运输，又减少了燃油消耗。

⑦在相同的条件下，与其他的路面改造方案相比，现场冷再生由于利用了旧路面材料，因此，降低了工程造价。

⑧现场冷再生减少路面材料的往返运输，施工时对相邻车道的交通影响较小，减少了公众的交通延误。

⑨通过现场冷再生和加铺新的罩面，可以比较彻底地解决各种路面病害，如纵横缝、坑洞、车辙、不规则裂缝。

⑩现场冷再生可以减少工程设计、测量的时间和费用。

4)现场冷再生的缺点。

①现场冷再生还是比较新的路面改造技术，其混合料配合比设计的经验还不是很成熟。目前，很多大学、公司等研究机构正在进行配合比设计的研究工作。

②现场冷再生的质量不如集中厂拌再生可靠，旧路面的材料状况影响再生路面的性质。如果旧路面的材料性质比较一致，再生后的路面会比较均匀；如果旧路面的材料变化较大，则设计施工中应根据不同路段的情况调整配合比和施工工艺，以获得均匀一致的路面，这往往取决于工程人员的经验和应用施工工艺时的应变能力。

③现场冷再生的工艺需要相对温暖、干燥的施工环境，对气候条件的要求较高。

④现场冷再生的路面水稳性差,易受水分的侵蚀而剥落,因此,需要一个封层或热拌沥青混凝土罩面层。

⑤为了获得足够的强度,乳化沥青冷再生路面通常需要两周的养护时间。

⑥通常沥青路面的铣刨深度为 10～15 cm,这样可以消除反射裂缝。根据旧路面开裂的情况,现场冷再生可能会侵入一部分基层材料,这样很难保证再生后路面的均匀性。

(3)工厂热再生技术。

1)概述。工厂热再生是一种较为成熟的技术,能提供及时的道路养护和修复,对现有设备只需进行较小的改动。具体是指将旧的沥青面层混合料切削回收,集中到再生拌合厂,再根据旧沥青混合料技术性能的变化,掺入不同的添加材料,然后拌和成符合路面技术性能要求的再生混合料,运入施工现场,摊铺并碾压成为新的沥青路面。

工厂热再生出来的沥青混合料常用做高等级公路的中、下面层或一般公路的各结构层。

一般在再生热沥青混合料中,沥青再生材料的用量可达 10%～30%。与常规的热拌沥青混合料相比,再生热沥青混合料有着相同甚至更好的性能。

2)工厂热再生的优点。

①再生混合料的性能与传统的混合料性能相同或比其更优,可用于沥青路面的表层。

②再生沥青路面可以重复使用旧沥青路面材料,减少新材料的用量,节约自然资源,减少废料处理问题并降低相关费用,具有较高的经济性。

③厂拌热再生技术可以用来修正原沥青路面的设计问题,使其性能优化,且可修复路表面绝大多数的破坏,如松散、泛油、集料磨光、车辙和裂缝等。

④通过添加新的集料、沥青或添加剂改善原混合料的级配和沥青问题,可以在厚度不变或变化较小的情况下改善路面结构。

⑤可以维持原路面的线形和高程不变。

⑥再生热拌沥青混合料的运输、摊铺和碾压设备及施工工艺与传统的热拌沥青混合料基本相同,只需要对现有的机械设备做较小的改动,且可以满足现有的环保要求。

3)工厂热再生的局限性。

①一般的工厂热再生混合料中回收的沥青混合料用量较少,仅为混合料总量的10%～30%。

②工厂热再生混合料生产过程中的产量和生产效率受沥青混合料用量的影响。

③工厂热再生施工队对交通的干扰较大。

④混合料运输的费用较高。

⑤工厂热再生混合料的摊铺温度比传统的热拌沥青混合料略低,这主要是为了避免出现拌和楼中混合料加热温度过高的现象。由于工厂热再生混合料的出料温度略低,再生混合料比一般混合料硬,因此,可供碾压的时间也略为减少。

4)热拌再生沥青混合料配合比。热拌再生沥青混合料配合比应按下列步骤进行设计:

①旧料分析与新旧沥青掺配。

a. 将破碎后的旧料按《公路工程沥青及沥青混合料试验规程》(JTG E20—2011)规定的方法作抽提分析,计算旧沥青含量和旧矿料的颗粒组成。

b. 对被抽提出的旧沥青溶液按《公路工程沥青及沥青混合料试验规程》(JTG E20—2011)规定的方法回收旧沥青,测定旧沥青的针入度、延度和软化点等质量指标。

c. 当旧沥青老化严重、针入度较小时,须掺入再生剂,掺量应达到本地区要求的沥青稠度标准。

d. 将含有再生剂的旧沥青掺入符合质量要求的新沥青,测定针入度、延度和软化点等质量指标。

e. 按沥青材料质量的技术要求,确定新、旧沥青的掺配比例。如经反复试验,新、旧沥青的掺配比例仍达不到质量要求时,则该旧沥青不能用于再生沥青。

②根据上述方法确定新、旧沥青的掺配比例,选定新矿料与沥青混合料的配合比例,并根据新矿料的颗粒组成,计算新矿料的用量。

③对破碎的旧料先按上述方法①确定的再生剂用量进行喷洒拌和,然后按上述方法 b 确定的再生沥青混合料级配和根据本地区经验初定混合料的沥青用量,扣除旧料的旧沥青含量后作为新沥青用量的中值,每次增减 0.5% 新沥青用量制备混合料试件进行马歇尔试验,根据试验结果和马歇尔试验技术标准确定再生沥青混凝土的最佳沥青用量。在路面的铺筑过程中,如材料发生变化,抽检的马歇尔试验结果未达到技术标准时,应调整新、旧料的比例或新沥青的用量。

5)热拌再生沥青混合料的施工工艺。热拌再生沥青混合料可采用间歇式拌合机或连续式拌合机拌制,应按下列工艺进行拌和:

①当旧沥青混合料需要掺入再生剂时,应先将破碎后的旧料按用量喷洒,并拌和均匀,堆放时间以再生剂充分渗透到旧沥青为度,堆放高度宜不超过 1.5 m,避免结块。

②当采用间歇式拌合机拌制时,新集料的加热温度应高于普通沥青混合料的集料加热温度,但不宜超过 230 ℃。旧料不得进入烘干筒,按配合比设计用量经计量后直接进入拌合缸,与新集料相混合,通过热交换使旧集料升温、旧沥青热融,干拌 15 s 左右后,加入新沥青再拌和 30~45 s,拌和时间以新、旧料混合均匀,混合料颜色均匀、无花白为准。再生沥青混合料的出厂温度为 140 ℃~160 ℃。

③间歇式拌合机热拌再生沥青混合料的拌和宜按图 2-38 所示的工艺流程进行拌制。

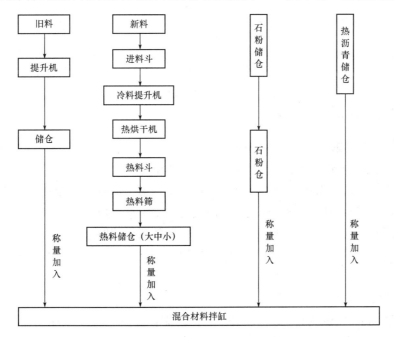

图 2-38　间歇式拌合机热拌再生沥青混合料的拌和工艺流程

④当采用连续式拌合机拌和时,必须避免旧料被明火烧焦。宜在筒体中部进料口输入旧料,并设置挡板遮挡火焰,如旧料与新集料在筒体始端同一料口输入筒体时,可先对旧料喷洒适量水分,旧料总含水量不宜超过3%,以降低进料口处的热气流温度,防止沥青老化。拌和后的再生沥青混合料色泽应均匀一致,出厂温度为140 ℃~160 ℃。

(4)工厂冷再生技术。

1)概述。工厂冷再生是将旧的沥青路面切削回收,集中到再生拌合厂,采用乳化沥青或水泥与旧料和新集料在常温下拌和成混合料,经摊铺、碾压而成沥青路面的施工方法。若回收的是半刚性基层材料,可用水泥与旧料和新集料在常温下拌和成混合料,用作基层或底基层。其施工工艺同半刚性基层材料的施工。若回收的是沥青面层材料,可用乳化沥青与旧料和新集料在常温下拌和成混合料,用作高等级公路的下面层、基层或底基层,或用作一般公路的面层或基层。

对冷拌再生材料进行试验非常重要。可以使用多种冷再生剂或乳化液将旧沥青胶结料的性能恢复至接近原有状态。将回收材料研磨成适宜的尺寸,然后通过试验确定适量的添加剂,再摊铺、碾压到要求的密度,表面再铺以热沥青薄层罩面、表面处治层等罩面。

2)工厂冷再生的适用性。冷再生需要较高的生产率,对混合料级配的控制较严格。当旧沥青面层料堆适合厂拌生产或因某些原因旧路面材料需运走,现场冷再生不作考虑时可选择工厂冷再生。

工厂冷再生可用于沥青路面结构性破坏时的重建,修复面层和基层的病害。这些破坏包括横向裂缝、车辙、坑洞、表面不规则破坏或上面几种破坏的综合。工厂冷再生的最大优点是:在不改变路面横向、纵向几何特征的情况下,对路面的病害有显著的改善;可以改善路面的几何线形和修复任何类型的裂缝。工厂冷再生的路面一般能满足正常的需要,但为了防止工厂冷再生路面发生水损害以及分散交通荷载作用的需要,通常在工厂冷再生路面上加铺一层热拌沥青混合料。

三、沥青路面的补强和加宽技术

随着汽车行业和公路交通运输行业的发展,交通量逐年增加,车辆的载重也在不断增加,道路的通行能力不能满足现有交通载荷的需要,在这种情况下,就需要根据道路的实际调查情况提高原有道路的结构强度和宽度,以达到提高道路交通能力的目的。

(一)沥青路面的补强

1. 补强的基本要求

(1)对原有沥青路面必须作全面的技术调查和方案比较。

(2)补强设计应综合考虑由补强厚度导致的纵坡与横坡的调整,以及与路面结构物的连接等方面的相互协调,使纵坡线形符合《公路工程技术标准》(JTG B01—2014)的要求。

(3)补强设计中应考虑补强结构层与原路面结构的联结问题。

(4)沥青路面补强层厚度应根据《公路沥青路面设计规范》(JTG D50—2017)的有关规定计算确定。

2. 沥青路面补强的施工要求

(1)对沥青路面补强层原材料的要求。沥青路面补强层原材料应符合规范的基本要求,混合料的组成设计应符合《公路沥青路面设计规范》(JTG D50—2017)、《公路沥青路面施工技术规范》(JTG F40—2004)和《公路路面基层施工技术规范》(JTG/T F20—2015)的要求。

(2)沥青路面补强施工。除应满足《公路沥青路面设计规范》(JTG D50—2017)和《公路路面基层施工技术规范》(JTG/T F20—2015)的有关规定外,沥青路面补强还应做好下列工作:

1)原有路面技术状况不良时,应按下列要求处理:

①平整度或路面横坡不符合规定要求时,应加铺整平层,或在加铺补强层时,同时找平或调整路面横坡。在调整路面横坡时,可将原路面翻松6~8 cm,重新整形后调整,也可以在基层上加铺三角垫层来校正路面横坡。

②对原有路面出现的各种病害,应根据产生的原因采取有效的处理措施后再铺筑路面基层。

③排水不良的路段,应采取加深边沟、设置盲沟、渗井或设隔水层等措施进行处理。

2)沥青路面补强时,应使新、旧结构层连接良好,不形成夹层。

3)为使路面边缘坚实稳定,基层应比面层宽20~25 cm或埋设路缘石。对路肩过窄路段,应先加宽路基达到标准宽度,或采用护肩石的方法,再加宽基层。

4)用沙石路面做沥青路面的基层时,在干燥地带可适量掺入粗集料(应按旧路面的细料含量而定);在中湿、潮湿地带宜将基层翻松,再掺入适量的石灰或水泥材料,碾压密实,并做好排水设施。

5)挖除面层或基层时,应尽量做到再生利用。对于沥青材料的旧料利用,应把沥青面层先进行铣刨或挖除,并按旧料质量分别收集储存于拌合厂。

6)在边通车边施工的交通繁忙路段进行补强施工时,应适当掌握施工路段的连续长度,保持通车的半幅路面有必要的宽度和平整度;同时应设立施工标志,加强施工现场交通的指挥和管理,保障车辆的正常通行和施工的安全开展。

(3)沥青路面补强施工。根据补强设计的类型、结构和施工方案,按《公路路面基层施工技术规范》(JTG/T F20—2015)和《公路沥青路面施工技术规范》(JTG F40—2004)的有关规定施工。

(4)质量管理和控制。在进行沥青路面补强施工时,应切实做好施工的质量管理和控制。质量管理和质量控制应参照《公路路面基层施工技术规范》(JTG/T F20—2015)、《公路沥青路面施工技术规范》(JTG F40—2004)和《公路工程质量检验评定标准 第一册 土建工程》(JTG F80/1—2017)的技术规定执行。

(二)沥青路面的加宽

1. 加宽的要求

(1)加宽的基本要求。

1)沥青路面的加宽方案应根据原有公路等级、线形及交通量等确定。

2)加宽路面的材料、结构应与原有沥青路面相同,加宽的基层压实程度也应与原有的基层基本一致,使加宽部分路面的结构强度不低于原有路面的强度或保持一致。

3)加宽时必须处理好新路面与原路面的纵横向衔接,对于软土地基高路堤加宽时还应对新路基进行加固处理,待固结沉降稳定后方可进行加宽施工,避免加宽路面出现非均匀沉降。

4)加宽宜采用双侧等宽加宽,当路基加宽宽度小于1 m,或因线形和地形的限制时,宜采用单侧加宽的方式；单侧加宽时必须调整原有路面的路拱横坡。

(2)加宽的具体要求。

1)沥青路面双侧加宽。

①加宽前原有路面的调查和测定要求同前面所述。

②如原有路面路基较宽，路面加宽后路肩宽度大于 50 cm 时，可直接加宽；如路基较窄，不具备加宽路面条件的路段，应先加宽路基，为使路面边缘坚实，可随即加宽路面，否则应待路基稳定后，再加宽路面。

③路面双侧加宽宜采用两侧相等的加宽方式，如图 2-39 所示。

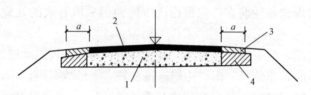

图 2-39　两侧相等加宽路面

1—原基层；2—原路面；3—加宽路面；4—加宽基层

④对不能采取两侧相等加宽的路面，如两侧加宽宽度差数在 1 m 以下时，不必调整横坡，可按图 2-40 所示进行加宽设计。若两边加宽宽度差超过 1 m 时，必须调整路拱横坡，可按图 2-41 所示进行加宽设计。

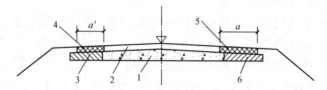

图 2-40　两侧不相等加宽路面[$(a-a') < 1$ m 时不调整路拱]

1—原基层；2—原路面；3—加宽基层较窄；4—加宽面层较窄；
5—加宽面层较宽；6—加宽基层较宽

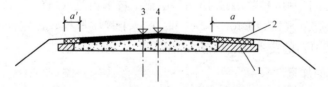

图 2-41　两侧不相等加宽路面[$(a-a') > 1$ m 时必须调整路拱]

1—加宽基层；2—加宽面层；3—原路拱中点；4—新铺路拱中点

2)沥青路面单侧加宽。沥青路面单侧加宽前原有路面的调查和测定要求同前面规定。由于受线形和地形条件限制必须采用单侧加宽时，可采用图 2-42 所示进行加宽设计，加宽一侧须设置调拱三角垫层。调拱三角垫层应视所用材料的要求满足一定的厚度规定，以免在加宽面层和旧面层之间形成薄夹层，同时要注意三角调拱层与上下路面结构层的联结。

2. 路基施工与质量控制

(1)路基加宽施工质量控制。路基施工时所用填料宜与旧路相同或选用水稳性较好的土，

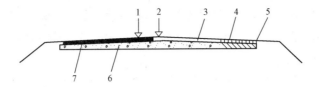

图 2-42 单侧加宽路面
1—原路拱中心；2—调拱后中心；3—调拱三角垫层；4—加宽面层；
5—加宽基层；6—旧基层；7—旧面层

并应符合《公路路基施工技术规范》(JTG/T 3610—2019)、《公路土工试验规程》(JTG 3430—2020)的规定。

(2)在边通车边施工的交通繁忙路段进行挖方路基施工，应控制施工路段最大连续长度不超过 500 m，施工方法宜采用横挖法。保持通车的半幅路面必要的宽度和平整度，同时还应设立施工标志，加强施工现场的交通指挥和管理，保证车辆的正常通行，施工的顺利进行。路面加宽施工若遇石方开挖，为保证运输的安全，应中断交通。

(3)由于加宽路堤易产生不均匀沉陷，故路堤加宽一侧的填土宽度应大于填土层设计宽度 50 cm 以上，压实宽度须超过设计宽度 25 cm 以上，最后削坡。对于压路机无法操作的路段，应采用小型机具分层夯实，并达到规定的压实度。为防止新老路基出现不均匀沉降，应沿旧路基边坡挖成向内倾斜的台阶，台阶宽度应不小于 1 m，以增加加宽部分路基的稳定性。如压路机械无法操作，应用小型机具夯实至规定的压实度。

(4)路基施工中应做好路基的防护与加固，保证其稳定性，施工完毕后应进行及时养护，路基的防护宜与改善环境、保护生态平衡和搞好公路绿化相结合。

(5)路基施工及质量控制标准应遵照《公路路基施工技术规范》(JTG/T 3610—2019)和《公路工程质量检验评定标准 第一册 土建工程》(JTG F80/1—2017)的技术规定执行。

3. 基层施工与质量控制

(1)路面基层加宽施工时，应做好基层接槎处的处理工作，纵向接槎应与路中线平行。

(2)新旧基层衔接应符合下列要求：

1)当基层厚度大于或等于 25 cm 时，宜采用相错搭接法。搭接长度不小于 30 cm，搭接部位应首先用小型机具夯实至设计规定的压实度，然后再对整个加宽基层采用机械全面压实。压实质量应符合设计要求。压实成型的新基层，应与原路面基层平齐。

2)当基层厚度小于 25 cm 时，宜采用平头接头法。新铺筑的基层成型后，应与原路面基层平齐。

3)邻接加宽部位 30 cm 的旧面层应予揭掉，并使原有沥青路面露出坚硬的边缘。原路面面层粒料不可松动，保持面层边缘垂直和基层顶面平整。旧基层上的松散浮土、浮石渣应清扫干净，并将其顶面拉毛。如果路段的旧基层损坏，则要求将其材料重新翻修利用，再根据试验资料适量掺配新材料与加宽混合料一起拌和、铺装、碾压。

(3)在加宽部分两侧无拓宽条件时，可采取埋设路缘石的方法。

(4)基层若需调拱时，加宽部分与调拱部分应按路面横坡的要求一次调正，整型压实。为了使调拱部分新旧基层结合良好，应将旧面层先铲掉，把原基层拉毛后再与调拱垫层结合。调拱垫层的最小厚度应大于 15 cm，不足时可向下开挖原基层，以保证调拱垫层的最小厚度要求，然后再做面层。

(5)基层施工及质量控制应遵照《公路路面基层施工技术细则》(JTG/T F20—2015)和《公路工程质量检验评定标准 第一册 土建工程》(JTG F80/1—2017)的技术规定执行。

4. 面层施工与质量控制

(1)路面面层加宽施工时,应做好面层接槎处的处理工作,纵向接槎应与路中线平行。

(2)新旧面层衔接应符合下列要求:

1)面层接槎一般应采用毛槎热接的方法。

①在基层加宽的基础上,将原有沥青路面边缘刨切整齐,使其露出坚硬的垂直边缘,原路面面层和新铺基层的粒料不可松动,并将加宽的基层表面清扫干净。

②在接槎处应均匀涂一层粘结沥青,以保证新铺混合料与旧沥青面层更好地粘结。

③单层式面层接槎时,混合料摊铺时应与原路面平齐对接,压实后的高度与原路面面层平齐。

④双层式或多层式面层接槎时,上下层不宜接在同一垂直面上,应错开30 cm以上,做成台阶式,加宽后新上面层的压实后高度与原路面上面层平齐。

2)面层接槎部位的施工。

①接槎部位沥青混合料的摊铺可视路面加宽宽度的情况选择人工摊铺或机械摊铺。采用人工摊铺时,先沿边缘用热沥青混合料覆盖于原有沥青路面边缘预热,其厚度为10 cm,宽度为20 cm,待接槎处的沥青路面软化后(5~10 min),再将预热的混合料按松铺厚度摊平,随时用小型振动板沿纵向接槎部位向外振动压实沥青混合料,新铺沥青面层可比原有面层略高,最后用重型压路机对新铺面层进行全面碾压,但应注意随时对接槎部位进行整平和补料。

②在加宽部位,若原有路面不需调拱,新铺沥青混合料的碾压应从接槎处向外碾压,以便形成设计规定的路拱。若原有路面需要调拱,压实方法同新建沥青路面的有关施工规定。施工完毕,纵向接槎处不应有凹凸不平的表面,应保证接缝位置平顺和具有正确的设计路拱,压实度达到设计规定的要求。

(3)沥青面层的施工及质量控制应遵照《公路沥青路面施工技术规范》(JTG F40—2004)和《公路工程质量检验评定标准 第一册 土建工程》(JTG F80/1—2017)的技术规定执行。

学习情境四 沥青路面预养护技术

公路预防性养护技术是一种有成本效益的措施的计划性策略,它针对已建成的公路沥青路面延缓其发生破坏的时间,并保持或提高使用功能性能状况,但不增加路面承载力。通俗地讲,预防性养护实质上就是早期的防御性养护,即将养护措施前置,在路面还没有出现病害的时候就采取的一种措施。使沥青路面病害隐患得到遏止、改善,保证其在正常的运行条件下,实现或延长使用寿命,但必须明确,预防性养护仅仅适用于沥青路面表面层的修复,而不能解决路面结构层出现的病害。

一、改性沥青薄层罩面技术

1. 概述

薄层罩面也是一种很早采用的传统预防性养护方法,它是在原有路面上加铺一层厚度不超过5 cm的热沥青混合料,薄层罩面可以有效地防止品质正在下降的路面继续恶化,改善其平整度、恢复其抗滑阻力、校正路面的轮廓，对路面也有一定的补强作用，但在多数情况下效益较其他预防性养护方法差。薄层罩面在施工中最大的困难是由于层面较薄、容易冷却又不宜使用振动压路机，因而不易达到较高的密实度。

2. 材料与结构要求

(1)结合料宜使用性能较好的SBR改性沥青。

(2)矿料的选择宜采用耐磨、强度高的石料。

(3)高速公路、一级公路宜采用中粒式、细粒式密级配沥青混凝土或沥青玛琋脂结构；二级公路可采用热拌沥青碎石混合料结构；三级或三级以下公路可采用沥青表面处治层结构。

(4)所采用的结合料、矿料、沥青混合料的规格、各项技术指标要求符合《公路沥青路面施工技术规范》(JTG F40—2004)或其他有关规范的规定。

3. 厚度要求

罩面厚度应根据所在路段的交通量、公路等级、路面状况、使用功能等综合考虑确定。

(1)当路面状况指数、行驶质量指数为中、良等级，路面仅有轻度网裂时，可采用较薄的罩面层厚(10～30 mm)。

(2)当路面破损，平整度、抗滑三项指标都在中等以下，又要求恢复到优、良等级时，应采用较厚的罩面层厚(30～50 mm)。

(3)高速公路、一级公路罩面宜采用40～50 mm的厚度；其他公路可采用较薄的罩面层厚度(10～40 mm)。

(4)各级公路的罩面层厚度不得小于最小施工层厚度。

4. 施工

改性沥青罩面的施工，除应按《公路沥青路面施工技术规范》(JTG F40—2004)的有关规定执行外，还应按下列要求进行：

(1)对确定罩面的路段，在罩面前必须完成翻浆、坑槽、严重裂缝、沉陷、壅包、松散、车辙等病害的修复工作，并清除路面上的泥土杂物。防止原路面的裂缝反射到罩面层上的方法，是在原路面与罩面层间设置中间层，常用的有大粒径透水性沥青碎石连接层、SAMI(应力吸收薄膜中间层)、土工布或玻璃纤维格栅夹层。

(2)根据施工气温、旧沥青路面状况等因素采取相应施工工艺措施，罩面前必须喷洒粘层沥青，确保新老沥青层结合，沥青用量为0.3～0.5 kg/m²，裂缝及老化严重时宜为0.5～0.7 kg/m²。有条件时，洒粘层沥青前最好用机械打毛处理。

(3)罩面不应铺在逐年加厚的软沥青层上，也不应铺在和原沥青路面结合不好，即将脱皮的沥青罩面薄层上，应将其铲除，整平后，再进行罩面。

(4)当气温低于10 ℃或路面潮湿时，不得浇洒粘层沥青，不得摊铺沥青罩面层。

(5)碾压机械应选择高频低幅振动压路机(如频率70 Hz左右、振幅0.2 mm左右)。

二、超薄层沥青混凝土罩面技术

1. 概述

薄层沥青混凝土罩面在国外发达国家早已进行了研究与应用，法国是国际上采用薄层沥青混凝土路面的代表性国家。关于薄层沥青路面结构层，主要是指新建或旧路改造过程中设置的抗滑磨耗层。在法国，薄沥青混凝土面层（BBM）的定义为：用纯沥青或改性沥青、集料及可能的添加剂（矿质的或有机的）制成的混合料，摊铺厚度为30～40 mm。在美国，一般认为薄层沥青混凝土的厚度应为15～30 mm。我国《公路沥青路面设计规范》(JTG D50—2017)规定，超薄磨耗层是一种具有较大构造深度、抗滑性能好的磨耗层，适用于路面较平整、辙槽深度小于10 mm、无结构性破坏的公路，是提高表面层服务功能的养护维修措施，也适用于新建公路的磨耗层。磨耗层一般厚度为20 mm左右，混合料宜选用断级配、改性沥青或其他添加剂，以提高超薄磨耗层的水稳性。按薄沥青混凝土面层的厚度，可将其分为三种，即薄沥青混凝土面层25～30 mm；很薄沥青混凝土面层20～25 mm；超薄沥青混凝土面层15～20 mm。

超薄沥青混凝土具有以下特点：

(1)是明显的断级配；胶砂的含量较少；不需要沥青流出抑制剂，如纤维、结合料常用纯沥青或改性沥青；

(2)空隙率为6%～12%，在空隙率过大而产生透水时必须采用厚粘层（通常采用改性结合料），粗糙的表面可保证高的抗滑能力。

2. 超薄层沥青混凝土罩面的适用性

因超薄层沥青混凝土不能提高路面结构的强度或承载能力，也不能提高沥青路面的高温抗形变能力和防止原路面的反射裂缝，所以，超薄层沥青混凝土罩面必须铺筑在路面结构强度和下层沥青面层的高温抗形变能力满足要求的路面上。另外，超薄层罩面结构应分为两个层次，即表面磨耗层和粘结防水层。由超薄层沥青混凝土罩面形成的表面抗滑磨耗层可提供一个安全、舒适、耐久的行驶表面，恢复路面的表面功能，提高路面的抗滑性能，改善路面的平整度；通过粘结防水层保证超薄层罩面与原路面结合紧密，防止雨水下渗，适度延缓旧沥青路面的反射裂缝。

超薄层沥青混凝土罩面主要解决以下路面问题：

(1)路面有轻微到中等病害。

(2)路面光滑，摩擦系数不够。

(3)行驶过程中路面噪声过大。

(4)路面纹理深度不够。

3. 超薄层沥青混凝土施工工艺

(1)原路面的准备。将所需罩面的原沥青混凝土面层用铣刨机铣刨20 mm，且使构造深度达到2 mm以上，然后清理路面，不得有尘土、杂物或油污。

(2)SBS改性沥青粘结防水层施工技术。准备喷洒沥青的工作面应整洁无尘埃。当黏有土块或在铣刨过程中形成有沥青胶砂残块时，应铲除掉并用强力吹风机吹扫干净。洒布沥青材料的气温不应低于10 ℃，风速适度。在浓雾或下雨天路面潮湿时不应施工。洒布改性沥青，沥青须全路满铺，达到无破洞、漏铺、脱开等现象的要求。防水层改性沥青的喷洒量为1.6 kg/m²，为保护此沥青膜在施工过程中不被破坏，一般须在沥青膜上稀撒满铺50%～60%的9.5～13.2 mm的单一粒径碎石，碎石粒径应与粘结防水层上铺筑的沥青混凝土粒径相匹配，并用两轮压路机或轮胎压路机碾压成型。

(3)超薄层沥青混凝土的施工温度控制。由于沥青混凝土层厚较薄，且碎石含量很大，在施工时热量散发较快，所以，各环节的温度控制都应较规范规定稍加提高。采用改性沥青时，沥青加热温度控制在170 ℃左右，矿料加热温度控制在190 ℃左右，出厂温度控制在 180 ℃左右，摊铺温度在 170 ℃左右，碾压温度不低于 160 ℃为宜；采用改性沥青并掺加橡胶粉时，矿料加热温度再提高 5 ℃左右；采用重交通沥青时，沥青加热温度控制在 165 ℃左右，矿料加热温度控制在 185 ℃左右，出厂温度控制在 165 ℃左右，摊铺温度在 155 ℃左右，碾压温度不低于 155 ℃为宜。

(4)沥青混合料的压实。由于罩面层摊铺厚度小，压路机的振频与振幅宜采用"高频、低幅"的方式碾压。在倒车时，应先停止振动，并在向另一方向运动后再进行振动，以避免混合料因"过压"而形成"壅包"。

三、微表处

(一)微表处技术应用特点及应用场所

微表处是指采用适当级配的石屑或砂、填料(水泥、石灰、粉煤灰、石粉等)与聚合物改性乳化沥青、外掺剂和水，按一定比例拌和而成的流动状态的沥青混合料，将其均匀地摊铺在路面上形成的沥青封层。

微表处是功能最完善的道路养护方法之一。其是一种采用高分子聚合物使乳化沥青改性的铺筑技术，对出现在城市干道、高速公路和机场道路上的各种病害的修复最为有效。

目前，世界上稀浆封层技术已被广泛应用，它不仅能延长道路寿命，同时也能节约资金。普通稀浆封层技术与微表处技术都是利用由级配集料、乳化沥青、填料和水所组成的混合料进行施工的，不同的是后者所采用的材料是经过严格检测筛选出来的，其中还包括高分子聚合物和其他添加剂，因而相比之下微表处技术具有更多的优点。

通过最近几年间微表处的应用，基本上形成了对微表处的初步认识。

(1)其使用寿命明显长于普通稀浆封层，对路面表面功能的恢复、延长道路的大中修周期具有显著的作用，是一种经济、有效的高等级公路维修养护方法。

(2)在路基路面稳定的前提下，对于较轻车辙的填补，路面抗滑性能的恢复，封闭路表水的下渗，中、轻度裂缝，泛油处治等是理想的维修养护措施。但是，由路基路面整体强度不足引起的路面各种病害、严重开裂和车辙，必须在进行补强、挖补后再进行封层，否则病害很快会再次发生。

(3)作为一种快凝、快开放交通的混合料体系，微表处的施工难度大于慢裂慢凝的稀浆封层，要求施工队伍有较丰富的施工经验。

1. 微表处技术应用特点

(1)施工速度快。连续式稀浆封层机 1 d 之内能摊铺 500 t 微表处混合料，折合为一条 10.6 km 长的标准车道，摊铺宽度最小可达 9.5 m，施工后 1 h 即可通车，适用于大交通量的高速公路及城市干道。

(2)微表处可提高路面的防滑能力，增加路面色彩对比度，改善路面性能，延长路面使用寿命。

(3)养护时间由一般稀浆封层的 4~5 h 缩短为 1.5~2.5 h，成型快，工期短，施工季节长，可以夜间作业，尤其适用于交通繁忙的公路、街道和机场道路。

(4)常温条件下作业，降低能耗、不释放有毒物质，符合环保要求。

(5)在面层不发生塑性变形的条件下，可修复深达 38 mm 的车辙而无须碾压。

(6)因为微表层很薄，所以在城市主干道和立交桥上应用不会影响排水，用于桥面也不会增加多少重量。

（7）在机场，密级配的微表处能作防滑面而不会产生破坏飞机发动机的散石。

（8）由于它能填补厚达 38 mm 的车辙，且十分稳定，也不产生塑性变形，所以它是不用铣刨解决车辙问题的独特方法。

微表处弥补了普通稀浆封层和热拌沥青混凝土摊铺各自存在的缺陷，确切地说，微表处是一种完善的道路养护方法。

2. 微表处应用场所

国内外的研究和应用证明：微表处确是功能最完善的道路养护方法之一，对出现在高速公路、城市干道和机场道路上的各种病害的修复最为行之有效。就广义来说，普通稀浆封层能够使用的地方，微表处都能使用。但就我国的实际情况，道路建养费用还十分缺乏。还不可能大量地、普遍地采用这项技术。微表处主要用于道路表面层，首先应该考虑使用的地方如下：

（1）高速公路的抗滑表层和车辙处理。

（2）城市快速路和主干路的表面抗滑、低噪声、美观处理。

（3）公路重交通路面，重载及超载车多的路段，解决渠状车辙、公路弯道、匝道、坡道、交叉路口。

（4）在水泥混凝土路面上起磨耗层作用，可治理表面磨光、露骨，提高平整度，降低渗水率。

（5）机场停机坪道面，可以耐磨，抗变形，显著减少集料的飞散量。

（6）立交桥和桥梁桥面，特别是钢桥面铺装，在治理病害、改善表面状况的同时，不会过多地增加桥身自重。

另外，养护时间由一般稀浆封层的 4~5 h 缩短为 1.5~2.5 h，这最适应高速公路车流量大、需夜间养护的特点，可使高速公路最大限度发挥社会、经济效益，是养护保障的手段，是经济比值较好的一种方法。

随着我国高速公路和城市道路建设及使用年限的增长，路面的维修养护工作量增加。因此，微表处技术在我国高速公路和城市道路的维修养护将具有广阔的市场需求和良好的推广应用前景。

（二）微表处技术对原材料的基本要求

微表处混合料是由合理配合比的乳化沥青、改性剂、集料、水和填料等组成的，材料质量的好坏直接关系到混合料的性能。在微表处混合料中，集料质量占到了混合料总质量的 90% 以上，而改性剂则是微表处区别于普通稀浆封层最重要的特征之一。因此，集料和改性剂质量的好坏直接影响混合料的性能。

1. 集料的基本要求

微表处成败与否的关键是集料。由于其功能是制造一个封闭、粗糙的表面，石料的耐磨耗性特别重要。因此微表处所用集料，特别是粗集料部分应该使用耐磨耗的硬质石料，这与我国对高速公路沥青面层用耐磨耗粗集料的要求相同。

用于微表处的集料，必须坚硬、耐磨，不含泥土杂质，其砂当量大于 65%，高于对普通稀浆封层用集料砂当量不低于 45% 的要求，也高于规范中高速公路沥青面层用细集料砂当量不小于 60% 的要求。对不同砂当量值的集料进行湿轮磨耗试验，其结果表明，砂当量越低，混合料的湿轮磨耗值就越大，耐磨耗能力也就越差；砂当量低的集料还可能使改性剂无法发挥改性效果。因此，微表处用集料砂当量不宜低于65%。

级配组成必须符合一定的级配标准。一般采用ISSA的Ⅱ、Ⅲ型级配，美国、加拿大等北美国家均采用这些级配。ISSA推荐级配见表2-28。

表2-28 ISSA推荐级配

筛孔尺寸/mm	Ⅱ	Ⅲ	筛孔尺寸/mm	Ⅱ	Ⅲ
9.5	100	100	0.6	30~50	19~34
4.75	90~100	70~90	0.3	18~30	12~25
2.36	65~90	45~70	0.15	10~21	7~18
1.18	45~70	28~50	0.075	5~15	5~15

2. 改性乳化沥青材料的基本要求

改性乳化沥青是微表处的粘结材料，其质量的好坏对封层质量的影响最直接、最明显。改性乳化沥青的特性主要与乳化剂和改性剂的选择有关，为了达到快速开放交通的要求，乳化剂必须是慢裂的阳离子乳化剂，且所用乳化剂不能对沥青性能造成影响，对各种沥青的适应性要好，与改性剂要有良好的配伍性；改性剂的选择应根据不同地区的气候、交通特点进行试验后确定。

3. 填料、水和添加剂材料的基本要求

微表处混合料中填料，外加水和添加剂的作用、规格与普通稀浆封层混合料所要求的基本一样。

(三)微表处的材料组成设计

1. 矿料级配

(1)微表处级配宜粗不宜细。随着微表处使用期的延长，最初外观表现较好、级配较细的微表处容易出现抗滑功能不足的问题，而最初表观粗糙的微表处，不仅外观效果变得美观，而且可以保持良好的抗滑性能。因此，微表处用于交通量大、重载车多的高速公路时，不宜采用Ⅱ型级配，而应采用Ⅲ型级配。交通量特别大的道路，级配曲线宜在Ⅲ型级配范围中值与下限之间。

(2)谨慎使用间断级配。间断级配存在施工和易性的问题，且间断级配曲线将加重矿料在运输、装载过程中出现粗料与细料离析的现象，影响摊铺的均匀性。另外，间断级配会显著影响混合料的使用效果，这种级配往往会造成微表处表观不均匀、大料容易飞散的现象发生。

2. 油石比的确定

(1)在混合料设计时，应根据实际情况选择合理的油石比。

1)根据原路面情况进行选择。如果原路面有泛油，特别是对于采用以前高标号沥青的，微表处材料层可以采用较小的油石比；如果原路面贫油，或者原路面沥青老化较严重时，可以考虑采用稍大的油石比；原路面表面层空隙率大或渗水严重的，宜采用稍大的油石比。

2)根据交通量的大小进行选择。交通量大，微表处应采用较小的油石比；交通量较小的，微表处可以采用相对较大的油石比。

3)高温季节微表处施工，油石比宜小不宜大。

(2)在允许的油石比范围内,微表处混合料的油石比宜小不宜大。

(四)微表处的施工技术

1. 施工设备和基本要求

(1)施工设备。

1)比较准确的计量仪器。由于微表处施工时对各种物料的配合比要求较严,所以,要有准确的计量。

2)双轴强制式搅拌箱。因为要达到微表处施工,混合料搅拌时间不能过长,但又必须在规定时间内搅拌均匀,因而传统的螺旋式搅拌箱就不能满足要求。

3)特殊设计的填补车辙的摊铺箱。它能将粒料最大的部分送到车辙的深处,从而使稳定性最好,其边缘能自动变薄铺开。

4)添加剂系统。这样就能方便地把缓凝剂或促凝剂加入混合料中。

(2)标定。在施工之前,每台封层机都要进行标定。在标定已经完成并且合格后,封层机才能投入使用。

对摊铺车进行标定,是施工配合比符合要求的重要保证。微表处摊铺车在以下情况下必须进行计量标定:

1)第一次使用;

2)每年第一次使用;

3)新工程项目实施;

4)同一工程项目中原材料和配合比发生较大变化时。

(3)气候要求。在路面或空气温度达到 10 ℃并且持续下降时,不允许进行微表处施工,但是在路面或空气温度达到 7 ℃并且持续上升时,允许进行微表处施工。

2. 施工基本要点

(1)施工前路面清理。

1)在进行微表处施工前,必须把路面上遗留的所有材料、泥土、杂草和其他有害物都清理干净。如果用水冲洗路面,则要使所有的路面裂缝完全干燥后,才能进行微表处施工。

2)一般不要求洒粘层油,对于光滑、松散路面以及水泥路面,可以采用洒粘层油的方法。

3)已有的微表处应用实践表明,当原路面存在以下病害时,应在微表处施工前对原路面进行妥善处理:

①原路面结构强度不足和出现结构性破坏时,应首先进行补强处理。微表处作为厚度仅为 10 mm 左右的薄层结构,要求原路面有充足的结构强度,否则在行车作用下,微表处层会因为过大的挠度变形而很快出现裂缝,甚至与原路面剥离。

②原路面的结构性车辙,或者车辙深度过大时,应对车辙进行预处理。沥青路面因强度不足形成的结构性车辙,必须进行必要的补强处理后方可进行微表处。对于深度不大的流动性车辙,微表处具有很好的维修效果。原路面 15 mm 以下的流动性车辙采用单层微表处可起到很好的维修效果;车辙深度为 15~25 mm,宜采用双层微表处;车辙深度大于 25 mm,应首先采用微表处车辙填充;深度过大的车辙(40 mm 以上),建议铣刨加铺后进行单层微表处。

③原路面表面太光滑,完全丧失构造深度,宜采用双层摊铺。微表处的一个重要作用

就是恢复路面的宏观构造和抗滑性能。一般来说，对原路面的抗滑性能是没有特殊要求的。当沥青表面层采用石灰石等不耐磨的石料，在行车作用下原路面的宏观构造已经完全丧失，成了"水磨石"，这时如果进行三层微表处，往往摊铺的表观效果不理想，摊铺厚度没有保证，这是由于原路面太滑，导致"不挂料"的情况出现。因此，对于这一类路面，应采用两层摊铺。第一层摊铺厚度可以很薄，起到增加原路面挂料能力的作用，等成型后再摊铺第二层，可以得到很好的表观效果。

④原路面存在宽裂缝时，应首先进行灌缝处理。微表处厚度仅有 10 mm 左右，原路面未经处理的裂缝会在温差作用下反复张缩而产生反复张拉应力，再加上车辆荷载在裂缝处引起的差动位移，会很快引起上覆的微表处层产生疲劳开裂，导致反射裂缝的出现，影响微表处的美观和封水效果。裂缝应采用专用设备进行扩缝、清缝并灌入专用填缝料。

(2)施工基本要点。

1)使用搅拌箱前的喷水管将路面进行预先湿润，喷水量可根据当天施工期间的气温、湿度、表面纹理和干燥情况进行调节。

2)封层机启动前，摊铺箱中必须有一定量的混合料，而且稠度适当，分布均匀，封层机才能匀速前进。

3)在已完成的微表处路面上不得存在由超大集料所引起的拖痕，如果出现拖痕，应立即采取措施。

4)在纵向或横向接缝上不允许出现接缝不平、局部漏铺或过厚，纵向接缝尽可能设置在车道标线上，并尽可能减少纵向接缝。

5)在拌和与摊铺过程中，混合料不得出现水分过多和离析现象，任何情况下都不能在摊铺过程中直接向摊铺箱内注水。

6)在摊铺箱不能到达的地方，必须采用人工施工，通过人工用橡胶辊碾压封层达到均匀和平整。

7)固化成型前禁止一切车辆驶入，行人不得踏入，严格管制交通。

(五)微表处和稀浆封层的区别

微表处与稀浆封层在表面形式上是相同的，但在原材料选择、混合料技术要求、使用性能与寿命、摊铺设备等诸多因素上都存在较大区别。

从定义上就可以看出，微表处与稀浆封层的最基本差别就在于是否使用了改性乳化沥青。另外，是否可以填充车辙和是否可以迅速开放交通也是微表处和稀浆封层比较显著的区别。对微表处来说，它应能满足摊铺不同截面厚度(楔形、凹形)的要求，不同沥青用量和不同摊铺厚度的混合料，经养护和初期交通固化后，能经受住行车作用，并在使用寿命内保持良好的抗滑性能(高的摩擦系数)。它应能适应迅速开放交通的需要，一般来说，在气温 24 ℃、湿度小于 50% 的情况下，12.7 mm 厚的微表处要求施工后 1 h 开放交通。

除此之外，稀浆封层和微表处还存在以下不同之处：

(1)适用范围不同。微表处主要用于高速公路和一级公路的预防性养护以及填补轻度车辙，也适用于新建公路的抗滑磨耗层。而稀浆封层一般主要用于二级及二级以下公路的预防性养护，也适用于新建公路的下封层。

(2)集料的质量要求不同。微表处用通过 4.75 mm 的合成矿料的砂当量必须大于 65%，明显高于用于普通稀浆封层时不小于 50% 的要求。这说明微表处用集料必须干净，不能含有太多的泥土。

(3)集料级配不同。普通稀浆封层有Ⅰ型、Ⅱ型、Ⅲ型级配,而微表处的级配只有Ⅱ型和Ⅲ型级配,即微表处中舍弃了普通稀浆封层中最细的Ⅰ型级配。

(4)技术要求不同。微表处和稀浆封层的技术要求见表 2-29。从表中可以看出,微表处混合料要满足的技术要求明显高于稀浆封层。

表 2-29 稀浆封层和微表处混合料的技术要求

项目		单位	微表处	稀浆封层
可拌合时间		s	>120	
稠度		cm	—	2~3
黏聚力试验	30 min(初凝时间)	N·m	≥1.2	≥1.2
	60 min(开放交通时间)		≥2.0	≥2.0
负荷轮碾压试验(LWT)	黏附砂量	g/m²	<450	<450
	轮迹宽度变化率	%	<5	
湿轮磨耗试验的磨耗值(WTAT)	浸水 1 h	g/m²	<540	<800
	浸水 6 d		<800	

注:①稀浆封层黏聚力试验仅适用于快开放交通的稀浆封层。
②稀浆封层负荷轮碾压试验仅适用于重交通道路表层。
③负荷轮碾压试验(LWT)的宽度变化率适用于需要修补车辙的情况。

微表处必须能够快速开放交通,因此要求混合料满足反映成型速度和开放交通时间的黏聚力指标,而普通稀浆封层仅对快开放交通系统提出了这一要求,一般稀浆封层不作要求。与稀浆封层相比,微表处多用于大交通量的场合,沥青用量不宜过大,因此必须通过黏附砂量指标控制最大沥青用量,以防止泛油的出现。而普通稀浆封层仅在用于重交通道路时才有这一要求。

微表处混合料浸水 1 h 的湿轮磨耗指标(500 g/m²)明显高于稀浆封层(800 g/m²),说明微表处混合料的耐磨能力优于稀浆封层混合料;微表处混合料还必须满足 6 d 湿轮磨耗指标,这说明微表处混合料比稀浆封层有更好的抵抗水损害的能力。

微表处可以用作车辙填充,因此对微表处混合料提出了负荷车轮碾压 1 000 次后试样侧向位移不大于 5%的要求,而普通稀浆封层没有这一指标的要求。

综上所述,可以将微表处理解成是使用了改性乳化沥青的、能够快速开放交通的、能够满足微表处技术要求的稀浆封层,或者说是一种"最高水平"的稀浆封层。

四、同步碎石封层技术

1. 概述

所谓同步碎石封层,就是用专用设备即同步碎石封层车将碎石及粘结材料(改性沥青或改性乳化沥青)同步铺洒在路面上,通过自然行车碾压,形成单层沥青碎石磨耗层。其主要作为路面表处层使用,也可用于低等级公路面层。同步碎石封层技术的最大优点是同步铺洒粘结材料和石料,实现喷洒到路面上的高温粘结料在不降温的条件下即时与碎石结合的效果,从而确保粘结料和石料之间的牢固结合。可以使碎石颗粒立即与刚喷洒的粘结剂相接触。此时,由于热沥青或乳化沥青流动性较好,能随时更深地埋入粘结剂内。同步碎石封层技术缩短了粘结剂喷洒与集料撒布之间的间隔,增加了集料颗粒与粘结剂的裹覆面积,更容易保证它们之间稳定的比例关系,提高了作业效率,减少了设备配置,降低了施工成本。沥青路面经过同步碎石封层处理后,使路面具有良好的抗滑性能和防渗水性能,能有效治愈路面泛油、掉粒、轻微龟裂、车辙、沉陷等病害。同步碎石封层技术主要用于道路的预防性养护和修复性养护,无论是高速公路还是普通公路都可以使用此项新技术。

同步碎石封层技术,从20世纪80年代开始在法国被大规模采用,20世纪90年代传播到整个欧洲各国及美国,还在俄罗斯、印度、非洲、澳洲等数十个国家和地区中得到推广。据统计,在欧洲有95%以上的公路均采用这项技术进行养护。

据记载,在美国同步碎石封层可延长路面使用寿命10年以上;澳大利亚有关机构研究表明,同步碎石封层技术能使损坏比较严重的道路寿命增加10~15年。

目前,同步碎石封层技术在我国辽宁省、湖南省、陕西省等地的高速公路下封层及国道、省道的建设中已经得到应用。总的来说,由于这项技术在我国才刚刚开始得到应用,许多施工工艺还没有完全掌握,更缺乏施工经验,在施工材料的研究上还处于空白,在同步碎石封层车的研究上还没有开始,还有许多理论上和应用上的问题没有掌握。

2. 同步碎石封层技术的适用性

同步碎石封层主要对公路表面进行处治,可用于高速公路、普通公路、城市道路及乡村公路,也可用作新建道路的基层磨耗层,取代热铺沥青。

同步碎石封层技术主要有以下几个特点:

(1)同步碎石封层实质是靠一定厚度沥青膜(1~2 mm)粘结的超薄沥青碎石表面处治层,其整体力学特征是柔性的,能增加路面抗裂性能,治愈路面龟裂,减少路面反射裂缝,提高路面防渗水性能,用于道路养护可延长路面使用寿命10年以上,若使用聚合物改性粘结料效果更佳。

(2)同步碎石封层可以大大提高原路面的摩擦系数,即增加路面防滑性能,并能使路面平整度得到一定程度的恢复。

(3)通过采用局部多层摊铺不同粒径石料的施工方法,同步碎石封层能有效治愈深达10 cm以上的车辙、沉陷等病害。

(4)同步碎石封层可以作为低等级公路的过渡型路面,以缓解公路建设资金严重不足的矛盾。

(5)同步碎石封层工序简单、施工速度快,可即时限速开放交通。

(6)同步碎石封层的性能价格比明显优于其他表处方法,从而大大降低道路的维修养护成本。

3. 同步碎石封层的材料

(1)粘结料。同步碎石封层技术的领先性能很高,但对适用沥青没有特别严格的要求。可以使用不同的沥青结合料,如软化纯沥青、聚合物改性沥青、乳化沥青、聚合物改性乳化沥青、稀释沥青等,热沥青主要用于大规模封层。

(2)石料。碎石要求是经过反击破碎(或锤式破碎)得到的碎石,针片状石料严格控制在15%以内,几何尺寸要好,不含杂质和石粉,压碎值小于14%,对石料酸碱性无特殊要求,并严格经过水洗风干。

4. 同步碎石封层设备

同步碎石封层技术主要是同步碎石封层车，与1辆同步碎石封层车配套的主要机械设备包括：50型以上装载机1台、石料加工清洗设备1台、12~16 t胶轮压路机1台、8 t以上水车1台、路面除尘设备1台、小型铣刨设备1台、25 t热沥青加(保)温车1台、(乳化)沥青运输车若干台。在同步碎石封层车的使用上，该项技术对操作人员的要求较高，操作人员必须懂得机械的工作原理，同时操作要相当熟练，否则将铺不出高质量的路面。

同步碎石封层车的结构设计可以在稀浆封层车的基础上进行，根据碎石封层技术的特点，要求同步碎石封层车应该具有给料、拌和、摊铺和计量等功能。同步碎石封层车从结构上可以分为行驶底盘部分、作业部分和控制部分。行驶底盘部分完成机器的行驶任务，并支承其他部分的重量，要求工作速度能够精确控制并达到恒速；作业部分完成作业过程中各种物料的存储、输送、搅拌、摊铺等任务，这部分可以由给料系统、拌和系统、摊铺系统、动力传动系统等组成；控制部分完成对车辆速度、给料速度、各种物料计量、粘结剂保温、拌和时间等的控制，是同步碎石车的关键部分。在目前的沥青路面养护技术中，乳化沥青及改性沥青的生产工艺已经相当成熟。同步碎石封层车可以将粘结剂的喷洒与石料的撒布同时进行，相比于传统的石屑封层设备来说，必须解决一些关键技术，以完成下列一些特殊的技术要求：

(1)设计合理的粘结剂喷洒装置，保证对喷洒量及其均匀性进行精确调节与控制。

(2)设计先进合理的沥青温度控制系统。

(3)能够精确调节和控制碎石的撒布量及其均匀性。

(4)保证粘结剂喷洒与碎石撒布保持高度一致。

5. 同步碎石封层施工工艺

(1)要求。从对沥青路面的预防性养护的角度来看，与其他的技术相比，同步碎石封层技术并没有对施工条件提出更高的要求，但是为了提高养护性能，充分发挥这种新技术的优势，还是需要有一定的条件。首先，要对公路表面损伤进行诊断，明确将要进行修补的要害问题；充分考虑沥青结合料和集料的质量标准，如其润湿性、黏合性、耐磨性、抗压性等；在技术规范所允许的范围内进行摊铺操作；正确合理地选择材料，确定级配，正确操作摊铺设备。

(2)同步碎石封层施工工艺。

1)常用的结构。普遍采用间断级配结构，碎石封层所用石料粒径范围有严格要求，即等粒径石料最理想。考虑到石料加工的难易程度及路面防滑性能的要求不同，可采用2~4 mm、4~6 mm、6~10 mm、8~12 mm、10~14 mm五类粒径范围的石料。比较常用的粒径范围为4~6 mm、6~10 mm这两类，而8~12 mm和10~14 mm两类主要用于低等级公路过渡型路面的下面层或中面层。

2)根据路面平整度情况和抗滑性能要求确定石料的粒径范围。一般路面进行一次碎石封层即可，在路面平整度较差时可选用适宜粒径的石料作为下封层找平，然后再做上封层。碎石封层作为低等级公路路面时需2层或3层，各层石料粒径应互相搭配以能产生嵌挤作用，一般遵循下粗上细的原则。

3)封层前要对原路面进行认真清扫，作业过程中应保证足够数量的胶轮压路机，以便在沥青温度降低之前或乳化沥青破乳后能及时完成碾压定位工序。另外，封层后即可通车，但在初期应限制车速，待2 h后可完全开放交通，从而防止快速行车造成石子飞溅。

4)使用改性沥青作为粘结料时,为保证雾状喷洒而形成均匀、等厚度的沥青膜,必须保证沥青的温度在160~170 ℃范围内。

5)同步碎石封层车的喷油嘴高度不同,所形成的沥青膜厚度会不同(因为各个喷嘴喷出的扇形雾状沥青重叠情况不同),可通过调整喷嘴高度使沥青膜的厚度符合要求。

6)同步碎石封层车应以适宜的速度均匀行驶,在此前提下石料和粘结料两者的撒布率必须匹配。

7)作为表处层或磨耗层的碎石封层,其使用条件是原路面平整度和强度满足要求。

任务四　水泥混凝土路面的养护与维修

学习情境一　混凝土路面养护标准和日常养护

一、水泥混凝土路面养护标准

水泥混凝土路面养护标准见表2-30。

表2-30　水泥混凝土路面养护标准

项目		高速公路、一级公路	其他等级公路
平整度/mm	平整度仪(σ)	2.5	3.5
	3 m直尺(h)	5	8
	国际平整度指数 IRI/(m·km^{-1})	4.2	5.8
抗滑	构造深度 TD/mm	0.4	0.3
	抗滑值 SRV(BPN)	45	35
	横向力系数 SFC	0.38	0.30
相邻板高差/mm		3	5
接缝填缝料凹凸/mm		3	5
路面状况指数 PIC		≥70	≥55

二、水泥混凝土路面日常养护

(一)一般规定

(1)水泥混凝土路面日常养护应做好预防性和经常性养护,通过经常巡视检查,及早发现缺陷,查清原因,采取适当措施,清除障碍物,保持路面状况良好。

(2)水泥混凝土路面的养护质量,应符合规定要求。

(3)同一横断面上由水泥混凝土路面与其他类型路面组成时,水泥混凝土路面按本项目基本要求。

(4)水泥混凝土路面局部破损的维修方法按任务的要求执行。

(二)清洁保护

(1)水泥混凝土路面必须定期清扫泥土和污物,对与其他不同类型路面平面连接处及平交道口应勤加清扫，对路面上出现的小石块等坚硬物应予以清除，对中央分隔带内的杂物应定期清除，保持路容整洁。

(2)路面清扫频率应根据公路状况、交通量大小及其组成、环境条件等确定。路面清扫宜采用机械作业，机械清扫留下的死角，应用人工进行清除干净。

(3)路面清扫时，应尽量减少清扫作业产生灰尘，以免污染环境，危及行车安全。清扫作业宜避开交通量高峰时段进行。

(4)路面清扫后的垃圾应运至指定地点进行处理，不得随意倾倒。

(5)当路面被油类物质或化学药品污染时，应清洗干净，必要时用中和剂或其他材料处理后，再用水进行冲洗。

(6)应对交通标志标牌、示警桩、轮廓标以及防撞栏等交通安全设施定期进行擦拭，交通标志及标线受到污染后应及时清扫(洗)，保持整洁、醒目。

(7)应保持交通标志标牌、标线、示警桩、轮廓标的完整，发生局部脱落、破损时应用原材料进行修复或更换。

(三)接缝保养及填缝更换

(1)应对接缝进行适时的保养，保持接缝完好，表面平顺。

1)填缝料凸出板面，高速公路、一级公路超出 3 mm，其他等级公路超过 5 mm 时应铲平。

2)填缝料外溢流淌到接缝两侧面板，影响路面平整度和路容时应予清除。

3)杂物嵌入接缝时应予清除，若杂物系小石块及其他坚硬物时，应及时剔除。

(2)应对填缝料进行周期性和日常性的更换。

1)填缝料的更换周期一般为 2~3 年。

2)填缝料局部脱落时应进行灌缝填补；填缝料脱落缺失大于三分之一缝长或填缝料老化、接缝渗水严重时应立即进行整条接缝料更换。

3)填缝料技术要求应符合规范的规定。

(3)填缝料的更换应做到饱满、密实、粘结牢固，清缝宜使用专用机具。

1)更换填缝料前应将原填缝料及掉入缝槽内的砂石杂物清除干净，并保持缝槽干燥，清洁。

2)填缝料灌注深度宜为 3~4 cm，当缝深过大时，缝的下部可填 2.5~3.0 cm 高的多孔柔性垫底材料或泡沫塑料支撑条(图 2-43)。

3)填缝料的灌注高度，夏天宜与面板平，冬天宜稍低于面板 2 mm，多余的或溅到面板上的填缝料应予以清除。

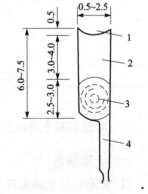

图 2-43 (尺寸单位：cm)
1—膨胀空间；2—填入接缝材料；
3—支撑条；4—导裂缝

4)填缝料更换宜选在春秋两季，或宜在当地年气温居中且较干燥的季节进行。

(四)排水设施养护

(1)必须对路面、路肩、中央分隔带、边沟、边坡、挡土墙，以及所有排水构造物进行妥善的日常维护，保持系统的排水功能。当排水系统整体功能不能满足要求时，应通过改善或改建工程进行完善提高。

(2)对路面排水设施,应采取经常性的检查并与重点检查相结合,发现损坏应及时安排修复,发现堵塞必须立即疏通,路段积水应及时排出。

(3)雨天应重点检查超高路段的中央分隔带纵向排水沟、横向排水管、雨水井、集水井等的排水状况,出现堵塞、积水应及时排出。

(4)排水构造物及路肩修复宜采用与原构造物相同材料。

(5)保持路面横坡及路面平整度。当快车道是水泥混凝土道路,慢车道或非机动车道是沥青路面时,应保持沥青路面横坡大于水泥混凝土路面横坡。

(6)保持路肩横坡大于路面横坡,路肩横坡应顺适,并及时修复路肩缺口。

(7)路面板裂缝应按要求进行缝隙封闭。

(8)路面接缝、路肩接缝及路缘石与路面接缝变宽出现接缝渗水时,应进行填缝处理。

(9)定期修整路肩植物、清除路肩杂物,疏通路肩排水设施和中央分隔带排水设施,常年保持路面排水顺畅。

1)及时清除路肩堆积物、杂草、污物。

2)定期疏通路肩边沟、集水井、排水管、集水槽(由拦水带和路肩构成)、泄水口、急流槽等路肩排水设施。

3)定期疏通中央分隔带的进水口、纵向排水沟、雨水井、集水井、横向排水管、渗沟等,同时定期清除雨水井、集水井污物。

(五)冬季养护

(1)冰雪地区路段水泥混凝土路面冬季养护的重点是除雪、除冰、防滑,作业的重点是桥面、坡道、弯道、垭口及其他严重危害行车安全的路段。

(2)除雪、除冰、防滑要根据气象资料、沿线条件、降雪量、积雪深度、危害交通范围等确定作业计划,并做好机驾人员培训、机械设备、作业工具、防冻防滑材料的准备。

(3)除雪作业以清除新雪为主,化雪时应及时清除雪水和薄冰,除冰困难的路段应以防滑措施为主,除冰为辅,除冰作业应防止破坏路面。

(4)路面防冻防滑的主要措施。

1)使用盐或其他融雪剂降低路面上的结冰点。

2)使用砂等防滑材料或盐掺和使用,加大轮胎与路面之间的摩擦系数。

3)防冻、防滑料施撒时间,主要根据气象条件(降雪、风速、气温)、路面状况等来确定,一般可在刚开始下雪时就撒布融雪剂或与防滑料掺和撒布,或者在路面出现冻结前1~2 h撒布。

4)防止路面结冰时,通常撒布一次防冻料即可,除雪作业时,撒布次数可以和除雪作业频率一致。盐的撒布量见表2-31。

表2-31 盐的撒布量(每次)

条件 路段	撒布前4 h气温	
	0 ℃~-7 ℃	低于-7 ℃
一般路段/(g·m^{-2})	5~15	15~30
严寒多雪路段/(g·m^{-2})	30	30~50

注:其他融雪剂材料撒布量,应根据降低冰点的程度由试验确定。

(5)在冰融前,应将积雪及时清除路肩之外,以免雪水渗入路肩,冰雪消融后,应清除路面上的残留物。

(6)禁止将含盐的积雪堆积于绿化带。

学习情境二　水泥混凝土路面局部破损处理

一、断裂类维修

水泥混凝土路面裂缝与断板的形式是多种多样的,其产生的原因也是多种多样的。其包括施工养护不当引起的早期表层开裂;基层脱空引起的面板全厚度断裂;在荷载和温度应力共同作用下的疲劳开裂;有活性集料反应引起的网裂,也有由于板过长的翘曲或过量收缩而产生的横向裂缝等。对出现的裂缝与断板如果不及时进行维修处治,病害会继续扩大,面板将丧失传荷作用,导致路面严重损坏,影响行车安全。

1. 裂缝的类型及产生的原因

混凝土面板的裂缝,可分为表面裂缝和贯穿板全厚度裂缝(简称"贯穿裂缝"),如图2-44所示。

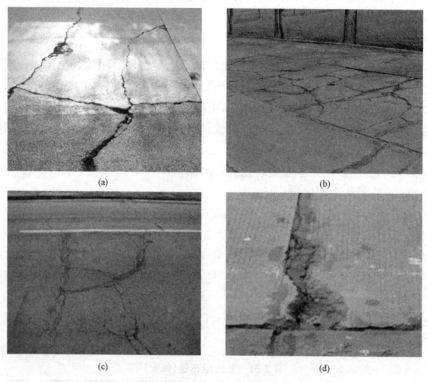

图 2-44　混凝土路面板断裂
(a)轻微破碎;(b)严重破碎;(c)轻微断角;(d)严重断角

(1)表面裂缝。混凝土面板的表面裂缝主要是由于混凝土浇筑后表面未及时覆盖,在炎热或大风天气,表面游离水分蒸发过快,混凝土体积急剧收缩和碳化收缩引起的。

(2)贯穿裂缝。水泥混凝土路面贯穿裂缝为贯穿面板全厚度的横向裂缝、纵向裂缝、交叉裂缝等。

1)横向裂缝。当水泥混凝土中的水在混凝土硬化过程中散失时，水泥浆体会发生收缩，这种现象称为干缩。但是自由收缩不会导致裂缝产生，唯有收缩受到限制而发生收缩应力时，才会引起干燥收缩裂缝。

水泥混凝土和其他材料一样具有热胀冷缩的性能。混凝土板块的热胀冷缩是在相邻部分或整体性限制条件下发生的。故热胀属于变形压缩，而冷缩属于拉伸变形很容易引起开裂，产生冷缩裂缝。

在水泥混凝土路面施工时，须采用切缝的方法将路面分成块，以防止路面出现干缩和冷缩裂缝。但由于施工中对切缝的时间难以准确控制，故造成混凝土路面出现横向裂缝。从混凝土收缩因素考虑，最好是在混凝土的水泥水化初始阶段就切缝，但事实上由于此时的抗压强度过低，根本无法切缝。对于已切缝的混凝土板，除第一天的应力有可能大于该龄期的抗折强度外，其余温度应力均小于相应龄期强度。因此，切缝不及时，就会导致水泥混凝土路面横向裂缝的产生。

2)纵向裂缝。顺路方向出现的裂缝称为纵向裂缝。水泥混凝土路面的传荷顺序为面层、基层、垫层、路基。尽管面板传到路基顶面的荷载应力值很小，往往不会超过 0.05 MPa，但路基作为支承层却很重要。由于路基填料土质不均匀、湿度不均、膨胀性土、冻胀、碾压不密实等原因，导致路基支承不均匀。在混凝土浇筑之前，在基底弹性模量不符合规范要求的情况下盲目施工，当路基稍有沉陷时，在板块自重和行车压力的作用下会产生纵向断裂。开始缝很细，但随着水浸入基层，使其表层软化，而产生唧泥、脱空，使裂缝加大。

在拓宽路基时，由于路基处理不当，新路基出现沉降，混凝土板下沿纵向出现脱空，在行车荷载的作用下，使混凝土板发生纵向断裂。

3)交叉裂缝。两条或两条以上相互交错的裂缝称为交叉裂缝。产生交叉裂缝的主要原因，一是水泥混凝土强度不足，在车轮荷载应力和温度应力的作用下产生交叉裂缝；二是路基和基层的强度与水稳性差，一旦受到水的侵入，将会发生不均匀沉陷，在行车作用下混凝土板将产生交叉裂缝；三是由于水泥的水化反应和碱集料反应。水泥混凝土在拌和、运输、振捣、凝结、硬化的过程中，始终存在着水泥的水化反应。水泥水化反应是在混凝土发生升温和降温过程中产生体积的膨胀变形，在内部集料及外部边界的约束下使混凝土的自由胀缩变形受阻而产生拉压应力，使水泥产生不安定因素，这对混凝土的质量影响很大。

2. 断板产生的原因

由纵向、横向、斜向交叉裂缝发展而产生的贯穿板厚、折断成两块以上的水泥混凝土路面板称为断板。混凝土面板浇筑完成后，未完全硬化和开放交通就出现的断板为早期断板或施工断板；混凝土面板开放交通后出现的断板称为使用期断板或后期断板。

(1)早期断板的原因。

1)原材料不合格。水泥安定性差，且强度不足。水泥中的游离氧化钙(f-CaO)在凝结过程中水化很慢，水泥在硬化后还在继续水化作用。当 f-CaO 超过一定限量时，就会破坏已经硬化的水泥石，或使抗拉强度下降。水泥强度不足也会影响混凝土的初期强度，使断板的可能性大为增加。当水泥的水化热高、收缩大时也会导致开裂。水泥混凝土中水泥石与集料的界面粘结不良，往往易产生初期开裂。当集料的含泥量和有机质含量超过规范标准时，必然会造成路面缺陷，容易产生开裂。

2)基层高程失控、基层不平整。由于基层高程失控，导致路面厚度不一致，而面板厚薄交界处即成为薄弱断面，在混凝土收缩时难以承受拉应力而开裂。

3)混凝土配合比不合理。混凝土中引起收缩的主要材料是水泥石部分，因此，单位水泥用量过大，必然会导致较大的收缩，易产生开裂。

4)施工工艺不当。混凝土拌和时，若搅拌不足或过分，振捣不密实，都会导致混凝土强度不足或不均匀，易导致早期断板；若振捣时间过长，会造成拌合物分层，集料沉底，细料上浮，造成强度不均匀，表面收缩裂缝增加；若水泥和集料温度过高，再加上水泥的水化热，其拌合物的温度更高，而在冷却、硬化过程中会使温差收缩加大，导致开裂。切缝时间掌握不当或切缝深度不足，会造成混凝土内应力集中，在面板的薄弱处形成不规则的贯穿裂缝。采用真空吸水工艺时，如果因两吸垫之间未重叠而导致漏吸，则漏吸处因水胶比较大、混凝土强度较低、收缩较大，形成薄弱环节而开裂。安装传力杆时，如果上下翘曲，则在混凝土伸缩和传力过程中混凝土就会被破坏，形成开裂等。

(2)使用期(后期)断板的原因。路面厚度偏薄，就会在使用过程中过早地出现断板。水泥混凝土路面常年直接暴露在大气之中，其温度、湿度的周期性变化和昼夜气温的变化，都会使混凝土面板在交替伸缩和翘曲中处于拉应力和压应力的反复作用状态，这种拉、压应力称为温度应力。混凝土板块的平面尺寸如果设计过长，温度应力则越大，当温度应力超出允许范围时，面板即产生断裂。

超重车的增加是水泥混凝土路面使用期断板的重要原因。这是因为交通运输业的迅速发展，大质量车辆猛增，单轴轴载比原设计的计算轴载增加几倍。

路基和基层的压实度不足或不均匀，都会造成强度较低或不均匀。在使用过程中，水的渗入、水温条件的变化和行车荷载的作用，使得路基和基层产生不均匀沉陷，面板脱空，当受到的弯拉应力大于混凝土板强度时，面板即发生断裂。

路基和基层排水不良，长期受水的侵蚀，使路基失稳或强度下降，导致路面产生不规则断裂。当地面水渗入路基、基层和底基层时，冬季因冻胀使路面产生纵向断裂。

3. 水泥混凝土面板断裂类病害的维修

(1)裂缝维修。

1)扩缝灌浆法。扩缝灌浆法适用于裂缝宽度小于 3 mm 的轻微裂缝。其修补工艺如下：

①扩缝。顺着裂缝用冲击电钻将缝口扩宽成 1.5～2.0 cm 的沟槽。槽深可根据裂缝深度确定，最大深度不得超过 2/3 板厚。

②清缝填料。清除混凝土碎屑，吹净灰尘后，并填入粒径为 0.3～0.6 cm 的清洁石屑。

③配料灌缝。将聚硫橡胶与环氧树脂按 16：(2～16)的比例配成聚硫环氧树脂灌缝料，拌和均匀并倒入灌浆器中，灌入扩缝内。

④加热增强。宜用红外线灯或装有 60～100 W 灯泡的长条形灯罩，在已灌缝上加温，温度控制在 50 ℃～60 ℃，加热 1～2 h 即可通车。

2)直接灌浆法。直接灌浆法适用于裂缝宽度大于 3 mm，且无碎裂的裂缝，其修补工艺如下：

①清缝。将缝内泥土、杂物清除干净，并确保缝内无水、干燥。

②涂刷底胶。在缝两边约 30 cm 的路面上及缝内涂刷一层聚氨酯底胶层，厚度为 $(0.3±0.1)$ mm，底胶用量为 0.15 kg/m²。

③配料灌缝。将环氧树脂(胶结剂)、二甲苯(稀释剂)、邻苯二甲酸二丁酯(增稠剂)、乙二胺(固化剂)、水泥或滑石粉(填料)组成配料，采用的配合比为：胶结剂：稀释剂：增

调剂:固化剂:填料=100:40:10:8:(200~400),视缝隙宽度掺加,按比例配制好,并搅拌均匀后直接灌入缝内,养护2~4 h即可开放交通。

3)条带罩面补缝。条带罩面补缝适用于贯穿全厚的大于3 mm小于15 mm的中等裂缝,其工艺如下:

①切缝。顺裂缝两侧各约15 cm,且平行于缩缝的方向切7 cm深的两条横缝,如图2-45(a)所示。

②凿除混凝土。在两条横缝内用风镐或液压镐凿除混凝土,深度以7 cm为宜。

③打钯钉孔。沿裂缝两侧15 cm,每隔50 cm钻一对钯钉孔,其直径应大于钯钉直径2~4 mm,并在二钯钉孔之间打一对与钯钉孔直径相一致的钯钉槽。

④安装钯钉。用压缩空气吹除孔内混凝土碎屑,将孔内填灌快凝砂浆,把除过锈的钯钉(宜采用Φ16螺纹钢筋)弯成长为7 cm的弯钩,插入钯钉孔内。

⑤凿毛缝壁。将切割的缝内壁凿毛,并清除松动的混凝土碎块及表面松动裸石。

⑥刷粘结砂浆。在修补混凝土毛面上刷一层粘结砂浆。

⑦浇筑混凝土。应浇筑快凝混凝土,并及时振捣密实、磨光和喷洒养护剂,其喷洒面应延伸到相邻老混凝土面板20 cm以上。

⑧修补块面板两侧,应加深缩缝,并灌注填缝料,如图2-45(b)所示。

4)全深度补块。全深度补块适用于宽度大于15 mm的严重裂缝。全深度补块分集料嵌锁法、刨挖法、设置传力杆法。

①集料嵌锁法(图2-46)。集料嵌锁法适用于无筋混凝土路面交错的接缝,且接缝的间隔小于300~400 cm。其修补工艺如下:

a.画线、切割。在修补的混凝土路面上沿面板平行于横向纵缝画线,并沿画线处用切割机进行全深度切割,在全深度补块的外侧锯4 cm宽、5 cm深的缝。

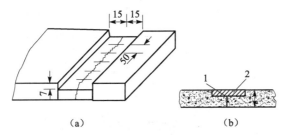

图2-45 条带罩面补缝(尺寸单位:cm)

(a)切缝;(b)灌注填缝料

1—钯钉;2—新浇混凝土

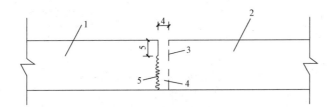

图2-46 集料嵌锁法(尺寸单位:cm)

1—保留板;2—全深度补块;3—全深度锯缝;4—凿除混凝土;5—缩缝交错接面

b. 破碎、凿毛。用风镐破碎并清除旧混凝土，将全深锯口和半锯口之间的 4 cm 宽的混凝土垂直面凿成毛面。

c. 基层处理。基层强度如果符合规范要求，应整平基层，若低于规范要求应予以补强，并严格整平；若基层全部损坏或松软，应按原设计基层材料重新做基层。

d. 混凝土配合比。新的混凝土配合比应与原混凝土材料一致。若采用 JK 系列混凝土快速修补材料，水胶比以 0.30～0.40 为宜，坍落度宜控制在 2 cm 内。混凝土 24 h 的弯拉强度应不低于 3.0 MPa。

e. 混凝土拌和、摊铺。严格按配合比用搅拌机将混凝土搅拌均匀，将拌好的混合料摊铺在补块区内，并振捣密实。浇筑的混凝土面层应与相邻路面的横断面高程一致，其表面纹理应与原路面相同。

f. 养护。补块的养护宜采用养护剂养护，其用量应根据养护剂的材料性能确定。

g. 接缝处理。做接缝时，将板中间的各缩缝锯切到 1/4 板厚处，并将接缝材料填入缩缝内。

h. 浇筑的混凝土达到通车强度后，即可开放交通。

② 刨挖法也称倒 T 形法。刨挖法适用于接缝间传荷很差的部位，如图 2-47 所示。

a. 施工要求同集料嵌锁法；

b. 在相邻板块横边的下方暗挖 15 cm×15 cm 的一块面积用于荷载传递。

③ 设置传力杆法。设置传力杆法适用于寒冷气候和承受重型交通荷载的混凝土路面。

a. 设置传力杆方法如图 2-48 所示。施工要求同集料嵌锁法。

b. 处理基层后，应修复、安设传力杆和拉杆。

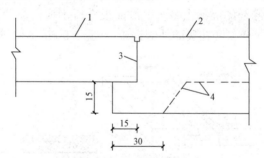

图 2-47 刨挖法(尺寸单位：cm)

1—保留板；2—补块；3—全深度锯缝；4—垫层开挖线

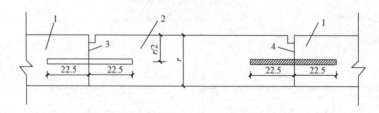

图 2-48 设置传力杆法(尺寸单位：cm)

1—保留板；2—全深度补块；3—缩缝；4—施工缝

c. 原混凝土面板没有传力杆或拉杆折断时，应用与原规格相同的钢筋焊接或重新安设。安装时应在板厚 1/2 处钻出比传力杆直径大 2～4 mm 的孔，孔的中心距为 30 cm，其误差不应超过 3 mm。

　　d. 横向施工缝传力杆是直径为 φ25 的光圆钢筋，长度为 45 cm，嵌入相邻保留板内深 22.5 cm。

　　e. 拉杆孔的直径宜比拉杆直径大 2～4 mm，并应沿相邻板块之间的纵向接缝板厚 1/2 处钻孔，中心距为 80 cm。拉杆采用 φ16 螺纹钢筋，长为 80 cm，40 cm 嵌入相邻车道的混凝土面板内。

　　f. 传力杆和拉杆宜用环氧砂浆牢牢地固定在规定位置，摊铺混凝土前，光圆传力杆的伸出端应涂少许润滑油。

　　g. 新补板块与沥青混凝土路肩相接时，应和现有路肩齐平。

　　h. 传力杆若安装倾斜或松动失效，应予以更换。

(2) 板边修补。

1) 当水泥混凝土板边轻度剥落时，应将剥落的表面清理干净，可用灌缝材料填充密实，修补平整。

2) 当水泥混凝土板边严重剥落时，其修补方法参照条带罩面法。

3) 当水泥混凝土板边全深度破碎时，可按全深度补块的方法进行修复。

(3) 板角修补，如图 2-49 所示。

1) 板角断裂应按破裂面的大小确定切割范围并放样。

2) 切缝后，用风镐凿除破损部分时，应凿成规则的垂直面。对原有钢筋不应切断，如果钢筋难以全部保留，至少也要保留长 20～30 cm 长的钢筋头，且应长短交错。

3) 检查原有的滑动传力杆，如果有缺陷应予以更换，并在新旧混凝土之间加设传力杆，传力杆间距控制在 30 cm。

4) 基层不良时，应用 C15 混凝土浇筑基层，并在面板板厚中央用冲击钻打深度为 20 cm、直径为 3 cm、水平间距为 30～40 cm 的水平孔。浇筑时，应先将每个孔的周围湿润，然后用快凝砂浆填塞密实，再插一根直径为 2 cm 的钢筋，待砂浆硬化后，浇筑快凝混凝土。

5) 与原有路面板的接缝如为缩缝，则应涂上沥青，防止新旧混凝土粘结在一起；如为胀缝，则应设置接缝板。

6) 浇筑的混凝土硬化后，用切割机切出宽度为 3 cm、深度为 4 cm 的接缝槽，并用压缩空气清缝，灌入填缝材料。

7) 待混凝土达到强度后，方可开放交通。

二、竖向位移类修补

水泥混凝土面板竖向位移，可分为沉陷、胀起两种病害，如图 2-50 所示。

1. 沉陷

(1) 路面沉陷的主要原因如下：

1) 路基基层稳定性不够，强度不均匀，造成混凝土板块不均匀下沉。

2) 排水设施不完善，地面水渗入基层，导致基层强度减弱、唧泥、面板严重破碎，造成面板沉陷。

(2) 在路面边缘设置排水设施。设置排水设施的基本要求如下：

1) 应经常保持路面和路肩的设计横坡，以便使地表水迅速从路面上排出。

2) 应将土路肩改造为硬路肩。硬路肩宜采用水泥混凝土或沥青混凝土。

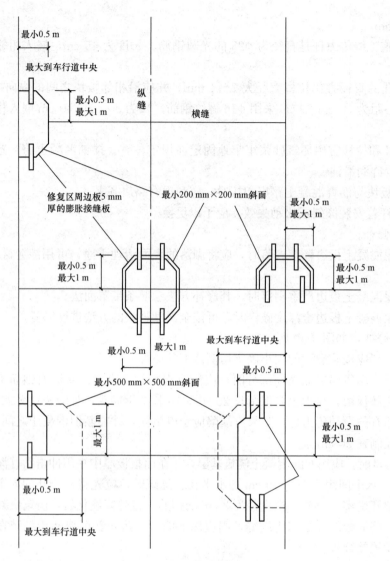

图 2-49 板边与板角修补

3)路面裂缝、接缝以及路面与路肩接缝应经常保持密封状态。

4)设置纵向积水管和横向出水管。

①在水泥混凝土路面的外侧边缘挖一条纵向沟,宽度为 15~25 cm,沟深挖至集料基层之下 15 cm,横沟与纵沟的交角应为 45 ℃~90 ℃,横沟之间的距离约为 30 cm,如图 2-51 所示。

②积水管一般采用 $\phi 7.5$ 多孔塑料管,出水管为无孔塑料管。设置纵向积水管和横向出水管,并按设计的距离将积水管和出水管连接起来。在纵向多孔管上应包一层渗透性较强的土工织物,使其与积水管之间无空隙。

③将积水管和出水管放入沟槽时,纵、横沟槽底部应避免凸凹不平,横向出水管的坡度应大于或等于纵向排水坡度,出水管的管端应延伸到排水沟内,并设置端墙。

④沥青混合料或水泥混凝土均可作封盖排水沟的材料,但应采用与路肩相同的材料。如果使用水泥混凝土时,应用塑料布将混凝土排水沟底与回填材料隔开;使用沥青混凝土时,沟的宽度应不小于压实设备的宽度。

图 2-50 混凝土路面板竖向位移

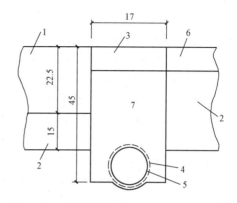

图 2-51 边部排水管布置(尺寸单位：cm)

1—水泥混凝土；2—集料基层；3—沥青混凝土；4—渗滤织物；
5—多孔管；6—沥青混凝土路肩；7—细渗滤集料

5)盲沟设置的基本要求。设置盲沟排除路面积水适用于全幅路面为水泥混凝土和沥青路面两种路面结构。

①在沿水泥混凝土路面外侧挖纵向沟时，沟底应低于面板以下 10 cm，在水泥混凝土路面接缝处挖横向沟，如图 2-52 所示。

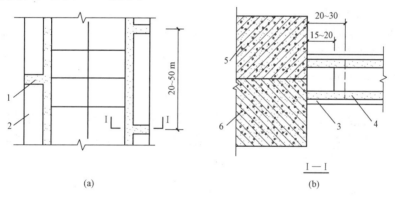

图 2-52 盲沟设置(尺寸单位：cm)

(a)盲沟布置图；(b)盲沟构造图

1—盲沟；2—路肩；3—油毡隔离层；4—石屑及中粗砂；5—面层；6—基层

②沟槽底面及外侧铺油毡隔离层，沿水泥路面交界处及盲沟顶部铺设土工布过滤层。

③盲沟内宜填筑碎(砾)石过滤材料。

④盲沟上应用相同材料填筑路面(路肩)，且保持平整密实。

(3)路面沉陷处理。

1)板块灌沙顶升法。

①面板在顶升前，应用水准仪测量下沉板的下沉量，测站与下沉处距离应大于 50 m，并绘出纵断面，求出升起值。

②每块板上钻出两行与纵轴平行的直径为 3 cm 的透孔，孔的距离约为 1.7 m(板宽为 3.5 m 时，一孔所占面积为 3~3.5 m²)。当板需要从一侧升起时，只需在升起部分钻孔。

③在升起前，所有孔用木塞堵好，一孔一孔地灌砂浆，充气管与板接头处用麻絮密封，

用排气量为 6～10 m³/min 的空气压缩机向孔中灌砂浆，直至砂浆冒出缝外时为止。

④板升起后，继续往另一个孔中灌砂，直至下沉板全部顶升就位。

2)整板翻修。当水泥混凝土整板沉陷并产生破碎时，应进行整板翻修。

①宜用液压镐将旧板凿除，尽可能保留原有拉杆，并清运混凝土碎块。

②将基层损坏部分清除，并整平压实。

a. 对基层损坏部分，宜采用 C15 混凝土补强，其补强混凝土顶面高程应与旧路面基层面高程相同。

b. 宜在混凝土路面板接缝处的基层上涂刷一道宽 20 cm 的薄层沥青。

③当整块翻修的面板在路面排水不良地带时，在路面板边缘及路肩应设置路基纵、横向排水系统。

a. 单一边板块翻修时，应在路面板接缝处设置横向盲沟。

b. 路面有纵坡时，应设置纵向盲沟，并应在纵坡底部设置横向盲沟。

④板块修复。混凝土配合比及所选用的材料，应根据路面通车时间的要求选用快速修补材料。

a. 混凝土拌合机宜设置在施工现场附近。

b. 将拌和好的混合料用翻斗车运送到施工现场，进行人工摊铺，宜采用插入式振捣器振捣边角混凝土，并用振动梁刮平提浆，人工抹平，按原路面纹理对混凝土表面进行处理。

c. 宜采用养护剂进行养护。

d. 相邻板边的接缝宜用切缝机切至 1/4 板块深度。

e. 清除缝内杂物，灌入接缝材料。

f. 待混凝土达到通车强度后，开放交通。

2. 胀起

胀起主要是因为路基问题引起路面出现变形，在处理过程中，应加强排水，保证路基处于干燥或者中湿状态。路基处理后，再针对路面板出现的问题采取对应的处理措施（同沉陷）。

三、接缝类处治

水泥混凝土路面板接缝处的损坏，按损坏的形态和影响范围可分为接缝损坏、板底脱空、错台、拱起、唧泥等病害。

1. 接缝损坏（图 2-53）

(1)路面板接缝损坏产生的主要原因

1)灌缝材料的老化、脱落、软化和溢出。

2)垫料的老化、变形、脱落。

3)接缝结构、机能不完善。

4)接缝内嵌入硬物会造成接缝处剥落或胀裂。

5)接缝材料和接缝板质量欠佳。

(2)路面板接缝维修的内容和方法。

1)接缝填缝料损坏修补。

①清缝。用清缝机清除接缝内杂物，并将接缝内灰尘吹净。

②在胀缝修理时，应先用建筑热沥青涂刷缝壁，再将接缝板压入缝内。对接缝板接头

图 2-53 水泥混凝土路面接缝损坏

及接缝板与传力杆之间的间隙，必须用填缝料填实抹平。上部用嵌缝条的应及时嵌入嵌缝条。

③用加热式填缝料修补时，必须将填缝料加热至灌入温度，滤去杂物，倒入嵌缝机内即可填缝。在填缝的同时宜用铁钩来回拌动，以保证填缝料与缝壁粘结良好和填缝饱满。在气温较低的季节施工时，应先用喷灯将接缝预热。加热式填缝料的技术要求见表 2-32。

表 2-32 加热式填缝料的技术要求

试验项目	低弹性型	高弹性型
针入度/0.1 mm	＜50	＜90
弹性(复原率)/%	＞30	＞60
流动度/mm	＜5	＜2
拉伸量/mm	＞5	＞15

④用常温式填缝料修补时，除无须加热外，其施工方法与加热式填缝料相同。常温式填缝料的技术要求见表 2-33。

表 2-33 常温式填缝料的技术要求

试验项目	技术要求	试验项目	技术要求
灌入稠度/s	＜20	流动度/mm	0
失黏时间/h	6～24	拉伸量/mm	＞15
弹性(复原率)/%	＞75	—	—

⑤填缝料的技术要求与施工质量验收标准，应符合《公路水泥混凝土路面养护技术规范》(JTJ 073.1—2001)和《公路水泥混凝土路面施工技术细则》(JTG/T F30—2014)的规定。

2)纵向接缝张开维修。纵向接缝张开主要是由于在纵缝内未按规定要求设置拉杆，相邻车道板在温度和路拱坡度的影响下产生横向位移。

①当相邻车道面板的横向位移、纵向接缝的张开宽度在 10 mm 以下时，宜采用聚氯乙烯胶泥、焦油类填缝料和橡胶沥青等加热施工式填缝料。

②当相邻车道面板的横向位移、纵向接缝的张口宽度为 10～15 mm 时，宜采用聚氨酯类常温施工式填缝料进行维修。

a. 维修前应清除缝内杂物和灰尘。

b. 应按材料配合比配制填缝料。

c. 宜采用挤压枪注入填缝料。

d. 填缝料固化后，方可开放交通。

③当纵向接缝的张口宽度为 15～30 mm 时，采用沥青砂填缝。

④当纵缝宽度达 30 mm 以上时，可在纵缝两侧横向锯槽并凿开，槽的间距为 60 cm，宽度为 5 cm，深度为 7 cm。沿纵缝两侧 10 cm，钻直径为 14 mm 的耙钉孔。设置 φ12 螺纹钢筋耙钉，耙钉在老混凝土路面内的弯钩长度为 7 cm，纵缝内部的凿开部位用同强度等级水泥混凝土填补，纵缝一侧涂刷沥青。

3) 接缝出现碎裂时的修补。接缝施工不当或缝内进入不可压缩材料时，在邻近接缝或裂缝约 60 cm 的宽度范围内出现并未扩展到整个板厚的裂缝，或混凝土分裂成碎块。

①在破碎部位边缘，用切割机切割成规则图形，其周围切割面应垂直板面，底面宜为平面。

②清除混凝土碎块，吹净灰尘杂物，并保持干燥状态。

③用高模量补强材料进行填充维修，其材料技术性能应符合《公路水泥混凝土路面养护技术规范》(JTJ 073.1—2001)的规定。

④修补混凝土达到通车强度后，方可开放交通。

2. 板底脱空

(1) 板块脱空判定。板下封堵的首要问题是确定水泥混凝土面板是否脱空，其位置在哪里，范围有多大。目前，我国采用弯沉测定法来确定水泥混凝土面板的脱空位置。

1) 弯沉仪测定法。

①加载车。采用相当于黄河 JN150 重型标准汽车，后轴重 10 t。

②仪表。长杆贝克曼梁，百分表(至少 3 套)。

③测点。路面每幅每条横向接缝或裂缝测 4 个点位，测点在接缝、裂缝两侧的 4 个角点上。

④车轮位置。角点处，车轮着地矩形的边缘离中缝及横向接(裂)缝的距离不大于 10 cm。

⑤变位感应支点位置。贝壳曼梁的变位感应支点应尽量接近角部或边缝，不一定要紧靠近车轮，不必将感应支点落在两轮胎之间的间隙处。

⑥相隔两道缝。贝克曼梁的中间支点及百分表支座支点应与变位感应点相隔两道接(裂)缝，至少相隔一道缝，不能落在同一完整板块上，如图 2-54 所示。

⑦读数。汽车应以 5 km/h 的速度驶离测点至少 5 m 以上，并且相隔至少一道缝，当百分表读数稳定时才能读数。回弹弯沉值计算：$L_T=$

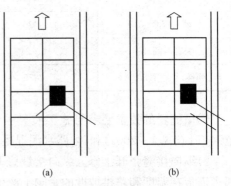

图 2-54 弯沉测点布置
(a)单点弯沉量测；(b)相邻板块弯沉差量测

$(L_1-L_2)\times2(0.01\ mm)$,其中,$L_1$、$L_2$为百分表读数。

⑧凡弯沉值超过 0.2 mm 的,应确定为板底脱空。

2)承载板测定法。承载板测定法在国内外运用较少。其是将弯沉测定装置的承载板放置在板角,在加载和未加载各边的接缝或裂缝附近放传感器测量荷载传递、读数、记录、计算,确定面板脱空的位置。

(2)水泥混凝土路面板下封堵的灌浆设备和材料。

1)灌浆设备的选择。水泥混凝土路面板下封堵的灌浆设备主要由压浆泵、灰浆搅拌机、胀卡头、水箱和 30 kW 发电机组等组成。

2)灌浆材料。水泥混凝土路面板下封堵的灌浆材料一般由水泥、粉煤灰、砂、外掺剂和水组成。灌浆材料质量的优劣直接影响灌浆的效果。因此,不管用何种灌浆材料,都应通过试验来选择。

(3)水泥混凝土路面板下脱空处治。对水泥混凝土路面板下脱空处治,在确定脱空板的位置、范围的基础上,选择好灌浆机具和灌浆材料及其配制以后,方可按照板下脱空处治工艺进行处治。

1)灌浆前的准备工作。

①检查压浆泵、发电机组各连接部件是否紧固,供电线路、电器是否正常,润滑部位液面是否足够。

②彻底排清砂浆搅拌机的积水及残留物。

③检查机组水箱、钻孔机水箱是否加满了水。

④检查压浆管路及胀卡头是否完整有效。

⑤根据各块板的弯沉值和损坏的具体情况,确定需灌浆加固的水泥混凝土板及范围,如图 2-55 所示。

⑥在混凝土板上确定孔位,并做好标记。

2)钻孔作业。

①将钻孔机放置在确定的钻孔位置上,打开钻机开关,当观察钻头转向无误,并有水流出时,方能开始钻孔。

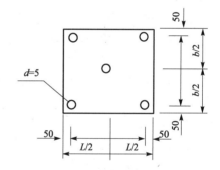

图 2-55 灌浆孔布置(尺寸单位:cm)

b—板宽;d—灌浆孔直径;L—板长

②孔的直径应略大于灌浆的喷嘴直径,孔的深度应穿过混凝土板,钻入稳定的基层 1~3 cm。

③用海绵块将钻孔中的积水吸出,并采用空压机吹气的方法排除板下杂质污物,形成空腔,以利浆体的分布和粘结。

④将胀卡头牢固地安装在钻孔上。

3)浆体制备。

①根据所需灌注浆的体积、浆体配合比及施工速度,称取各种材料。

②开动砂浆搅拌机,在水中加入减水剂和早强剂,并将水泥、粉煤灰、砂、膨胀剂倒入灌浆机的搅拌筒中,先干拌均匀,再加入已溶有减水剂、早强剂的水,并不断搅拌 5~10 min,形成均匀浆体。

③配制好的浆体应在 30 min 内用完,并且在施工过程中应不断搅拌,中途不得停机。

4)灌浆作业。

①灌浆时应先灌注面板边缘的孔,再灌注面板中间的孔。

②将灌浆机的喷嘴插入孔中并封紧,以防浆体由孔中流出。

③启动灌浆机,将压力泵的压力均匀增加到1.0～1.5 MPa(因机械不同,需要的压力各异)时,进行灌浆。

④待浆体由其他孔中或板块四周挤出时,表明板下空隙已被灌满,应减小压力,并将喷嘴提起,立即用木塞塞孔,防止浆体流出,至浆体初凝时再拔出木塞,用高强度等级砂浆封孔、抹平。

⑤关闭压力泵,将灌浆机移到下一个孔继续灌浆,待一块板灌浆完毕后,再移至其他板块灌浆。

⑥灌浆区板下的浆体经2～3 d的硬化,达到通车强度后,即可开放交通。

3. 错台(图2-56)

图2-56 错台

(1)路面错台产生的主要原因。

1)路基基层碾压不密实,强度不足。

2)局部地基不均匀下沉或采空区地基大面积沉陷。

3)水浸入基层,行车荷载使路面板产生泵吸现象。

4)传力杆、拉杆功能不完善或失效。

(2)路面错台处治的方法。

1)路面轻微错台处治方法。路面轻微错台,其高差小于5 mm时,可不作处理。

2)高差5～10 mm的错台处治方法如下:

①人工凿平法。

a. 画定错台处治范围。

b. 用钢尺测定错台高度。

c. 用平头钢凿由浅到深从一边凿向另一边,凿后的面板应达到基本平整。

d. 清除接缝杂物,吹净灰尘,及时灌入填缝料。

②机械处治磨平法。

a. 用磨平机从错台最高点开始向四周扩展,边磨边用3 m直尺找平,直至相邻两块板齐平为止,如图2-57所示。

b. 磨平后,应将接缝内杂物清除干净,并吹净灰尘,及时将嵌缝料填入。

③人工配合机械处治法。先用人工将高出的错台板基本凿平,然后用磨平机再磨平,并清缝灌入填缝料。

(3)路面严重错台处治方法。高差大于10 mm的严重错台,可采取沥青砂或水泥混凝土进行处治。

1)沥青砂填补法。此法不宜在冬季进行。其工艺程序如下:

①在沥青沙填补前应清除路面杂物和灰尘,并喷洒一层热沥青或乳化沥青,沥青用量为$0.40～0.60 kg/m^2$。

②摊铺沥青砂,修补面纵坡控制在$i \leqslant 1\%$。

③沥青砂填补后,应用轮胎压路机碾压。

④ 待沥青砂修补层冷却成型后开放交通。

2)水泥混凝土修补法。

①用风镐将错台下沉板凿除2~3 cm,修补长度按错台高度除以坡度(1%)计算,如图2-58所示。

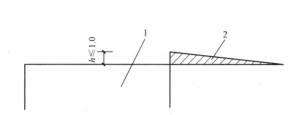

图2-57 错台磨平法(尺寸单位:cm)

1—下沉板;2—磨平部分

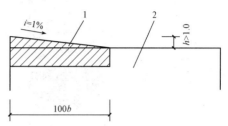

图2-58 错台填补法(尺寸单位:cm)

1—凿除修补;2—下沉板

②用压缩空气清除毛面混凝土的杂物。

③浇筑细石混凝土,材料配合比参照表2-34。

表2-34 细石混凝土配合比

水泥	快速修补剂	水	沙	碎石
437	70	131	524	1 149
1	0.50	0.30	1.20	2.63

④喷洒养护剂,养护混凝土。

⑤混凝土达到通车强度后,即可开放交通。

4. 拱起

由于横向接缝或裂缝处板块膨胀受阻而出现突发性的向上隆起,有时伴随邻板块的横向断裂,这种现象称为拱起,如图2-59所示。

(1)路面拱起的主要原因。

1)非高温季节施工时,胀缝设置间距过长或失效。

2)接缝内嵌入硬物,如碎石、铁器等。

3)夏季连续高温,使板体热胀。

(2)路面拱起的处理方法。

1)对轻微拱起的处理。

①用切缝机或其他机具将拱起板间横缝中的硬物切碎。

②用压缩空气将缝中石屑等杂物和灰尘吹净,使板块恢复原位。

2)对严重拱起的处理。

①板端拱起但路面完好时,应根据拱起的高低程度计算多余板的长度,将拱起板块两侧附近1~2条横缝切宽,待应力充分释放后切除拱起端,逐渐使板块恢复原位。

②将横缝和其他接缝内的杂物、灰尘用空气压缩机清除干净,并灌入接缝材料,如图2-60所示。

图 2-59 拱起

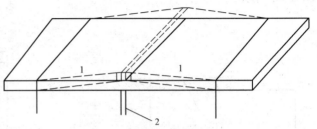

图 2-60 板块拱起修复
1—拱起板；2—切除部分

3) 其他拱起情况的处理。

① 拱起板端发生断裂或破损时，按混凝土板断裂进行维修。

② 胀缝间因传力杆部分或全部在施工时设置不当，使板受热时不能自由伸长而发生拱起，应重新设置胀缝，按胀缝施工的方法进行。

5. 唧泥

(1) 唧泥的主要原因。由于填缝料失效、基层材料不耐冲刷、接缝传荷能力差和荷载作用产生的，如图 2-61 所示。

(2) 路面拱起的处理方法。

1) 水泥混凝土路面唧泥病害，应采用压浆处理，同板底脱空。

2) 水泥混凝土面板进行压浆处理后，应及时灌缝。

(3) 设置排水设施基本要求。

1) 路面和路肩应保持设计横坡，宜铺设硬路肩。

图 2-61 唧泥

2) 路面裂缝、接缝以及路面与硬路肩接缝应进行密封。

3) 设置纵向积水管和横向出水管。

四、表层类处理

水泥混凝土路面的表层损坏，可分为表面起皮(剥落、露骨)、坑洞等病害。

1. 表面起皮(剥落、露骨)

由于行车荷载的重复作用，水泥砂浆被逐渐磨损，沿轮迹带出现微凹的表面。长期磨损使表面砂浆几乎全部磨去，粗集料外露，并且部分粗集料被磨光，如图 2-62 所示。

对表面起皮(剥落、露骨)的处治，应根据公路等级和表面破损程度，采用不同的材料和施工方法进行，对局部板块的表面起皮应进行罩面。

(1) 一般公路水泥混凝土板面起皮(剥落、露骨)宜采用稀浆封层加以处理。

(2)高速公路水泥混凝土板面起皮(剥落、露骨)宜采用改性稀浆封层或沥青混凝土加以处治。

(3)对于较大面积的水泥混凝土板面起皮(剥落、露骨)宜采取稀浆封层及沥青混凝土罩面措施。

2. 坑洞

由于膨胀或冻胀，粗集料从混凝土中脱落而形成坑洞，其直径为3～10 cm。坑洞修补应根据不同情况采取相应措施进行，如图2-63所示。

图2-62 表面起皮(剥落、露骨)

图2-63 混凝土路面坑洞

(1)对路面个别坑洞的修补。

1)用手工或机械将坑洞凿成矩形的直壁槽。

2)用压缩空气把槽内的混凝土碎块及尘土吹净。

3)用海绵块沾水后湿润坑洞，不得使坑洞内积水。

4)用高强度等级水泥砂浆等材料填补，并达到平整、密实。

(2)对路面较多坑洞的修补。对较多坑洞且连成一片、面积在20 m²以内的路面，应采用罩面方法进行修补。

1)画出与路中心线平行或垂直的修补区域图形。

2)用切割机沿修补图形边线切割5～7 cm深的槽，用风镐清除槽内的混凝土，使槽底平面达到基本平整，并将切割的光面凿毛。

3)用压缩空气吹净槽内混凝土碎屑和灰尘。

4)按混凝土配合比设计配制修补混凝土。

5)将拌和好的混凝土填入槽内，人工摊铺、振捣密实，并保持与原路面齐平。

6)喷洒养护剂养护。

7)待混凝土达到通车强度后，开放交通。

(3)对大面积坑洞的修补。对面积大于20 m²，深度在4 cm左右、成片的坑洞，可用浅层结合式表面修复或沥青混凝土罩面进行修补。

1)浅层结合式表面修复。

①将连成片的坑洞周围标画出与路中心线平行或垂直的区域，并用风镐凿除2～3 cm的深度。

②将修复区内凿掉的混凝土碎块运出，并清除其碎屑和灰尘。

③在修复区表面用水喷洒湿润，并适时涂刷胶粘剂。

④将拌和好的混凝土摊铺于修复区内，并振捣、整平。

⑤用压纹器压纹,压纹深度宜控制在 3 mm 左右。
⑥养护,使修复板块经常处于潮湿状态。
⑦待混凝土达到通车强度后,开放交通。

2)沥青混凝土罩面。
①画出与路中心线平行或垂直的处治区,并用切割机在其周围切割 2~3 cm 的深度。
②用风镐凿除处治区内的混凝土,并清除混凝土块、碎屑和灰尘。
③在切割的槽壁面和凿除的槽底面喷洒粘层沥青,其用量为 $0.4 \sim 0.6$ kg/m²。
④铺筑沥青混凝土,并碾压密实。
⑤待沥青混凝土冷却后,开放交通。

学习情境三 水泥混凝土路面常见改善方法

一、水泥混凝土加铺层

(一)旧水泥混凝土路面技术调查

在对旧水泥混凝土路面进行加铺前,应对原有水泥混凝土路面做下列技术调查:
(1)年平均交通量、交通组成及增长率。
(2)公路修建与养护的技术资料。
(3)原有路面结构、宽度、厚度及路拱情况。
(4)原有路面状况的评定。
(5)路基的填土高度、地下水水位、多年平均最大冻深、排水与积水状况等。
(6)旧混凝土弯拉强度与弯拉弹性模量、旧混凝土路面面板的厚度、基层顶面的当量回弹模量的调查。

(二)水泥混凝土路面加铺层结构形式选择

1. 加铺层结构形式

在旧水泥混凝土路面上,加铺的水泥混凝土路面面层有结合式、直接式和分离式三种。
(1)结合式加铺层。对原路面进行凿毛,并清洗干净,涂以胶粘剂,随即浇筑加厚层。加厚层与旧路面相粘结为一个整体,共同发挥结构的整体强度作用。可用等刚度法按结合式进行应力计算与厚度设计。结合式加铺层厚度不小于 10 cm。
(2)直接式加铺层。直接式加铺层是在清洗干净的原路面上,不涂胶粘剂,也不凿毛,直接浇筑水泥混凝土。由于新、旧路面之间的摩擦阻力作用,因而且有一定的结构整体性。层间结合能力介于结合式与分离式之间。直接式加铺层厚度不小于 14 cm。
(3)分离式加铺层。在旧路与加铺层之间设置一隔离层,各层混凝土独立地发挥其强度作用。但隔离层为油毡时,其隔离层厚度很小,应起的垂直变形可以忽略不计,直接进行加厚层的应力分析与厚度设计。分离式加铺层厚度不小于 18 cm。

2. 加铺层结构形式选择

水泥混凝土加铺层的结构形式应根据旧混凝土路面状况的分级情况、接缝布置及路拱条件,可选择结合式、直接式和分离式加铺层。
(1)结合式加铺层适用情况。当旧路面状况分级为"优",且路面的结构性损坏已经修复、路拱坡度基本符合要求、板平面尺寸及接缝布置合格时，可采用结合式加铺层。加铺层铺筑前应对旧混凝土表面凿毛，仔细清洗，清除旧混凝土表面的油污、剥落板块及接缝中的杂物，重新封缝，并在洁净的旧混土路面上涂刷水泥浆、水泥砂浆或环氧树脂等。

(2)直接式加铺层适用情况。当旧路面的状况分级为"良""中"，且路面的结构性损坏已经修复，路拱坡度基本符合要求，板的平面尺寸和接缝布置合理时，宜采用直接式加铺层。加铺层铺筑前应对旧混凝土表仔细清洗，清除旧混凝土表面的油污、剥落碎块及接缝中的杂物，并重新封缝。

(3)分离式加铺层适用情况。当旧路面的状况分组为"次""差"，或新、旧混凝土板的平面尺寸不同、接缝位置不完全一致，或新、旧路面的路拱坡度不一致时，均应采用分离式加铺层。加铺层铺筑前应对旧路中严重破碎、脱空、裂缝继续发展的板击碎并清除，用混凝土补平。隔离层材料采用油毡、沥青砂、细粒式沥青混凝土等稳定性较好的材料。

(三)旧水泥混凝土路面处理

1. 绘制病害平面图

对旧水泥混凝土路面板块进行调查，按 1 km 绘制板块平面布置图，分板块逐一编号，调查路面板块损坏状况，绘制水泥混凝土路面病害平面图。

2. 按设计要求对病害板块逐一进行处理

(1)对脱空板块可采用板下封堵的方法进行压浆处理。

(2)对破碎板块、角隅断裂、沉陷、掉边、缺角等病害，用液压镐或风镐挖除，清除混凝土碎屑，整平基层，将基层夯压密实，然后铺筑与旧混凝土板块等强度的水泥混凝土，其高程控制与旧混凝土板面齐平。

(四)设置隔离层

在旧混凝土顶面宜铺筑一层隔离层，铺筑前应做好下列工作。

(1)铺筑前应先清除旧面板表面杂物，冲刷尘污，使板面洁净无异物。

(2)用清缝机清除水泥混凝土面板接缝杂物，用灌缝机灌入接缝材料。

1. 喷洒粘层沥青

(1)为做到便于施工，又不影响交通，在可封闭交通进行施工的路段，施工路段长度控制在 2 000 m；在半幅通车、半幅施工路段，长度控制在 300 m。

(2)清除旧混凝土路面板表面杂物，冲刷、清洗油污，使板面洁净无杂物。

(3)粘层沥青采用热沥青或乳化沥青。使用乳化沥青时，宜采用快裂洒布型乳化沥青 PC—3、PA—3，乳液中沥青含量不少于 50%，乳化沥青用量为 0.6 kg/m²。

(4)应随隔离层摊铺速度相应先行洒布涂刷粘层沥青，沥青应均匀洒布或涂刷在干燥洁净的旧混凝土面板上，沥青以不流淌为宜，对沥青洒布过量处，应予以刮除。

(5)严禁在已洒布或涂粘层沥青的面板上通行车辆和行人，并防止土石等杂物散落在粘层沥青层上。

(6)粘层沥青洒布或涂刷后应紧接着进行隔离层施工，采用乳化沥青时应在破乳后，才能摊铺隔离层。

2. 沥青混凝土隔离层

(1)沥青混凝土隔离层厚度控制在 1.5~2.5 cm。其材料技术要求，集料的组成和施工工艺要求，应符合《公路沥青路面施工技术规范》(JTG F40—2004)的要求。

(2)沥青混凝土摊铺宽度应超过水泥混凝土加铺层边缘,不应出现空白区。

(3)采用轮胎压路机进行碾压。压路机自路边向路中心碾压,边压边找平,至沥青混凝土隔离层平整无轮迹为止。

3. 土工布隔离层

(1)在水泥混凝土路面上满铺土工布。边铺边用木棍推压平整。

(2)土工布纵横向搭接宽度为 20 cm,在土工布搭接部分涂刷热沥青。

(3)铺好的土工布隔离层,严禁非施工车辆和行人通行,要保持土工布隔离层洁净,铺筑混凝土时应避免施工车辆和人员对土工布隔离层的损坏。

(4)严禁施工车辆在土工布上制动、转弯、掉头。若发现土工布粘结不牢,要用剪刀剪开,并涂刷沥青,并重新粘贴土工布。

4. 沥青油毡隔离层

(1)采用不低于 350 号的石油沥青纸胎油毡,其技术要求应符合现行国家标准《石油沥青纸胎油毡》(GB 326—2007)的规定。

(2)油毡隔离层由一毡一油结合而成;板面裂缝较多又欠平整,宜采用二毡二油;若破裂或沉陷深度大于 10 mm 时,先采用沥青砂找平后再摊铺油毡隔离层。

(3)在水泥混凝土路面上满铺普通沥青油毡。油毡应纵向摊铺,每幅搭接宽度不小于 10 cm,每层油毡的搭接位置应错开,在沥青油毡搭接部分涂刷热沥青,摊铺时边铺边用滚筒碾平压实,务必使油毡紧贴。

(4)铺好的油毡隔离层,严禁车辆和行人通行,并保持洁净。铺筑加铺层时应避免施工机械和人员对油毡隔离层的破坏,发现损坏应及时修整。

(五)直接式结合面处理

1. 清洁面板

清扫旧混凝土面板表面杂物,冲刷尘土泥污,使面板洁净无异物。

2. 旧混凝土面板处理

采用直接式加铺层的路段,其板面应基本完好、平整。旧混凝土面板局部裂缝处加铺水泥混凝土,应采用钢筋网片补强。钢筋网片多覆盖于裂缝之上,超过裂缝位置不小于 50 cm。网片设置于加铺层底部,但距离板底面不小于 5 cm,如图 2-64 所示。

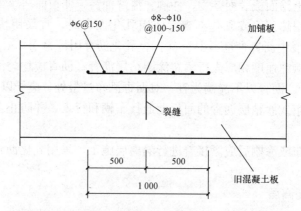

图 2-64 裂缝处钢筋补强布置图(尺寸单位:mm)

(六)结合式结合面处理

(1)清扫旧混凝土板面杂物。
(2)用风镐人工凿除旧混凝土板面,凿毛深度为5 cm。
(3)用压缩空气吹除旧混凝土碎屑,人工清除旧混凝土板裂隙碎块。
(4)用高压水冲洗混凝土板毛面。
(5)用压缩空气吹除混凝土毛面积水。
(6)按1 kg/m² 用量涂刷水泥混凝土界面胶粘剂。

(七)旧水泥混凝土板块维修质量检验评定

对修补后的水泥混凝土板块,应经检验评定合格后,方可进行加铺层施工。旧水泥混凝土板块维修质量检验评定标准见表2-35。

表2-35 旧水泥混凝土板块维修质量检验评定标准

项次	检查项目	规定值	检查方法	规定分
1	板块压浆强度/MPa	≥5	按《公路工程水泥及水泥混凝土试验规程》(JTG 3420—2020)的要求检查	15
2	弯沉值/0.01 mm	符合设计	采用5.4 m贝克曼梁测定板边弯沉	30
3	抗弯拉强度/MPa	符合设计	按《公路工程水泥及水泥混凝土试验规程》(JTG 3420—2020)的要求检查	30
4	板块厚度/mm	符合设计	采用钻孔取芯测量	15
5	路面宽度/mm	符合设计	采用钢尺测量	5
6	横坡度/%	符合设计	采用水准仪测量	5

(八)水泥混凝土加铺层施工

1. 分离式加铺层

水泥混凝土加铺层厚度应通过计算确定,但水泥混凝土加铺层的最小厚度不得小于18 cm。具体施工和新建水泥混凝土路面相同。

2. 直接式加铺层

(1)采用直接式加铺层,在摊铺混凝土拌合物前,应在支立好模板的旧混凝土面板上洒水湿润,以保证混凝土拌合物铺筑时的水胶比。
(2)直接式加铺层的混凝土拌合物的配合比、搅拌、运输、摊铺、振捣、接缝、表面修整、养护、锯缝及开放交通等工序的施工与分离式相同。
(3)直接式加铺层的新、旧混凝土面板必须对缝。

3. 结合式加铺层

(1)立模。在边模下预焊一个圆环,钢钎由圆环内打入路肩基层中,中模底部每隔1 m用射钉枪喷射钢钉,并在旧混凝土的接缝处打入钢钎加以固定。而后,在中、边模顶部每隔一定距离用活动卡梁辅助固定,活动卡梁可根据浇筑进度和实际需要随时推移装卸。
(2)混凝土的摊铺、振捣、整平和养护与分离式相同。但为了使新、旧混凝土路面间结合良好,振捣工序要认真仔细。平板振捣器每板位置振捣时间不少于30~40 s,振捣重叠 5~10 cm。拉杆采用 Φ14 螺纹钢筋，最大间距为 90 cm，长度为 60 cm。

二、沥青混凝土加铺层

近年来，国内对水泥混凝土路面加铺沥青混凝土施工技术进行了积极的探索，取得了许多成果，积累了很多宝贵的经验。归纳起来可分为以下四种典型结构，具体结构组合及厚度根据工程实际情况计算确定：

(1)水泥混凝土基层，贴改性沥青油毡，加沥青砂调平层，铺玻璃纤维隔栅，加沥青混凝土面层。

(2)水泥混凝土刚性底基层，加半刚性基层，加沥青下封层，铺玻璃纤维格栅，加沥青混凝土面层。

(3)水泥路面作为刚性底基层，加沥青碎石柔性基层，加沥青混凝土面层。

(4)水泥混凝土碎块底基层，加沥青贯入过渡层，加半刚性基层，加沥青混凝土面层。

三、水泥混凝土路面加宽

(一)加宽段面板基础的处理

加宽部位的路基填筑应符合设计要求，路基顶面应与原路基顶面齐平，施工质量应符合现行路基施工技术规范的规定。

(二)按设计要求确定路基路面加宽范围

(1)路基拓宽时，先将原边坡脚或边沟进行清淤，铲除边坡杂草、树根和浮土。

(2)将原边坡挖成台阶，台阶高度不大于 20 cm。采用与原路基结构相同的材料进行分层填筑、分层压实。

(三)双侧加宽

(1)如原路基较宽，路面加宽后，路肩宽度大于 75 cm 时，可直接将原路肩挖至路面基层并碾压密实，作 1 cm 下封层，设置拉杆，浇筑混凝土板。

(2)如路基较窄，不具备加宽路面条件的路段，应该先加宽路基。如果施工机械和操作方法能保证路基加宽部分达到设计规定的密实度，即可进行路面加宽。原则应待路基压实稳定后再加宽路面。

(3)测定路基弯沉，当路基弯沉达到设计要求后，可铺筑路面基层。

(4)结合路基拓宽，增加完善纵、横向排水系统。

(5)采用与原路面基层结构相同的材料铺筑路面基层。若路面基层厚度大于 20 cm，可采取相错搭接法进行，如图 2-65 所示。

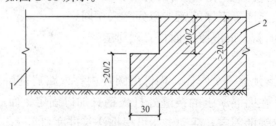

图 2-65 相错搭接法(尺寸单位：cm)
1—原有基层；2—新铺加宽基层

对于两侧相等加宽路面(图 2-66)，其施工方法如下：
(1)先用切割机距原基层边缘 30 cm，沿路线纵向切割 1/2 基层厚度。
(2)用风镐凿除 30 cm 范围内的 1/2 基层厚度。
(3)分层摊铺压实路面基层。新加宽的基层强度不得低于原有水泥路面的基层强度。

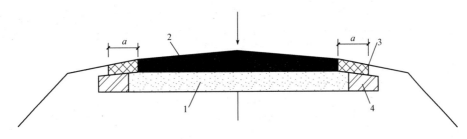

图 2-66　两侧相等加宽路面
1—原基层；2—原路面；3—加宽路面；4—加宽基层

对不能采取两侧相等加宽的路面，如加宽差数在 1 m 以下时，不必调整横坡。可按图 2-67 所示进行加宽设计；若两边加宽差超过 1 m 时，必须调整路拱横坡，可按图 2-68 所示进行加宽设计。

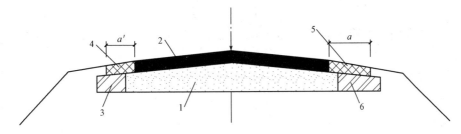

图 2-67　两侧不相等加宽路面
$(a-a') < 1$ m 时不调整路拱
1—原基层；2—原路面；3—加宽基层较窄；4—加宽面层较窄；
5—加宽面层较宽；6—加宽基层较宽

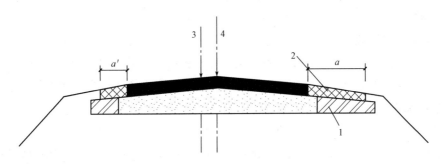

图 2-68　两侧不相等加宽路面
$(a-a') > 1$ m 时必须调整路拱
1—加宽基层；2—加宽面层；3—原路拱中点；4—新铺路拱中点

(四)单侧加宽

(1)受线形和地形限制时,可采取单侧加宽,如图 2-69 所示。

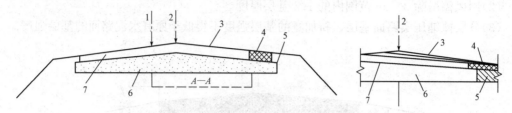

图 2-69 单侧加宽路面 A—A 大样图

1—旧路拱中心;2—调拱后中心;3—调拱三角垫层;
4—加宽面层;5—加宽基层;6—旧基层;7—旧面层

(2)在平曲线处,应按《公路工程技术标准》(JTG B01—2014)的规定设置超高和加宽段。原旧路未设的要结合路面加宽补设。

(五)加宽段混凝土面板

加宽段混凝土面板的强度、厚度、路拱、横缝均宜与原混凝土面板相同。板块长度比应为 1.2~1.3。路面板块加宽设计应按相关设计规范执行。

(六)路面板加宽应按下列方法增设拉杆

(1)在旧路面面板外侧,每间隔 60 cm,在 1/2 板厚处钻一深 30 cm、直径为 18 m 的水平孔。

(2)清除孔内混凝土碎屑。

(3)向孔内压入高强度砂浆。

(4)插入 $\Phi14$,长为 60 cm 的螺纹钢筋。

(5)按相关施工规范的规定进行水泥混凝土路面施工。

四、整块水泥混凝土路面板翻修

水泥混凝土路面由于施工、养护和自然因素等原因,使路面产生严重沉陷或严重破碎等病害,而且集中于一块板内,这时,正常养护手段无济于事,只能通过整块面板的翻修,才能恢复其使用功能。整块面板翻修的方法和工艺如下:

1. 清除混凝土碎块

首先,用风镐或液压镐凿除损坏的水泥混凝土面板块,尽可能保留原有拉杆、传力杆,若拉杆、传力杆有损坏,应该重新补设,并将破碎的混凝土块清运至合适地方。

2. 处治基层

视基层损坏程度采取以下不同处治方法:

(1)基层损坏厚度小于 8 cm,整平基层压实后,可直接浇筑与原路面强度相同的水泥混凝土,其施工应符合水泥混凝土加铺层施工规范的要求。

(2)基层损坏厚度大于 8 cm,且坑洼不平,应先整平、压实基层后,采用强度等级为 C15 的混凝土进行补强。其补强层顶面高程应与旧路面基层顶面高程相同。

(3)基层损坏极为严重,其厚度大于 20 cm 时,应分层处理基层,其材料应符合《公路路面基层施工技术细则》(JTG/T F20—2015)的有关规定。

(4)在基层上,按 0.5 kg/m² 沥青用量喷洒一层乳化沥青,作为防水层。

3. 排水处理

对翻修的混凝土板,处在路面排水不良地带,路面板的边缘及路肩应设置路基纵向、横向排水系统。

(1)单一边板翻修时应在路面板接缝处设置横向盲沟,其设置要求按设置盲沟的有关条款执行。

(2)连续数块混凝土板块翻修时,宜设纵、横向盲沟,并应在纵坡底部设置横向盲沟,其设置要求按设置盲沟的有关条款执行。

4. 水泥混凝土路面板块翻修工艺

混凝土施工时配合比及所用的材料,应根据路面通车时间的要求,选用快速修补材料。

(1)混凝土施工时配合比及所用材料,可参照前面有关混凝土施工时所用材料要求的有关条款执行。

(2)将混凝土拌和机设置在施工现场附近,可采用翻斗车运送混合料。

(3)混合料的摊铺由运输车直接卸在基层上,用铁锹摊铺均匀,严禁使用钉耙搂耙,以防离析;摊铺的材料厚度,应考虑振实的影响而预留一定的高度,松铺系数一般控制在 1.1 左右,或根据试验确定。

(4)混合料的振捣应先用插入式振捣器在板边、角隅处或全面顺序振捣一次,同一位置不少于 20 s,再用平板振捣器全面振捣,振捣时应重叠 10~20 cm,不小于 15~30 s,以不再冒泡并泛出水泥浆为止。在全面振捣后再用振动梁振实、整平,往返拖拉 2~3 遍,振动梁移动的速度应缓慢而均匀,其速度以 1.2~1.5 m/min 为宜。对不平处,应及时进行人工补平,最后用平直的滚杆进一步滚平表面,使表面进一步提浆。

(5)混凝土表面整修,应用木抹多次抹面至表面无泌水为止。发现面板低处应补充混凝土,并用直尺检查平整度。

(6)按原路面纹理修面,可用尼龙丝刷或拉槽器在混凝土表面横向拉槽。

(7)混凝土凝结硬化后,要在尽早时间内用切割机切缝,切割深度宜为板块 1/4 厚度,合适的切缝时间需依据经验并进行试切后决定。

(8)混凝土的养护。

1)混凝土板抹平之后,可在其表面喷洒养护剂进行养护,养护剂应在纵、横向各洒一次,洒布要均匀,其用量不得少于 350 g/m²。

2)可采取洒水养护,用草帘或麻袋覆盖在混凝土板表面,每天洒水 2~3 次,使混凝土经常保持潮湿状态。

(9)混凝土接缝填缝应在混凝土板养护期满后立即进行。

1)接缝填缝材料可分为接缝板及填缝料两种。填缝料又可分为加热施工式和常温施工式两种。接缝板和填缝料的技术要求,应符合接缝板和填缝料的有关条款的规定。

2)填缝前缝内必须清扫干净,灌注填缝料必须在缝槽干燥状态下进行,其灌注深度以 3~4 cm 为宜,下部可填入多孔柔性材料。

3)填缝料的灌注高度,夏天应与面板相平,冬天宜稍低于面板。

(10)混凝土强度达到设计要求,方可开放交通。

学习情境四　旧水泥混凝土路面再生利用

一、旧水泥混凝土路面回收

关于旧水泥混凝土路面的回收方法如下：

(1)对旧水泥混凝土路面及地下状况进行调查，并在平面图上标注地下构造物，如涵洞、地下管道(自来水管、煤气管、通信电缆、光缆)、排水设施(下水管)等的位置，并标注桥头搭板和沥青混凝土修补路段的位置。

(2)用铣刨机或人工清除旧水泥路面板块上的沥青混凝土。用推土机把路肩材料推光，使路边暴露出来。

(3)对地下构造物如涵洞、地下管道(线)、排水设施等，以及桥头搭板位置和破碎板与保留板连接处的第一块旧混凝土板，使用液压镐破障。

(4)旧混凝土板块破碎时从路中心线开始，用冲击锤交替向路肩进行破碎旧混凝土路面板块，落锤中心距为45 cm。经破碎机破碎后的碎块边长约为30 cm左右。

(5)破碎工作结束后，用装载机将水泥混凝土碎料堆积在旧路面的中线附近。

(6)将回收的水泥混凝土路面材料运送到轧石厂。在装车和运输过程中，这些回收旧料还会进一步破碎，应注意及时把暴露的钢筋抽出来。

(7)在轧石机之间的传送带和进料斗的上方，悬吊一块磁铁，以便把钢筋吸出来。

二、再生水泥混凝土路面

对旧水泥混凝土路面回收材料的技术要求和措施如下：

(1)旧混凝土板块强度达到石料二级标准，可作为再生混凝土集料使用。旧混凝土集料的最大粒径为40 mm，小于20 mm的粒料不再作为集料，其级配范围见表2-36。

表2-36　粗集料级配范围

筛孔尺寸/mm	40	20	10	5
累计筛余/%	0～5	30～65	70～90	95～100

(2)水泥混凝土路面碎块材料较轻、收水性强、磨损试验的损失较大，相对密度较小。采用回收集料的混凝土混合料的和易性比采用原生集料差，尤其是细集料有尖锐棱角。采用天然细集料，可解决和易性差和水分控制问题。

(3)粉煤灰可以作为一种提高和易性的掺加剂加入混合料中，也可用来等量替代一部分水泥。可采用减水剂减少需水量。

(4)作混凝土配合比设计时，粒径小于20 mm的集料宜采用新的碎石，宜掺加减水剂和二级干粉煤灰。细集料级配要求见表2-37。

表2-37　细集料级配要求

筛孔尺寸/mm	5	2.5	1.25	1.63	0.315	0.16
累计筛余/%	0	0～20	15～50	40～75	70～90	90～100

(5)再生水泥混凝土路面施工与普通水泥混凝土路面施工工艺基本相同,应按《公路水泥混凝土路面施工技术细则》(JTG/T F30—2014)执行。

三、石灰粉煤灰稳定旧混凝土集料

使用石灰粉煤灰稳定旧混凝土集料的技术要求和施工,简述如下。

1. 旧水泥混凝土集料强度要求

水泥石强度达到三级标准,方可作为基层集料使用。

2. 旧水泥混凝土用作集料的粒径要求

集料的最大粒径不超过30 mm,压碎值<30%,集料级配范围见表2-38。

表2-38 石灰粉煤灰稳定粉碎混凝土集料级配要求(方孔筛)

筛孔尺寸/mm	31.5	19.0	9.5	4.75	2.38	1.18	0.6	0.075
通过率/%	100	81～98	52～70	30～50	18～38	10～27	6～20	0～7

3. 混合料组成设计

(1)石灰:粉煤灰=1:2～1:4。

(2)石灰粉煤灰:级配碎石=20:80～15:85。

(3)石灰:粉煤灰:级配碎石=5:13:82。

4. 设计步骤

(1)确定石灰粉煤灰再生集料的最佳含水率和最大干密度(用重型击实试验法)。

(2)按最佳含水率和计算得到的干密度制备试件。

(3)试件在25 ℃±2 ℃保湿养护6 d,浸水1 d后,进行无侧限抗压强度试验。

(4)石灰粉煤灰混合料7 d浸水抗压强度≥0.8 MPa。

5. 石灰粉煤灰稳定旧混凝土集料施工

石灰粉煤灰稳定旧混凝土集料的施工与二灰碎石施工工艺基本相同。

(1)石灰粉煤灰稳定旧混凝土碎块须在中心拌合站用机械进行集中拌和,石灰必须过筛,再生集料应用防雨布覆盖,石灰粉煤灰泥土碎块的含水率应略大于最佳含水率,拌成混合料的堆放时间不超过24 h。

(2)采用摊铺机摊铺石灰粉煤灰混凝土碎块混合料。摊铺厚度大于20 cm时,应分层,单层石灰粉煤灰混凝土碎块结构层厚度不小于15 cm,两层石灰粉煤灰混凝土碎块基层可连续施工。土碎块结构层松铺系数为1.20～1.30。

(3)石灰粉煤灰混凝土碎块结构层应采用12 t以上的三轮压路机或14 t以上的振动压路机碾压8遍。三轮压路机在不便碾压的局部路段,采用10 t的二轮压路机进行碾压。在碾压过程中,若有"弹簧"、车辙、起皮等现象,应及时翻开重新拌和碾压。

(4)石灰粉煤灰混凝土碎块结构层工作缝位置,在开始摊铺新混合料之前,应将接缝位置斜坡挖除,并挖成一横向且垂直向下的断面,然后摊铺新的石灰粉煤灰混凝土碎块基层。

(5)石灰粉煤灰混凝土碎块基层碾压完成后的第二天开始洒水养护。保持表面潮湿,养护期7 d。石灰粉煤灰混凝土碎块基层养护期间,禁止车辆在石灰粉煤灰混凝土碎块基层上行驶。

(6)石灰粉煤灰混凝土碎块施工时遇雨,应立即将石灰粉煤灰混凝土碎块堆或沿尚未碾压密实的石灰粉煤灰混凝土碎块基层进行覆盖。若石灰粉煤灰混凝土碎块遭雨淋,须检查石灰含量,若石灰含量不足,应将石灰粉煤灰混凝土碎块重新掺石灰搅拌,碾压密实。

四、水泥稳定旧混凝土集料

水泥稳定旧混凝土集料的技术要求和施工,简述如下。

1. 旧水泥混凝土集料强度要求

水泥石强度达到三级以上标准,可作为水泥稳定粉碎混凝土基层集料。

2. 旧水泥混凝土用作集料的粒径要求

集料的最大粒径不超过 30 mm,压碎值<30%,集料级配范围见表 2-39。

表 2-39 水泥稳定旧混凝土集料级配要求

筛孔尺寸/mm	31.5	26.5	19.0	9.5	4.75	2.36	0.6	0.075
通过率/%	100	90~100	75~89	47~67	29~49	17~35	8~22	0~7

3. 水泥

(1)要求采用普通硅酸盐水泥、矿渣硅酸盐水泥、火山灰质硅酸盐水泥,水泥剂量宜为 5%。

(2)路面基层宜采用强度等级较低的水泥,要求水泥各龄期强度达到相应指标要求,安定性要好,初凝时间 3 h 以上,终凝时间不小于 6 h,可适当添加一定数量的外加剂。

(3)水泥进场入罐时,要了解其出炉天数,刚出炉的水泥要停放 7 d 才能使用。夏季高温作业时,散装水泥入罐温度不能高于 50 ℃,高于这个温度,若必须使用时,应采用降温措施。冬期施工,水泥进入拌缸的温度不低于 10 ℃。

4. 水

路面基层一般应采用人畜能饮用的水。

5. 混合料组成设计

(1)按不同水泥剂量分组试验。一般建议水泥剂量按 4.5%、5%、5.5% 三种比例进行试验(水泥:集料=4.5:100、5:100、5.5:100),水泥稳定粒料的抗压强度代表值为 4~5 MPa。

(2)做不同水泥剂量混合料的击实试验,确定各种混合料的最佳含水率和最大干密度。

(3)按规定压实度(98%)分别计算不同水泥剂量的试件的干密度。

(4)按最佳含水率和计算得出的干密度制备试件。进行密度试验时,作为平行试验的最小试件数量应根据试验结果的偏差系数加以确定。每组试件个数:偏差系数为 10%~15% 时,9 个;偏差系数为 15%~20% 时,13 个。

6. 基层试验项目

(1)重型击实试验,求得最佳含水率和最大干密度。

(2)抗压强度,检验水泥稳定粒料强度是否达到设计要求。

用水量要有区别,按温度变化及时调整。发现干湿不均匀、有离析的混合料要废弃。

7. 混合料运输

(1)应尽快将拌成的混合料运送到铺筑现场。车上的混合料应覆盖，以减少水分损失。

(2)运输车辆一定要满足拌和出料与摊铺的需要。

8. 混合料摊铺

(1)拌合机与摊铺机的摊铺能力应相互匹配，摊铺机应连续摊铺。

(2)清除底基层表面浮土等杂物。

(3)水泥稳定粉碎混凝土混合料的松铺系数为 1.20～1.30。

(4)在摊铺机后应设专人消除混合料离析现象，应铲除局部粗集料"窝"，并用新拌混合料填补，严禁用薄层贴补法进行找平。

9. 混合料碾压

(1)应在混合料含水率处于或略大于最佳含水率(气候炎热干燥时，基层混合料可大于 1%～2%)时进行碾压，直到达到要求的压实度。

(2)碾压过程中，水泥稳定粒料的表面应始终保持湿润，如水分蒸发过快，应及时补洒少量雾状水。

(3)碾压宜在水泥终凝前及试验确定的延迟时间内完成，并达到要求的压实度，同时没有明显的轮迹。

10. 横缝设置

横缝应与路面车道中心线垂直设置，其设置方法如下：

(1)将末端含水率合适的混合料整理整齐，紧靠混合料放两根方木，方木的高度应与混合料的压实厚度相同，整平紧靠方木的混合料。

(2)方木的另一侧用砂砾或碎石回填约 3 m 长，其高度应略高出方木。

(3)将混合料碾压密实。

(4)在重新开始摊铺混合料之前，将砂砾和碎石或方木撤出，并将下承层清扫干净。

(5)摊铺机返回到已压实的末端，重新开始摊铺混合料。

(6)如摊铺施工中断超过 2 h，且又未按上述方法处理横向接缝，则应将摊铺机附近及其下面未压实的混合料铲除，并将已碾压密实且高程和平整度都符合要求的末端挖成与路中心垂直并垂直向下的断面，摊销机安置在已压实的面上，下垫木板，高度为虚铺厚度与压实厚度之差，然后再摊铺新的混合料，初压时进行横向碾压。

11. 养护

(1)每一段碾压完成并经压实度检查合格后，应立即开始养护。

(2)用湿草袋覆盖洒水养护。洒水车的喷头要用喷雾式，每天洒水次数应视气候而定，养护期间应始终保持稳定粒料表面湿润，养护期不少于 7 d。

(3)养护期间应封闭交通。

五、旧水泥混凝土碎块垫层

1. 一般规定

(1)水泥混凝土路面破损状况(PCI)属差级时，应将混凝土板破碎，作为底基层用。

(2)在水泥混凝土路面两侧板底高程以下 20 cm×20 cm 处，开挖纵向排水沟，每隔 20 cm 开挖 20 cm×20 cm 横向排水沟，排除路面积水。

(3)对水泥混凝土路面进行调查,在平面图上标注地下构造物,确定破碎混凝土板的范围。

2. 水泥稳定碎块混凝土垫层

(1)在不允许采用冲击锤施工的位置,先用液压镐进行破碎混凝土施工。

(2)在允许采用冲击锤施工的部位,在混凝土板上画出 45 cm×45 cm 的网格。

(3)采用冲击锤对准网格结点进行冲击,混凝土板块最大边长尺寸不超过 30 cm。

(4)采用砂浆搅拌机,按水泥:砂:水=1:4:0.5 制备 C5 水泥砂浆。

(5)用人工将砂浆灌入破碎板缝隙内。

(6)用 15 t 以上大质量的轮胎式振动压路机进行振动碾压,压路机碾压速度为 2.5 km/h,往返碾压 6~8 遍。压路机在振碾过程中,一旦发现缺浆,应立即进行补浆,要求底基层上有一层 0.5 cm 厚的薄层砂浆。

(7)对软弱松动的碎块应予清除,并用 C15 混凝土回填。

(8)水泥砂浆稳定破碎灌入板应保养 3 d。3 d 后可进行弯沉测量。凡弯沉达不到设计要求,应对弯沉大于 0.55 mm 的较大点位置的破碎板进行挖补,并用 C15 混凝土回填,一般代表弯沉值控制在 0.67 mm 以下。

3. 断裂稳固旧水泥混凝土路面垫层

(1)在进行冲击破碎施工前,首先要调查清楚施工路段上的涵洞、通道、桥台的位置,用石灰水标明破碎压实范围和控制点,检测人员做好一切准备工作。

(2)压实机械行驶时速度一般为 9~12 km/h,转弯半径为 8 m,冲压遍数根据沉降量和混凝土块的破碎状况来确定。即行车道和超车道一般冲压 20 遍左右,然后根据具体实际情况再酌情增减。

(3)混凝土面板在水平方向所受的约束力越小,冲击破碎的效果越好。因此,施工作业时,冲击顺序应从路面的边板开始,即从路肩→行车道→超车道依次进行。

(4)冲压质量控制。采用冲击压实技术修复混凝土路面的质量目标是:破碎并稳固混凝土面板,并使其破碎板块紧密嵌锁,与压实后的原路面基层形成稳固厚实的底基层,有效减少和缓解反射裂缝。采用路面沉降量、冲击遍数和板块破碎状况,作为冲击压实的质量控制指标。

1)沉降量与冲击遍数控制。沉降量与冲击遍数是紧密相关的,沉降量用不同冲压遍数后测得的路面高程之差计算得出。

2)破碎状态控制。应先对未冲压前混凝土板块损坏情况进行现场实测和记录,以后每 5 遍检测一次。最终破碎的网状碎块应控制在 45~60 cm。该碎块并非一般意义的明显碎块,而是裂缝(纹)贯穿块与块之间并形成集料嵌锁的结构,从而保全原路面所具有的大部分结构强度。一般代表弯沉值在 0.53 mm 左右。

(5)冲压施工注意事项。由于冲压时产生极强冲击力,因此,施工时必须对其影响范围内的涵洞等构造物进行安全避让。

1)桥梁、通道:冲压边界距离桥头和通道边不少于 5 m,并须在桥头搭板之外。

2)涵洞:冲压边界距管涵中线或板涵边线不少于 2 m,管涵上方土层厚度不小于 2 m,板涵上方土层厚度不小于 3 m。

3)房屋:视房屋的不同结构确定安全距离,避免造成损失。

避让方法:首先要准确调查所有桥涵构造物,明显标出安全距离线,施工中冲压至安全线时,可将冲压轮升起,低速空驶过安全范围后,再进行冲压施工。

(6)由于冲压破碎后路面会产生大量的裂缝,丧失抵抗雨水渗透侵蚀的能力,从而造成板下基层和土基含水率增大,且不易散发,影响冲压效果。所以,路面破碎后要及时进行防水处理,最好及时采取沥青下封等措施。

任务五　路面基层的改善

学习情境一　基层的加宽与补强

路面基层在使用过程中,由于交通量的急剧增长和自然因素的作用,或原先施工中遗留的缺陷以及路基失稳等原因,致使基层强度降低,破坏严重,或路面设计尺寸不能适应交通量增长的需要时,必须改善基层的技术状况,以提高其适应能力。

路面基层的改善包括基层的加宽、补强加厚及翻修与重铺。在进行路面基层改善时,必须按就地取材的原则,结合原有路面基层材料的利用,合理地应用旧结构,进行设计。

一、设计要求

在进行基层加宽与补强设计前,应对原有路面进行详细调查和检测,其内容如下:
(1)调查该路段的交通量、交通组成和年平均增长率;
(2)调查原有公路的路况,如路基宽度、纵坡、平曲线半径、路面宽度、厚度、结构和材料、路面横坡、平整度、摩擦系数、路表面排水(积水)状况、积雪(沙)状况等;路面坑槽、搓板、翻浆等破损程度及路肩采取的加固措施等;
(3)调查原有路面设计、施工、养护技术资料以及使用开始至改建的年限、使用效果等;
(4)测定路基的干湿类型,规定每 500 m 取一断面,每个断面如路基宽度大于等于 7 m 选两个测点,不足 7 m 取一个测点;
(5)测定加宽部分的土基湿度和压实度;
(6)测定原有路面的整体强度。

基层加宽一般应采用两侧加宽,如原有路基宽度不足,则应先加宽路基后再铺筑加宽的基层,必要时可设护肩石(带)。加宽部分的基层应按新土基新建路面设计其厚度,采用的结构与材料宜与原路面的基层相同;基层加厚按旧路补强公式进行设计,基层结构的选择应根据路面等级、交通量、地带类型、现有路况以及材料供应与施工条件等确定。必要时,应增设排水设施,并事先处理好涵洞接长、倒虹吸的防漏以及沿溪路段的护岸挡土墙等工程。

在基层需要同时加宽加厚时,应先将加宽部分按新土基设计后,再作全幅补强设计。将原路面分段实测的计算弯沉值作为加宽部分的设计弯沉值,并由实际调查检测的路基土质、干湿类型及其平均稠度确定土基回弹模量,然后根据不同材料的模量按新路设计方法设计加宽部分的基层厚度,使之与原有路面强度保持一致;最后,根据原路面确定的计算弯沉值和补强要求的允许弯沉值,按旧路补强厚度计算方法,进行全幅的基层补强设计。

在季节性冰冻区,基层的补强还应验算防冻层厚度的要求。

二、施工要点

加宽基层时应做好新旧基层的衔接。对于半刚性基层一般宜用平头搭接;对于粒料基层一般宜用斜接法;当基层厚度超过 25 cm,也可在原有基层半厚处挖成宽约 30 cm 的台阶做成错台搭接。加宽沥青路面基层时,应将紧挨加宽部位 15 cm 宽的原有沥青面层切凿除去,清扫干净原基层上的松散粒料、浮土后再铺筑加宽基层。如原基层已损坏,则应将其材料重新翻修利用,根据试验掺配新的材料后与加宽混合料一并拌和、铺装、碾压。

基层加宽后需调正路拱,而涉及原有路面的部分,应将旧面层铲掉,按路拱要求一次调正铺装。为使调拱部分的新旧基层结合良好,可将原基层拉毛或使调拱铺装的最小厚度大于 8 cm,不足时可开挖原基层。

原基层有局部坑槽、搓板、松散的路段,在补强前应先进行修补找平,平整度超过规定的应加铺整平层。对于发生过翻浆、弹簧、变形等病害的路段,应根据其产生的原因,采取有效的处治措施,严重者可采取综合处治后再加铺基层。

原有砂石路面,尤其是泥结碎石及级配砾石路面,因含泥量过多或土的塑性指数过大,一般不宜用作沥青路面的基层,应将其过量的土筛除或用其他方法改善,并铲除其上的磨耗层和稳定保护层后再作补强层处理。

基层加宽或补强应符合施工压实度的规定要求。

学习情境二　基层的翻修与重铺

(1)当路面具有下列情况时,基层需要进行翻修。
1)原有路面整体强度不足;
2)根据路面使用质量的评定已经达到翻修条件;
3)原有路面的材料已不能满足结构强度要求,造成全面损坏,需彻底更换路面结构。
(2)基层具有下列情况时,需进行基层重铺。
1)原有路面基层材料没有利用价值,翻修在经济上不合理;
2)当地盛产路面基层材料,原基层材料虽然可以利用,但因机械施工困难,技术上暂时难以解决;
3)原有路面因路基干湿类型发生变化,需改善其水稳性。

基层的翻修与重铺,应分别按《公路沥青路面设计规范》(JTG D50—2017)与《公路路面基层施工技术细则》(JTG/T F20—2015)的有关规定要求进行设计和施工。

翻修基层时,对原有基层的材料应尽可能地充分利用。为此,应对原基层取样检测其材料性质,一般每 500 m 检测一处,如路基干湿类型有变化应增加测点。检测项目包括干密度、级配组成以及小于 0.5 mm 细料的含量与塑性指数等,以确定其可利用的集料含量和需要掺配的材料用量。对于无机结合料稳定基层,还应测定其水泥、石灰剂量及其剩余活性,以确定再生利用时需要掺添的水泥或石灰剂量。

基层翻修应结合原材料的利用价值与加铺方案进行技术经济比较后,以确定最后的采用方案。

在中湿、潮湿地带的粒料基层,翻修时宜掺加适量的石灰,以提高其水稳性,有条件时也可掺加水泥予以稳定。

项目小结

1. 路基是公路的重要组成部分，是路面的基础，与路面共同承担汽车荷载的作用。路基的强度和稳定性是保证路面平整度、强度和稳定性的重要条件。高速公路是交通运输的主干道，其快速、安全、舒适、畅通的交通特点，要求高速公路及其附属设施必须经常保持完好状态。因此，为了保证公路的正常使用，必须对路基进行周期性的、预防性的、科学合理的养护和维修，使路基经常处于良好的技术状态，不发生较大的变形和其他病害，满足汽车荷载的需要。

2. 公路路面在使用过程中，由于各种因素的作用，路面逐渐产生各种破损，为保证路面的正常使用，必须对路面采取预防性、经常性保养和修理措施，使路面保持有一定的强度、刚度及稳定性，以保证路面平整完好、横坡适度、排水畅通、具有足够的抗滑性能，有计划地对路面进行改善，以提高技术状况，满足行车安全、顺畅。

分析了路基路面的主要病害，产生这些病害的原因，讲述了对病害的评价方法。描述了公路路基、沥青路面、水泥混凝土路面的养护与维修技术。

思考与练习

1. 简述路基养护工作的内容。
2. 路基的日常养护包括哪些内容？
3. 排水设施的养护有哪些要求？
4. 简述挡土墙的加固措施。
5. 简述翻浆的发生过程。
6. 防治翻浆的措施有哪些？
7. 防治崩塌的措施有哪些？
8. 简述泥石流的防治措施。
9. 简述路面调查的内容。
10. 简述沥青路面初期养护要点。
11. 简述沥青路面常见病害的维修措施。
12. 水泥混凝土路面有哪些病害？其产生的原因是什么？
13. 简述水泥混凝土路面病害处理措施。
14. 简述沥青路面加宽、补强的基本要求。
15. 粒料路面有哪些病害？应如何维修？

项目三

桥涵构造物的养护与维修

 知识目标

1. 掌握公路桥梁使用质量的调查和评价方法。
2. 掌握公路桥梁日常养护的要求和病害处理方法。
3. 掌握桥梁的分类方法。
4. 掌握一般桥梁病害处理和加固的技术措施。
5. 掌握涵洞养护的的技术要求。

 能力目标

1. 能够对公路桥梁使用质量进行调查、评价、分析,并能够进行分类。
2. 能够对公路桥梁的病害提出有针对性的解决方法。
3. 能够对公路涵洞使用质量进行调查、评价、分析,并提出处理病害的方法。

 素质目标

1. 培养学生严谨求实的职业操守,具有理论联系实际、实事求是的工作作风和科学严谨的工作态度。
2. 培养学生养成严格按照规范流程工作,突出体现公路桥梁养护技术规范开发的自主性,专业性,坚定文化自信,巩固专业思想,增强民族自豪感,具备向国际传播、弘扬中国标准的能力。
3. 培养学生追求创新的精神和刻苦务实;立足学科与行业领域,从而成为具有国际视野,家国情怀,使命担当的社会主义接班人。

 导　引

逢山开路,遇水搭桥。"十三五"期间,依靠不断增强的综合国力和自主创新能力,我国桥梁设计建设水平不断提升,创造了多项世界第一,为经济社会发展发挥重要作用。

中国十大桥梁

"十三五"期间,我国设计建造的桥梁创下多个世界第一,毕都北盘江大桥是世界最高桥梁,杨泗港长江大桥是世界最大跨度双层公路悬索桥,沪苏通长江公铁大桥是世界首座跨度超千米公铁两用斜拉桥;正在建设的常泰长江大桥,是世界上首座集高速公路、城际铁路、一级公路为一体的过江通道,并将刷新斜拉桥跨度的世界纪录。

从超千米大跨到超 8000 吨重载,从公路、铁路到公铁两用,一座座世界级桥梁的建成都凝结着创新成果。

2018 年建成的港珠澳大桥集桥梁、隧道和人工岛于一体,是世界目前里程最长、投资最多、施工难度最大、设计寿命使用最长的跨海公路桥梁。截至目前,港珠澳大桥创新工法和装备各 31 项,获得专利 454 项,获得 2020 年国际桥梁与结构工程协会杰出结构奖。

超级工程的背后是我国装备业的强劲发展。"十三五"期间,我国桥梁建设工业化水平进一步提升,工厂制造、装配施工、流水线标准化作业、智能绿色建造水平不断增强。

任务一 桥梁的养护与维修

学习情境一 桥梁检查与检验

桥梁的检查与检验是桥梁养护工作的两个重要环节,也是桥梁养护的基础性工作。通过对桥梁进行检验与检查,可以系统地掌握桥梁的技术状况,及早地发现桥梁的缺陷和异常,进而提出合理的养护措施。

1. 桥梁检查

桥梁检查分为经常性检查、定期检查和特殊检查。

(1)经常性检查。经常性检查主要是对桥面设施、上部结构、下部结构及附属构造的技术状况进行日常的巡视检查,及时发现缺损问题,并及时进行小修保养工作。桥梁的经常性检查至少每月进行一次,汛期要加强检查。经常性检查一般采用巡视目测方法,也可配以简单工具进行测量,并填写《公路养护技术规范》(JTG H10—2009)要求的"桥梁经常性检查记录表"见表 3-1。

表 3-1 桥梁经常性检查记录表

管理单位:					
路线编码		路线名称		桥位桩号	
桥梁编码		桥梁名称		养护单位	
部件名称	缺损类型		缺损范围		保养措施意见
翼墙、耳墙					
锥坡、护坡					
桥台					
桥墩					
基础					
地基冲刷					

续表

支座					
上部结构异常变形					
桥与路连接					
伸缩缝					
桥面铺装					
人行道、缘石					
栏杆、护栏					
标志、标线					
排水设施					
照明系统					
桥面清洁					
调治构造物					
(其他)					
负责人		记录人		检查日期	年　月　日

登记所检查项目的缺损类型，估计缺损范围及养护工作量，提出相应的小修保养措施，为编制辖区内的桥梁小修保养计划提供依据。在经常性检查中发现重要部(构)件的缺损明显达到三、四、五类技术状况时，应安排一次定期检查。

(2)定期检查。定期检查是为评定桥梁使用功能、制订管理养护计划提供基本数据，对桥梁主体结构及其附属构造物的技术状况进行全面的检查，它为桥梁养护管理系统搜集结构技术状态的动态数据。定期检查主要检查各部件的功能是否完善有效，构造是否合理耐用，发现需要大修、中修、改善或限制交通的桥梁缺损状况，同时检查小修保养状况。

定期检查的方式以目测观察结合必要的测量仪器、望远镜、照相机、探查工具和现场用器材等设备，必须接近或进入各部件仔细检查其缺损状况，并在现场完成以下工作：

1)现场校核桥梁基本数据，并填写"桥梁定期检查记录表"，记录各部件缺损状况并做出技术评分。

2)实地判断缺损原因，估定维修范围及方式。

3)对难以判断损坏原因和程度的部件，提出特殊检查(专门检验)的要求。

4)对损坏严重、危及安全运行的危桥，提出暂时限制交通或改建的建议。

5)根据桥梁的技术状况，确定下次检查时间。

定期检查的时间应符合下列规定：

1)新建桥梁交付使用1年后，进行第一次全面检查。

2)桥梁检查周期一般为3年。可视被检桥梁的技术状况确定每1~3年检查一次。

3)非永久性桥梁每年检查一次。

4)根据下级桥梁养护工程师的报告，在经常性检查中发现重要部(构)件的缺损明显达到三、四、五类技术状况时，应立即安排一次定期检查。定期检查工作应按规程序进行。定期检查的工作流程如图3-1所示。

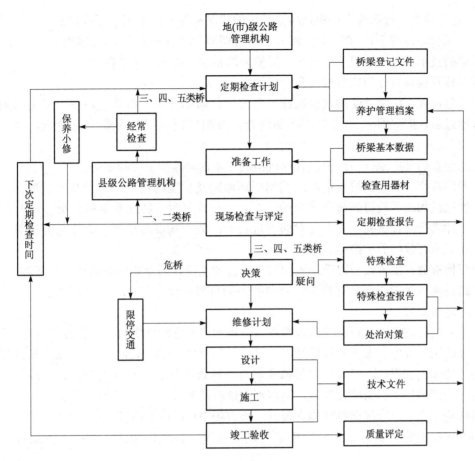

图 3-1 公路桥梁定期检查的工作流程

桥梁定期检查后应整理提出检查文件，并符合下列要求：

1）桥梁定期检查数据表。当天检查的桥梁现场记录，应在次日整理填写好每座桥梁定期检查数据表。

2）典型缺损和病害的照片及附录说明。主要说明缺损的部位、类型、性质、范围、数量和程度等，描述应采用专业标准术语。

3）每座桥梁应有两张总体照片。一张为桥面正面照片，另一张为桥梁上游侧立面照片。桥梁改建后应重新拍照一次。如果桥梁拓宽改造后，上、下游桥梁结构不一致，则还要有下游侧立面照片，并标注清楚。

4）桥梁清单。

5）桥梁基本状况卡片。定期检查完成后，应将本次检查的桥梁各部件技术状况评定结果登记在桥梁基本状况卡片内。

6）提出定期检查报告，应包括下列内容：

①辖区内所有桥梁的保养小修情况。

②需要大修、中修或改善的桥梁计划。说明修理的项目，拟用修理方案，估计费用和实施时间。

③需要进行特殊检查桥梁的报告，说明检验的项目及理由。

④需限制桥梁交通的建议报告。

(3)特殊检查。特殊检查是根据桥梁破损的状况和性质,采用适当的仪器设备,以及现场勘探、试验等特殊手段和科学分析方法,查明桥梁病害的原因、破损程度和承载能力,确定桥梁的技术状况,形成鉴定结论,以便采取相应的加固、改善措施。

桥梁特殊检查可分为应急检查和专门检查。

1)应急检查。桥梁遭受洪水、流冰、漂流物、船舶撞击、滑坡、地震、风灾和超重车辆自行通过后,应立即对其结构作详细检查,查明破损状况,采取应急措施,尽快恢复交通。

应急检查通常由地(市)级公路管理机构的专职桥梁养护工程师主持。

2)专门检查。对定期检查中难以判明损坏原因及程度的桥梁;桥梁技术状况为四、五类者;拟通过加固手段提高荷载等级的桥梁;条件许可时,特殊重要的桥梁在正常使用期间可周期性进行荷载试验,要求针对病害进行专门的现场试验检测、验算与分析等鉴定工作,以便采取有效的养护措施。

专门检查通常由省级公路管理机构的总工程师或授权的专职桥梁养护主管工程师主持,委托公路桥梁检测中心或具有相应资质和能力的科研设计单位、工程咨询单位,签订特殊检查合同后组织实施。

实施专门检查前,承担单位负责检查的工程师应充分收集资料,包括设计资料(设计文件、计算所用的程序、方法及计算结果)、竣工图、材料试验报告、施工记录、历次桥梁定期检查和特殊检查报告,以及历次维修资料等。原资料如有不全或疑问时,可现场测绘构造尺寸,测试构件材料组成及性能,勘察水文地质情况等。

特殊检查之后,应提交特殊检查报告,检查报告包括以下内容。

1)概述检查的一般情况,包括桥梁的基本情况、检查的组织、时间、背景和工作过程等。

2)当前桥梁技术状况的描述,包括现场调查、试验与检测项目及方法、检测数据与分析结果和桥梁技术状况评价等。

3)详细阐述检查部位的损坏原因及程度,并提出结构部件和总体的维修、加固或改建的建议方案。

2. 桥梁检验

桥梁专门检验是对桥梁结构及部件的材料质量、工作性能、防洪抗灾方面所存在的缺损状况进行详细检测、试验、判断和评价的过程。检验的项目主要有以下三个方面:

(1)桥梁结构材料缺损状况。桥梁结构材料缺损状况的检验包括对材料物理、化学性能退化程度及原因的测试鉴定;结构或构件开裂状态的检测及评定。

结构材料缺损状况的鉴定,宜根据缺损的类型、位置和检测鉴定的要求,选择表面测量、无破损检测技术和局部试样等有效可靠的方法。试样应在有代表性构件的次要部件获取。检测与评定要依照相应的试验标准进行。若采用没有标准依据的检测技术,则应事先通过模拟试验,制定适用的检测细则,以保证检测结果具有一定的可靠性。

(2)桥梁结构承载能力。桥梁结构承载能力的检验包括对结构强度、稳定性和刚度的验算、试验和鉴定。

桥梁结构承载能力状况的鉴定可采用以下两种方法:

1)根据实际的结构技术状况进行结构验算、水文和水力验算。

2)当验算结果不满足或难以确定时,可采用承载力试验鉴定。

(3)桥梁防灾能力。桥梁防灾能力的检验包括对桥梁抵抗洪水、流冰、风、地震及其他地质灾害等能力的检测鉴定。桥梁抗灾能力的鉴定一般采用现场测试与检算的方法，特别重要的桥梁可进行模拟试验。

桥梁的定期检查、特殊检查、养护对策和维修、加固或改造的设计、施工、竣工验收等有关技术文件，均应按统一格式完整地归入桥梁养护技术档案。

3. 桥梁技术状况的评定

桥梁总体技术状况评定等级，可分为一类、二类、三类、四类、五类，见表3-2。

表3-2　桥梁总体技术状况评定等级

技术状况评定等级	桥梁技术状况描述
一类	全新状态，功能完好
二类	有轻微缺损，对桥梁使用功能无影响
三类	有中等缺损，尚能维持正常使用功能
四类	主要构件有大的缺损，严重影响桥梁的使用功能；或影响承载力，不能保证正常使用
五类	主要构件存在严重缺损，不能正常使用，危及桥梁安全，桥梁处于危险状态

桥梁主要部件技术状况评定等级，可分为一类、二类、三类、四类、五类，见表3-3。

表3-3　桥梁主要部件技术状况评定等级

技术状况评定等级	桥梁技术状况描述
一类	全新状态，功能完好
二类	功能良好，材料有局部轻微缺损或污染
三类	材料有中等缺损，或出现轻度功能性病害，但发展缓慢，尚能维持正常使用功能
四类	材料有缺损，或出现中等功能性病害，且发展较快；结构变形小于或等于规范值，功能显著降低
五类	材料严重缺损，出现严重的功能性病害，且有继续扩展现象；关键部位的部分材料强度达到极限，变形大于规范值，结构的强度、刚度、稳定性不能达到安全通行的要求

桥梁次要部件技术状况评定等级，可分为一类、二类、三类、四类，详见表3-4。

表3-4　桥梁次要部件技术状况评定等级

技术状况评定等级	桥梁技术状况描述
一类	全新状态，功能完好或材料有局部轻微缺损或污染
二类	有中等缺损或污染
三类	材料严重缺损，出现功能降低，进一步恶化将不利于主要部件，影响正常交通
四类	材料有严重缺损，失去应用功能，严重影响正常交通，或原无设置，而调查补设

桥梁技术状况评定工作流程如图3-2所示。

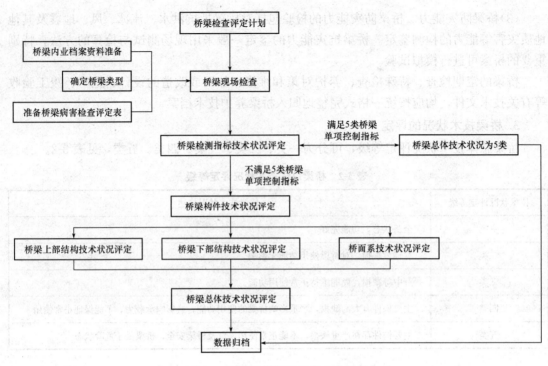

图 3-2 桥梁技术状况评定工作流程

全桥总体技术状况等级评定，应采用桥梁各部件加权系数的综合评定方法。各部件权重可参照《公路养护技术规范》(JTG H10—2009)推荐的数值，见表 3-5。

表 3-5 推荐的桥梁各部件权重及综合评定方法

部位	类别	部件名称	权重	桥梁技术状况评定方法
上部结构	1	上部承重构件(主梁)	0.70	(1)桥梁技术状况评定方法 $D_r = BDCI \times W_D + SPCI \times W_{SP} + SBCI \times W_{SB}$ 式中 $BDCI$——桥梁系技术状况评分，值域为0～100分； $SPCI$——桥梁上部结构技术状况评分，值域为0～100分； $SBCI$——桥梁下部结构技术状况评分，值域为0～100分； D_r——桥梁总体技术状况评分，值域为0～100分； W_D——桥梁系在全桥中的权重； W_{SP}——上部结构在全桥中的权重； W_{SB}——下部结构在全桥中的权重 (2)评定分类采用下列界限 $D_r \geqslant 95$ 一类 $95 > D_r \geqslant 80$ 二类 $80 > D_r \geqslant 60$ 三类 $60 > D_r \geqslant 40$ 四类 $40 > D_r$ 五类
上部结构	2	上部一般构件(横隔板)	0.18	
上部结构	3	支座	0.12	
下部结构	4	翼墙、耳墙	0.02	
下部结构	5	锥坡、护坡	0.01	
下部结构	6	桥墩	0.30	
下部结构	7	桥台	0.30	
下部结构	8	墩台基础	0.28	
下部结构	9	河床	0.07	
下部结构	10	调制构造物	0.02	
桥面系	11	桥面铺装	0.40	
桥面系	12	伸缩缝装置	0.25	
桥面系	13	人行道	0.10	
桥面系	14	栏杆、护栏	0.10	
桥面系	15	排水系统	0.10	
桥面系	16	照明标志	0.05	

按《公路养护技术规范》(JTG H10—2009)规定：一类桥梁进行正常保养；二类桥梁需进行小修；三类桥梁需进行中修，酌情进行交通管制；四类桥梁需进行大修或加固，及时进行交通管制，如限载、限速通过，当缺损严重时应关闭交通；五类桥梁需要进行加固、改建或重建，及时关闭交通。桥梁结构组成权重值见表3-6。

表3-6 桥梁结构组成权重值

桥梁部位	桥面系	上部结构	下部结构
权重	0.40	0.40	0.20

对适应性不能满足的桥梁，应采取提高承载力、加宽、加长、基础防护等改造措施。若整个路段有多座桥梁的适应性不能满足，则应结合路线改造进行方案比较和决策。桥梁养护工程分类见表3-7。

表3-7 桥梁养护工程分类

项目名称	保养	小修	中修工程	大修工程	改建工程
桥梁	1. 清除污泥、积雪、积冰、杂物，保持桥面清洁； 2. 伸缩缝养护，泄水孔疏通，钢支座加润滑油，栏杆油漆； 3. 桥涵的日常养护	1. 局部修理、更换桥栏杆和修理泄水孔、伸缩缝、支座和桥面的局部轻微损坏； 2. 修补墩、台及河床铺底和防护圬工的微小损坏	1. 修理更换中小桥支座、伸缩缝及个别构件； 2. 永久性桥墩、台侧墙及桥面的修理和小型桥面的加宽； 3. 桥梁河床铺底或调治构造物的修复和加固	1. 在原技术等级内加宽、加高、加固大中型桥梁； 2. 改建、增建小型桥梁和技术性简单的中桥； 3. 增改建较大的河床铺底和永久性调治结构物； 4. 大桥桥面铺装的更换	提高公路技术等级，加宽、加高大中型桥梁

学习情境二　桥面系、支座的养护、维修与加固

1. 桥面系的养护与维修

(1)桥面铺装的养护与维修。桥面应及时清扫，排除积水，清除泥土、杂物、冰凌和积雪；保持桥面平整、清洁。

当沥青混合料桥面出现泛油、壅包、裂缝、波浪、坑槽、车辙等病害时，应及时处治。当损坏面积较小时，可局部修补；当损坏面积较大时，有条件的可将整跨铺装层凿除，重铺新的铺装层。一般不应在原桥面上直接加铺，以免增加桥梁恒载。当水泥混凝土桥面出现断缝、拱胀、错台、起皮、露骨等病害时，应及时处理。损坏面积较大时，应将原铺装整块或整跨凿除，重铺新的铺装层。桥面防水层如有损坏，应及时修复。

桥面的养护除应符合道路养护的有关标准规定外，还要满足以下要求：

1)不得随意增加荷载。老化的沥青混凝土桥面，应进行铣刨更新处理，严禁随意加铺沥青混凝土结构进行补强。严禁用沥青混凝土覆盖伸缩装置。

2)桥面更新后的横坡和纵坡，应满足排水要求。

3)架设在桥上的管线安全保护设施应完整、有效；线杆应安全、牢固；井盖应完好。

4)桥面上人行道铺装、盲道和缘石应完好、平整。当有缺损时,应及时维修或更换。

(2)伸缩缝的养护与维修。由于伸缩缝直接承受车辆反复荷载的作用,又多暴露在大自然中,受到各种自然因素的影响,因此,伸缩缝是易损坏、难修补的部位,经常发生各种不同程度的缺陷。伸缩缝的破坏现象也很普遍,破坏的形式多种多样,如图 3-3 所示。伸缩缝出现缺陷后会使车辆行驶出现跳车、噪声,甚至引起交通事故。同时,缺陷不及时修补会向结构主体进一步发展。因此,对桥面伸缩缝要经常养护、检查,清除缝内积土、垃圾等杂物,使其发挥正常作用,若有损坏或功能失效时应及时修理或更换。

图 3-3　伸缩缝病害

以下几种伸缩装置出现病害时,应及时进行更换:
1)U 形锌铁皮伸缩装置的锌铁皮老化、开裂、断裂。
2)钢板伸缩装置或锯齿钢板伸缩装置的钢板变形,螺栓脱落,不能正常进行伸缩。
3)橡胶条伸缩装置的橡胶条老化、脱落,固定角钢变形、松动。
4)板式橡胶伸缩装置的橡胶板老化开裂,预埋螺栓松脱,伸缩失效。

更换的伸缩装置应选型合理,伸缩量应满足桥跨结构变形的需要,安装应牢固、平整、不漏水。维修或更换伸缩装置时,应采取措施维持交通。

在查明伸缩缝破损原因后,依据伸缩缝的类型和缺陷程度采取行之有效的修补办法。伸缩缝修理的一般方法如下:

1)锚固修补。松动的保护角钢或平板以及松动的底板可以通过重新锚固加以修理。
①安装附加锚具不应采用膨胀楔形锚具,因为它在车轮的冲击影响下会松动。
②浇筑钢筋或植筋,重新把底板、保护角钢或平板与混凝土中的钢筋连接牢固。
2)密封层和密封条的替换。当其软性填料老化脱落时,在充分扫清原缝隙泥土后,重新注入新的填缝料。当铺装层破坏时,要凿除重新铺筑。凿除破损部位要画线切割,如图 3-4 所示。清扫旧料后再铺筑新面层。当采用混凝土浇筑时,要采用快硬水泥并注意新旧接缝要保持平整,对铺筑部分要加以初期养生。

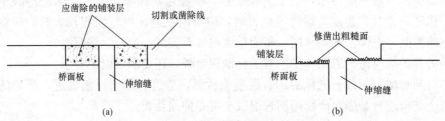

图 3-4　伸缩缝两侧面层损坏时的修补情况
(a)对损坏部分画线切割或凿除;(b)对桥面板底部凿出粗糙面

3)钢板伸缩缝的焊接修补。对于钢板伸缩缝,当钢板与角钢焊接破裂时,应清除污秽后重新焊牢;当出现裂缝后,也要采用焊接方法进行修补。

4)锈蚀处理。锈蚀可以通过喷相关溶剂处理不可触及的区域,然后使用润滑剂或油脂涂抹整个表面,或者采取适当的标准防锈措施。

5)桥面伸缩缝的修补或更换工作不宜断绝交通。因此,通常可考虑采用限制车辆通行,半边施工,半边通行车辆;或白天使用盖板,夜间施工时禁止或限制车辆通行。总之,要注意抓紧时间,尽量缩短工期,保证修补质量。

(3)桥面排水系统的养护与维修。桥面排水设施主要有泄水管道和引水槽两种,这两种排水设施的常见缺陷如下:

1)泄水管管道破坏、损伤。在外界作用影响下而产生局部破裂、损伤,因出现洞穴而漏水等。

2)管体脱落。由于接头连接不牢而产生掉落,失去排水作用。

3)管内有泥石杂物堆塞,造成排水不畅,甚至水流不通。

4)管口有泥石物堆积。

5)引水槽有堆泥、堵塞、水流不畅、槽口破裂损坏而出现漏水、积水等。

桥面排水设施出现缺陷会导致桥面积水,给行车带来不利影响,降雨时引起车辆滑移,造成交通事故。严重的还会损坏桥梁结构本身的安全。当雨水由伸缩缝直接进入支座时,会使支座锈蚀,造成支座的功能恶化。在城市桥梁或立交跨线桥中,由于桥面积水,车辆过桥时污水四溅,殃及行人和破坏周围环境,使桥下居民受害。因此,必须加强对桥面排水系统的维修与养护。

1)桥面的泄水管、排水槽如有堵塞,应及时疏通,并经常保持畅通。

2)桥面应保持大于1.5%的横坡,以利于桥面排水。

3)桥梁上设置的封闭式排水系统,应保持各排水管道畅通,排水系统的设备如水泵等应工作正常,若有堵塞应及时疏通,若有损坏应及时更换。

(4)人行道、栏杆、护栏及防撞墙的养护与维修。人行道块件应牢固、完整,桥面路缘石应经常保持完好状态。若出现松动、缺损应及时进行修整或更换;桥梁栏杆应经常保持完好状态。栏杆柱应竖立正直,扶手应无损坏、断裂,伸缩缝处的水平杆件应能自由伸缩。栏杆柱、扶手如有缺损,应及时补齐。因栏杆损坏而采用临时防护措施时,使用时间不得超过3个月。钢筋混凝土栏杆开裂严重或混凝土剥落时,应凿除损坏部分,修补完整。钢质栏杆应涂漆防锈,一般每年一次。护栏、防撞墙应牢固、可靠,若有损坏应及时修理或更换。钢护栏与钢筋混凝土护栏上的外露钢构件应定期涂漆防锈,一般每年一次。桥梁两端的栏杆柱或防撞墙端面,涂有立面标记或示警标志的,应定期涂刷,一般每年一次,使油漆颜色保持鲜明,并经常校正纠偏。栏杆存在缺陷或已损坏时,虽不妨碍交通,但却影响桥容,使行车缺少安全感,降低交通安全水平。因此,对损坏的栏杆要及时修理,并加强平时的养护工作。

(5)桥头搭板的养护与维修。桥头搭板脱空、断裂或枕梁下沉引起桥路连接不顺适,出现桥头跳车时,应进行维修处治,并检查桥台稳定等安全因素。

2. 支座的养护与维修

(1)支座的养护工作内容。桥梁支座是桥梁上、下部结构的结合点,一旦损坏,将严重影响桥梁的承载能力和使用寿命,必须注意支座的经常养护,保证其处于正常的传递功能

状态。其主要养护工作应符合下列要求:

1)支座各部应保持完整、清洁,每半年至少清扫一次。清除支座周围的油污、垃圾,防止积水、积雪,保证支座的正常工作。

2)滚动支座的滚动面应定期涂润滑油(一般每年一次)。在涂油之前,应把滚动面擦干净。

3)对钢支座要进行除锈防腐。除铰轴和滚动面外,其余部分均应涂刷防锈油漆。

4)及时拧紧钢支座各部接合螺栓,使支承垫板平整、牢固。

5)应防止橡胶支座接触油污引起老化、变质。

6)滑板支座、盆式橡胶支座的防尘罩,应维护完好,防止尘埃落入或雨、雪渗入支座内。

(2)支座的调整与更换。支座如有缺陷或发生故障不能正常工作时,应及时予以修整或更换。

1)当支座的固定锚销剪断,滚动面不平整,轴承有裂纹或切口,辊轴大小不合适,混凝土摆柱出现严重开裂、歪斜时,必须更换。

2)支座座板出现翘起、变形、断裂时应予以更换,焊缝开裂时应予以整修。

3)板式橡胶支座出现脱空或不均匀压缩变形时应进行调整。

4)板式橡胶支座发生过大剪切变形、中间钢板外露、橡胶开裂、老化时应及时更换。

5)油毡垫层支座失去功能时,应及时更换。

调整、更换板式橡胶支座、钢板支座、油毛毡垫层支座时采用如下方法:先在支座旁边的梁底或端横隔处设置千斤顶,将梁(板)适当顶起,使支座脱空不受力,然后进行调整或更换,调整完毕或新支座就位正确后,落梁(板)到使用位置。

需要抬高支座时,可根据抬高量的大小选用下列几种方法:

①垫入钢板(50 mm 以内)或铸钢板(50~100 mm)。

②更换为板式橡胶支座。

③就地浇筑钢筋混凝土支座垫石,垫石高度按需要设置,一般应大于 100 mm。

学习情境三 桥跨结构的养护、维修与加固

1. 一般原则

(1)在桥梁检查及评定的基础上,针对产生病害的原因进行养护、维修与加固。

(2)应充分发挥原有结构的承载能力,选择投资少、工效快、尽量不中断交通、技术上可行且有较好耐久性等方法进行养护、维修与加固。

2. 裂缝的修补

(1)钢筋混凝土桥构件的裂缝。对钢筋混凝土桥的构件,应特别注意观察其受拉区的裂缝。对未超过允许值的裂缝,为预防其受大气因素的影响,一般可采用涂刷水玻璃或环氧树脂的办法,对裂缝进行封闭处理;当裂缝大于允许值时,一般采用空压式的方法灌注环氧树脂填充裂缝;当裂缝大于 0.4~0.5 mm 时,应将裂缝凿开、刷净,然后立模补以环氧砂浆或高强度等级水泥砂浆,如果体积较大,可用小石子混凝土予以补强;如果裂缝超过允许值太大,则应采用加固或更换构件的办法来解决,但应查明原因并通过计算来确定(裂

缝宽度限值见表 3-8）。

表 3-8 裂缝宽度限值

结构类型	裂缝种类			允许最大缝宽/mm	其他要求
钢筋混凝土梁	主筋附近竖向裂缝			0.25	—
	腹板斜向裂缝			0.30	—
	组合梁结合面			0.50	不允许贯通结合面
	横隔板与梁体端部			0.30	—
	支座垫石			0.50	—
预应力混凝土梁	梁体竖向裂缝			不允许	—
	梁体纵向裂缝			0.20	—
砖石、混凝土拱	拱圈横向			0.30	裂缝高度小于截面高度一半
	拱圈纵向（竖缝）			0.50	裂缝长度小于跨径的 1/8
	拱波与拱肋结合处			0.20	—
墩台	墩台帽			0.30	不允许贯通墩身截面一半
	墩台身	经常受侵蚀性环境水影响	有筋	0.20	
			无筋	0.30	
		常年有水，但无侵蚀性水影响	有筋	0.25	
			无筋	0.35	
		干沟或季节性有水河流		0.40	
		有冻结作用部分		0.20	

(2)砖、石、混凝土拱桥的裂缝。对砖、石、混凝土拱桥的裂缝，可以采取下述措施处治：

1)勾缝处理。

2)当圬工拱桥的纵向裂缝超过允许值时，一般采用跨中、$L/4$ 处和拱脚附近各设一道横向钢板来加固，或在上述位置加设五道横向预应力拉杆以防止裂缝发展。

3)圬工拱桥由于砌体结合不好或受力不均、填土松散、基础沉降等发生的较深裂缝，要采用压注水泥砂浆进行修补，或做镶面石或设置混凝土帮面、帮圈来加固，严重部位必须进行翻修。

4)砖、石拱桥灰缝如有脱落应及时修补；如风化剥落时，可喷注每层厚度为 1.0~3.0 cm 的 10 号以上水泥砂浆，分 2~3 层喷注，每隔 1~2 d 喷一层，必要时可加布一层钢丝网，以增加喷涂层的强度。

3. 钢筋混凝土桥主梁加固

(1)浇筑钢筋混凝土加大截面加固法。增加混凝土截面补强加固又可采用两种方式，其一直接加厚桥面板；其二是增大主梁梁肋的高度和宽度。当采用加厚桥面板补强加固时，先将原有桥面铺装层凿除，在桥面板上浇筑新的钢筋混凝土补强层，使其与原桥跨结构形成组合断面，以提高抗弯刚度并达到补强效果。该法虽施工简便，但增加了结构物的自重，并未真正加强下缘受拉区,因此,仅适用于跨径较小的 T 形梁桥或板型梁桥。而增大主梁梁肋高度和宽度一般在加大的下缘混凝土中加设主筋,并且为避免因起吊主梁加固而增加施工难度,在靠近梁端部位仍保持原貌,与加大部分作一斜面过渡。采用增大截面法补强加固的设计要点是:首先应充分考虑结构分阶段受力,所有恒载(原结构和新加部分)由原结构承受,活载由最后形成的组合截面承受,然后根据规范的要求进行详细的设计验算,如图 3-5 所示。

 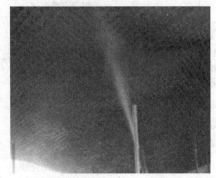

图 3-5　锚喷混凝土增加断面尺寸

(2)增加钢筋加固法。其施工顺序为:将主梁下面的混凝土保护层凿去,露出主筋,并将原箍筋切断拉直;在暴露的原有主钢筋上缠上或焊上按计算确定的补充的拉力钢筋;恢复箍筋;浇筑环氧树脂混凝土或膨胀水泥混凝土保护层。

(3)梁底粘贴钢板加固法。将钢板用化学胶粘剂粘贴在梁(板)的下面,以提高梁(板)的承载能力。施工程序是:将梁(板)底面混凝土凿毛,露出集料,清理干净;在处置干净的钢板上涂刷一层环氧树脂薄浆;用加压法将钢板紧密地粘贴在梁底混凝土上,钢板的数量和尺寸要由计算确定;在环氧树脂凝固后,应对钢板进行防锈处理,如图 3-6 所示。

(4)粘贴碳纤维、特种玻璃纤维加固法。该方法主要用于提高构件抗弯承载力。使用此法加固几乎不增加原结构自重。碳纤维虽然强度很高,但目前施工要求不宜粘贴超过两层,因而提高承载力的幅度不大。施工方法同粘贴钢板法,如图 3-7 所示。

 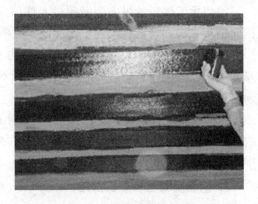

图 3-6　粘贴钢板加固　　　　　　图 3-7　粘贴碳纤维加固

(5)施加体外预应力加固法。在原梁体外受拉区域设置预应力筋,通过张拉时梁体产生偏心预压力,以此来减小荷载挠度,改善结构的受力状态,如图 3-8 所示。此法对于提高构件强度、控制裂缝和变形的作用较好。按施加预应力的方法有横向收紧张拉法、竖向顶撑张拉法、组合式预应力拉杆加固等几种。

(6)增加横隔板加固法。对于因横向整体性差而降低承载能力的桥梁上部结构，可以采用增加横隔梁的方法增加各主梁之间的横向联结。此时可在新增横隔梁部位的主梁梁肋上钻孔，设置贯通全桥的横向连接钢筋，钢筋的两端用螺帽锚固在两侧主梁梁肋外侧。浇筑新增横隔梁混凝土之前应将与主梁结合处的混凝土表面先凿毛清洗干净，然后悬挂模板浇筑横隔梁混凝土，如图3-9所示。

图3-8 梁体外预应力加固　　　　　　　图3-9 增加横隔板加固

(7)在桥下净空和墩台基础受力许可的条件下，采用在梁(板)底下加八字支撑加固法，使一孔简支梁变为一组三联的连续梁，如图3-10所示。

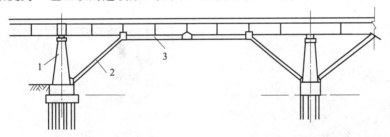

图3-10 梁下加八字撑加固
1—原桥墩；2—钢筋混凝土斜撑；3—钢筋混凝土水平撑

(8)桥梁结构由简支变连续加固法。在原简支桥孔内增设桥墩或斜撑，以减小原结构的跨径，将简支体系转换为连续体系。

(9)当支座设置不当造成梁体受力恶化时，可采用调整支座标高的加固方法。

(10)更换主梁加固法。更换主梁加固是比较彻底的加固方法，通常用于主梁已严重缺损、承载力降低很多的情况，或者需加大边梁截面及配筋的情况。

(11)其他可靠有效的加固法。

4. 拱桥的养护维修与加固

(1)日常养护与维修。

1)经常清除表面污垢及圬工砌体因渗水而在表面附着的游离物。

2)经常疏通泄水管孔，保持桥面及实腹拱拱腔排水畅通。如发现拱桥桥面漏水应及时修补；空腹拱的主拱圈(肋)若发现渗水，应对拱背进行清理，清除可能积水的残渣、堆积物等，并用砂浆等材料抹平或堵塞裂缝；实腹拱若发现主拱圈渗水，应检查拱腔排水系统，必要时可挖开拱上填料，修补防水层，修理排水管道。

3)主拱及拱式腹拱的拱铰及变形缝应保持正常工作状态。清除弧面铰及变形缝内嵌入的杂物,以保持其能自由转动、变形。填缝材料如油毛毡、浸渍沥青的木板等,如有损坏应及时更换。

4)构件表面缺损及局部损坏要及时修补。

5)中、下承式拱桥的吊杆养护。系杆拱桥的系杆混凝土裂缝应用环氧砂浆等材料进行处理。系杆采用无混凝土包裹的预应力钢束时,应定期对钢束的防锈保护层进行养护、更换防护油脂等。系杆的支承点如有下沉要及时调整。

6)冬季月平均气温低于—20 ℃的地区,对淹没于结冰水位的拱圈,应在枯水期从结冰水位以上 50 cm 开始至拱脚涂抹一层防冻环氧砂浆,在砂浆表面再涂刷沥青进行保护。

(2)加固方法及适用范围。

1)主拱圈强度不足时,可加大拱圈截面。从拱腹面加固时,可采用下列方法:粘贴钢板;浇筑钢筋混凝土加大拱肋截面;布设钢筋网用喷射混凝土或水泥砂浆加大拱圈截面;在拱肋间加底板,变双曲拱截面为箱形截面。条件许可时,也可在腹面做衬拱及相应的下部结构。

从拱背面加固时,可在拱脚区段的空腹段背面加大拱圈截面;或拆除拱上建筑,在全拱圈背面加大截面。一般使用混凝土或钢筋混凝土材料,如图 3-11 所示。

2)拱肋、拱上立柱、纵横梁、桁架拱、刚架拱的杆件损坏可用粘钢或复合纤维片材加固。粘钢时可粘贴钢板,也可在四角处粘贴角钢,如图 3-12 所示。

图 3-11 拱肋下缘浇筑钢筋混凝土底板

图 3-12 拱肋碳纤维加固

3)用粘钢板或复合纤维片材加固桁架拱、刚架拱及拱上框架的节点。

4)用嵌入剪力键的方法加固拱圈的环向连接。剪力键一般采用钢板或铸件,按一定间隔布置,其间的裂缝用环氧砂浆等处理。

5)用加大截面的方法加强拱肋之间的横向连接。采用横拉杆的双曲拱,可将拉杆改为系梁。

6)更换锈蚀、断丝或滑丝的吊杆。若原构造许可,可以用收紧锚头的方法张拉松弛的系杆或吊杆来调整内力。

7)在钢管混凝土拱肋拱脚区段或其他构件的外面包裹钢筋混凝土。

8)改变结构体系以改善结构受力,如在桥下通航许可的前提下加设拉杆。

9)更换拱上建筑,减轻自重,更换实腹拱的拱上填料为轻质填料。

10)用更换桥面板,增加桥面铺装的钢筋网,加厚桥面铺装,换用钢纤维混凝土等方法维修加固桥面。

11)因墩台变位引起拱圈开裂时,应先维修、加固墩台,然后修补拱圈。

12)加固拱桥时,应注意恒载变化对拱压力线的影响及引起的推力变化,对各施工工序应进行检算,并作出详细的施工组织设计,严格按照设计的工序施工。

学习情境四　墩台基础的养护、维修与加固

砖石、混凝土和钢筋混凝土桥梁墩台的养护是为了使结构物保持完整、牢固、稳定、不发生倾斜,并减少行车震动和基础冲刷。

1. 墩台的维修与加固

(1)墩台的日常养护与维修。

1)保持墩台表面整洁,及时清除墩台表面的青苔、杂草、灌木和污秽。

2)对发生灰缝脱落的圬工砌体,应清除缝内杂物,重新用水泥砂浆勾缝。

3)墩、台身圬工砌体表面出现风化剥落或损坏时,损坏深度在 3 cm 以内的,可用水泥沙抹面修补,砂浆的强度等级一般不应低于 M5;当损坏面积较大且深度超过 3 cm 时,不得用砂浆修补,而须采用挂网喷浆或浇筑混凝土的方法加固,如图 3-13 所示。

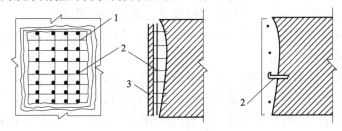

图 3-13　混凝土缺损修补

1—钢筋网 φ8～φ12;2—牵钉间距(≤50 cm);3—模板

4)圬工砌体的镶面部分严重风化和损坏时,应用石料或混凝土预制块补砌、更换,新老部分要结合牢固,新砌体的色泽质地应与原砌体基本一致。

5)墩台身圬工砌体的砌块如出现裂缝,应拆除后重新砌筑。

6)墩、台表面发生侵蚀剥落、蜂窝麻面、裂缝、露筋等病害时,应采用水泥砂浆修补。因受行车震动的影响,不易用水泥砂浆补牢的,应考虑采用环氧树脂或其他聚合物混凝土进行修补。

7)墩、台混凝土裂缝宽度超过限值时,裂缝的修补方法应视裂缝大小分别采取下列措施:

①裂缝小于表 3-8 中的规定值,应以水泥砂浆或环氧砂浆进行封闭。

②裂缝大于表 3-8 中的规定值,应做好记录,观察其变化,如无发展,可扩缝灌以水泥砂浆或环氧树脂。

③石砌圬工出现通缝和错缝不足时,应拆除部分石料,重新砌筑。

④由于活动支座失灵而造成墩台拉裂的,应修复或更换支座,并处理裂缝。

⑤由于基础不均匀沉降而产生自下而上的裂缝时,应先加固基础,再视裂缝发展程度,确定灌缝或加固墩台。对已贯通墩台的裂缝,可用钢筋混凝土围带、钢箍或增大墩台截面的方法进行加固,如图 3-14 所示。

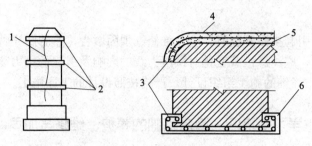

图 3-14 围带加固

1—桥墩裂缝；2—钢筋混凝土围带；3—钢筋；
4—桥墩环形围带；5—牵钉；6—桥台 U 形围带

(2)墩台变形的处置。

1)当墩台出现变形时，应查明原因，采取下列针对性措施：

①由于桥台台背填土遇水膨胀而变形时，应挖去膨胀土，检修排水设施，修好损坏部位并换填以砂砾。

②由于冻胀的原因，应挖去冻土，填以矿渣砂砾等，并封闭表面使其不渗水，修好损坏部位。

③属于砌筑不良的，应凿去或拆除变形部分，重新砌筑或浇筑。

④由于砌筑填缝不实造成墩台有空洞的，可在空洞部位附近开凿通眼，以压浆机压注水泥砂浆或环氧树脂进行修补。

2)墩台发生水平位移和倾斜时，应分析原因根据具体情况确定加固方案。

梁式桥由于台背土压力大，造成桥台向桥孔方向位移时，可采取下列方法加固：

①挖去台背填土，加厚桥台胸墙，更换内摩阻角大的填料，或轻质材料，减小土压力，如图 3-15 所示。

②小跨径简支梁桥可在台间加设钢筋混凝土支撑梁，或浆砌块片石支撑板，顶住桥台，以平衡台后土压力，如图 3-16 所示。

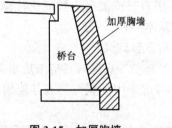

图 3-15 加厚胸墙

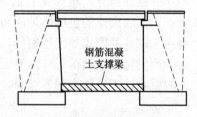

图 3-16 台间设支撑梁

拱桥桥台产生位移和转动时，可选择下列加固方案：

①在 U 形桥台两侧加厚翼墙，翼墙与桥台牢固结合为一整体，增加桥台的横断面尺寸和自重，借以抵抗水平推力。

②当桥台的位移转动尚未稳定时，可在台后增设小跨引桥和摩阻板，以制止桥台继续位移。

③当桥下净空许可时，可在墩台之间设置拉杆承受推力，限制水位位移。对于多孔拱桥，要注意各孔之间的推力平衡。

桩式墩台，如结构强度不足或桩柱有被碰撞折断等损坏时，在基桩承载力许可的条件下，可采用下列方法修理加固：

①桩柱式墩台结构的整体稳定性不足时，可采用加固整个桩柱式墩台的方法，即在桩或柱间用槽钢或角钢作横、斜撑联结，以增强整体性和稳定性，如图3-17所示。钢板箍和横夹板（用槽钢或角钢）用螺栓拧紧。斜夹板可用电焊接合。盖梁如强度不足，也可在盖梁下加横向夹梁，用螺栓拧紧，予以加强。

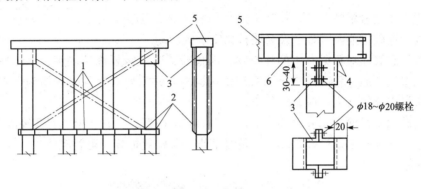

图3-17 桩柱式墩加固（尺寸单位：cm；铁件：mm）
1—槽钢或角钢；2—螺栓；3—钢板箍厚(6~8 mm)；4—联结钢板；5—盖梁；6—主筋

②迎水侧桩、柱被船只或流冰等碰撞损伤，以至折断，可视情况采用下列修理方法：

a. 对损伤或折断的桩柱，凿除其松动部分的混凝土，添加必要的钢筋，立模浇筑混凝土按原式修复。施工时可在伤柱两侧加设临时支撑。

b. 在桩柱损伤处，将原混凝土凿毛，外面加设钢筋混凝土围带，使损伤部位得以加强。

(3)墩台的加固方法。

1)由于活动支座失灵而造成墩台拉裂时，应修复或更换支座，并修补裂缝。

2)墩台身发生纵向贯通裂缝时，可采用钢筋混凝土围带、粘贴钢板箍或加大墩台截面的方法进行加固，如图3-18所示。

3)因基础不均匀下沉引起墩、台自下而上的裂缝时，应先加固基础，再采用灌缝或加箍的方法进行加固。

图3-18 桥墩钢板加固

4)U形桥台的翼墙外倾时，可在横向钻孔加设钢拉杆，钢拉杆固定在翼墙外壁的型钢或钢筋混凝土梁柱上。

5)当墩台损坏严重，如出现大面积开裂、破损、风化、剥落时，一般可用钢筋混凝土"箍套"加固。对结构基本完好，但承载能力不足的圆柱形墩柱可用包裹碳纤维片材的方法加固。

6)钢筋混凝土墩台出现缺损，而墩台身处于常水位以下时，可根据不同情况采用围堰抽水或水下作业的方法进行修补。

7)为防止桥墩台被流冰和漂浮物撞击，可视河流的具体情况，在桥墩上游的适当地点设置菱形破冰体，以保护桥墩。

2. 墩台基础的维修与加固

(1)墩台基础的日常养护与维修。

1)应采取措施保持桥梁墩台基础附近河床的稳定。桥梁上下游各 200 m 的范围内(当桥长的 1.5 倍超过 200 m 时,范围应适当扩大)应做到如下几项:

①应适时地进行河床疏浚。每次洪水过后,应及时清理河床上的漂浮物,使水流顺利宣泄。

②在桥下竖立警示牌,禁止任何人或单位在上述范围内挖砂、取土、采石、倾倒废弃物,禁止进行爆破作业及其他危及公路桥梁安全的活动。

③不得任意修建对桥梁有害的建筑物,因抢险、防汛需要修筑堤坝、压缩或拓宽河床时,应事先报经交通主管部门或公路管理机构同意,并采取有效的防护措施。发现任何有可能破坏桥梁安全的行为,应及时制止。

2)若基础冲刷过深或基底局部掏空,应立即抛填块石、片石、铅丝石笼等进行维护。

3)桥下河床铺砌出现局部损坏时应及时维修。若砌块损坏,可补砌或采用混凝土修补,如图 3-19 所示。

图 3-19 桥梁基础加固

4)对设置的防撞、导航、警示等附属设施应经常检查、维护,保持它们处于良好的状态。

(2)墩台基础的维修与加固。

1)基础局部被冲空,可视情况采取下列维修加固措施。

①水深在 3 m 以下,可筑围堰将水抽干,以砌石或混凝土填补冲空部分,达到顶端与基础顶面平齐或稍高于基础顶面。对桥台基础,还应进行修整或加筑护坡。

②水深在 3 m 以上,可在四周打板桩作围堰,灌注水下混凝土防护;也可以用编织袋装干硬性混凝土(每袋装袋容积的 2/3),通过潜水作业将袋装混凝土分层填塞冲空部分,并注意比基础边缘宽 0.4 m 以上,如图 3-20 所示。

③当基础置于风化岩上,基底外缘已被冲空,应及时清除表面严重风化部分。在浅水时,填以混凝土,并将周围风化地基用水泥砂浆封闭。在深水时,要采取潜水作业,铺以袋装干硬性混凝土。

当河床不稳定,基础埋置较浅,基础周围被冲空范围较大时,除填补基底被冲空部分外,并要在基础四周采取下列防护措施:

①打梅花桩,桩间用块、片石砌平卡紧。

②浆砌块、片石或混凝土预制块,用水泥混凝土板防护,如图 3-21 所示。

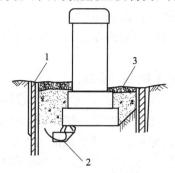

图 3-20 板桩及填补混凝土防护
1—板桩;2—抛石或水下混凝土;3—表面浆砌片石

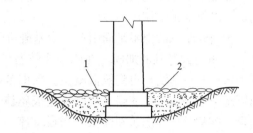

图 3-21 块片石防护
1—双层块片石;2—单层块片石

③用钢丝、毛竹石笼,或以长鲜柳枝、荆条编成捆,内装片石或卵石,如图 3-22 所示。

2)当墩台基础周围河床冲刷严重,危及基础安全时,除修补被冲空的基础外,必须在洪水期过后采取必要的防护措施,以防再次被冲坏。

3)严寒地区,由于冬季冰层厚度的变化,容易发生浅桩冻拔、深桩环状冻裂的情况。因此,应采取下列防护措施:

①冰冻开始时,在距墩台周围 0.2~0.4 m 处凿冰沟(宽度为 0.5~1.0 m),沟内填充雪或干草、麦秆等保温材料。

②桩基周围冰层很厚,可打入套管或板桩,中间填以保温材料,如图 3-23 所示。

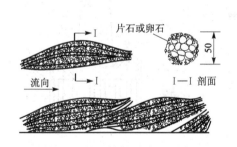

图 3-22 钢丝石笼、梢捆防护(尺寸单位:cm)

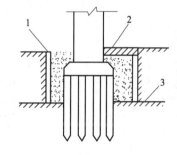

图 3-23 冻拔防护
1—套管;2—水泥混凝土;3—冰冻线

③将周围的土挖至冰冻线,将基础和桩的表面涂以沥青,填以重油拌和的粗砂和砾石,上面覆盖黏土;或用矿渣置换冰冻线以上的土,最后宜做水泥混凝土封层以防渗水再次冻胀。

④小桥可采取培草、培土、填平冲刷坑和临时抬高水位等措施。

4)简支梁桥的墩台基础沉降和位移超过下列允许限值,通过观察继续发展时,应采取下列措施予以加固。

①墩台均匀总沉降值(不包括施工中的沉降):$2.0\sqrt{L}$(cm)。

②相邻墩台均匀总沉降差值(不包括施工中的沉降):$1.0\sqrt{L}$(cm)。

③墩台顶面水平位移值:$0.5\sqrt{L}$(cm)。

应注意以下几项:

a. L 为相邻墩台间最小跨径长度,以 m 计,跨径小于 25 m 仍以 25 m 计算。

b. 桩、柱式柔性墩台的沉降,以及基桩承台上的墩台顶面水平位移值,可视具体情况确定,以保证正常使用为原则。

④当地基承载力不足而引起墩台基础沉降时,可采取下列措施:

a. 重力式基础的加固。在刚性实体基础周围浇筑混凝土扩大基础。一般应修筑围堰,抽干水后开挖基坑,再浇筑混凝土。新旧基础(承台)之间可埋置连接钢筋,并将旧基础表面刷洗干净、凿毛,使新老混凝土连成整体。当梁式桥桥台基础承载能力不足时,可在台前增加桩基及柱并浇筑新盖梁、增设支座。这时梁的支点发生变化,应根据结构受力变化对主梁进行检算及加固。对于拱桥基础可在桥台两侧加设钢筋混凝土实体耳墙,并将耳墙与原桥台用钢销连接起来,增大桥台基础面积,提高桥台承载力,当桥下净空允许时,可在台前加建新的扩大基础及台身,将主拱改建为变截面拱支承到新基础及台身上。新旧基础之间用钢筋或钢销进行连接,有条件时可在台前新基础下增加短桩,以提高承载力。新、旧基础要注意牢固结合,如图 3-24 所示。

b. 桩基础的加固。加桩,可用钻孔桩或打入桩增设基桩,并扩大原承台。对单排架桩式桥墩采用加桩加固时,如原有桩距较大(4~5 倍桩径),可在桩间插桩;如原有桩距较小,但通航净空有富裕时,可在原排架两侧增加新桩,变为三排式墩桩。对钻孔灌注桩桩身损坏、露筋、缩颈等病害,可采用灌(压)浆或扩大桩径的方法进行维修加固。桩式基础周围加钻孔灌注桩或打入钢筋混凝土桩,并扩大原承台,将墩台的压力部分传递到新桩基上,如图 3-25 所示。

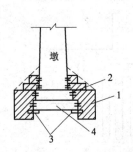

图 3-24 刚性基础加固
1—扩大基础;2—新旧基础结合;
3—丁石;4—原基础

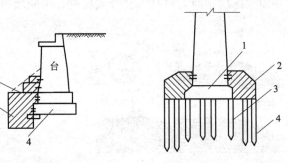

图 3-25 增补桩基
1—原承台;2—新承台;
3—原桩基;4—新桩基

c. 人工地基加固。对墩台基础以下的地层,采用注浆、旋喷注浆或深层搅拌等方法将各种浆液及加固剂注入或搅拌于土层中,通过浆液凝固使原来松散的土固结,成为有足够强度和防渗性能的整体。所采用的材料应通过试验确定,如图 3-26 所示。

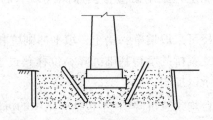

图 3-26 加固地基土

任务二　涵洞的养护、维修与加固

学习情境一　涵洞养护的要求与检查内容

使用中的涵洞不但要保证车辆安全通过，同时，还要使水流在任何情况下都能顺畅地通过涵孔，排泄到适当地点，保证涵洞洞身、涵底、进出水口、护坡和填土完好、清洁、不漏水，使涵洞经常处于完好的工作状态，延长使用期限。

涵洞检查可分为经常检查和定期检查。

1. 经常检查

(1)经常检查，每月至少进行两次，在洪水、冰雪前后及行洪期间应加强检查。

(2)经常检查内容包括：进水口是否堵塞、沉沙井有无淤积、洞内有无淤塞及排水不畅；洞口周围是否有杂物堆积，涵洞是否清洁、漏水；周围路基填土是否稳定和完整；涵洞结构是否有损坏。

(3)经常检查中发现有排水堵塞或有较大损坏需要进行维修的，应做好记录并及时报告。

2. 定期检查

(1)定期检查每年至少进行一次，在接到较大损坏情况的报告后应增加检查。

(2)定期检查内容包括以下几项：

1)检查涵洞的过水能力，包括涵洞的位置是否适当，孔径是否足够，涵底纵坡是否合适。若过水能力明显不足，经常造成内涝及路基损毁的，应考虑改造。

2)进水口铺砌、翼墙、护坡、挡水墙、沉沙井等是否完整，洞口连接是否平整顺适。

3)出水口铺砌、挡水墙、翼墙、护坡等是否完整，排水是否顺畅。

4)涵体侧墙是否渗漏水、开裂、变形或倾斜，墙身砌体砂浆是否脱落、石块是否松动，基础是否冲刷掏空。

5)涵身顶部盖板或拱顶是否开裂、漏水、变形下挠，拱顶砌块是否松动脱落。

6)涵底是否淤塞阻水，涵底铺砌是否完整。

7)洞口附近填土是否有渗水、冲刷、空洞，填土是否稳定。

8)涵洞顶路面是否开裂、下沉，行车是否安全。

在定期检查中，检查人员应当场填写"涵洞定期检查表"(表3-9)通过实地查明损坏情况，根据涵洞的技术状况及排水适应状况，参照桥梁技术状况评定标准相关结构类型，对涵洞的技术状况综合做出好、较好、较差、差、危险五个级别的评定，提出日常养护、维修、加固、改建等建议。

表3-9　涵洞定期检查表

1. 路线编号		2. 路线名称		3. 涵洞桩号	
4. 养护单位		5. 涵洞类型		6. 检查时间	
7. 序号	8. 部件名称	9. 损坏或需维修情况描述		10. 维修建议(方式、范围、时间)	
(1)	进水口				

续表

(2)		出水口				
(3)		涵身两侧				
(4)		涵身顶部				
(5)		涵底铺砌				
		涵附近填土				
11. 涵洞技术状况总评		好	较好	较差	差	危险
12. 养护方案	日常养护	维修	加固	改建	13. 下次检查时间	年 月 日
14. 备注						
主管负责人		检查人		检查时间		年 月 日

学习情境二 盖板涵、拱涵的养护与维修

盖板涵由底板、侧墙及盖板组成。侧墙与底板既可做成整体式，也可做成分离式。拱涵由拱圈、侧墙、护拱和底板构成。侧墙、底板和护拱一般采用素混凝土，拱圈多采用钢筋混凝土。

为了保证盖板涵和拱涵的正常使用功能，进而维持公路的安全运营，需要对盖板涵和拱涵进行养护与维修。

(1)砖石等砌体材料的表面如出现局部风化、轻微裂缝及砖灰缝剥落等现象，应用水泥砂浆勾缝或修补封面。如洞顶漏水，必须挖开填土，用水泥砂浆或石灰砂浆修理其损坏部分，并衬砌胶泥防水层。

(2)砖石、混凝土及钢筋混凝土端墙和翼墙，如有离开路堤向外倾斜或鼓肚的现象，应查明原因，加以处理。如属填土未夯实而沉落挤压，或由于填土中水分过多土压力增大而形成的，则应挖开填土更换并夯实。如属基础不均匀沉降而发生倾斜的，则需修理或加固基础。

(3)当涵洞进出口或洞身中淤积有泥沙、杂物或积雪时，应及时进行清理，疏通孔道，以保证流水畅通。洞底铺砌层、洞口上下游路基护坡、引水沟、泄水槽、窨井和沉沙井等处如发生淤积变形、坍陷，致使排水受阻，应及时清理，疏通所有的排水设施，并对破损部分加以修理。

(4)加固钢筋混凝土盖板涵时，除加固涵台外，还可将原盖板面凿毛，洗刷干净，再浇筑混凝土或钢筋混凝土。

石盖板涵在 3 m 以上高填土地点，一般不用加固也可承受较大的荷载。如填土在 3 m 以内，石板涵可考虑在行车道部分更换较厚的盖板，予以加固。如石板涵更换较厚的盖板有困难时，可在涵台上面加一层石料做成悬臂式，以减小跨径。

(5)如涵洞出水口处冲刷严重，可采用以下两种方法予以防治：

1)浆砌块石铺底,并加水泥砂浆勾缝。铺砌长度视土质和流速而定,铺砌的末端应设置混凝土或浆砌块石抑水墙。

2)当涵洞水流流速特别大时,应在出水口加设缓流设施,如消力槛、消力池等。消力槛的末端应设置混凝土或浆砌块石抑水墙,也可作三级挑坎(栏)处理。

(6)开挖、修理或加固涵洞时,应尽量采用半幅施工的方式,并设立标志和护栏,以确保交通安全。

学习情境三　圆管涵的养护与维修

圆管涵主要由管身、基础、接缝及防水层构成。管涵多采用钢筋混凝土预制管,根据地基情况可选择采用有底座基础,或直接放在地基上,当涵洞直径很小时,也可采用素混凝土制作的管涵。圆管涵在实际使用过程中需要进行以下的养护与维修工作:

(1)当混凝土管涵的接头处和四铰涵管铰点接缝处发生填缝脱落时,应用干燥麻絮浸透沥青后填实,或用其他黏弹性材料封堵,不宜用灰浆抹缝,以免再次碎裂脱落。

(2)压力式管涵进水口周围的路堤应保持坚固。每次水淹以后,要检查有无洞穴缺口或冲刷现象,并及时进行修补。

(3)倒虹吸管在长期流水压力作用下容易破裂漏水,造成路基软化。如虹顶路面出现湿斑,应及时修理。

(4)管涵的管节,如因基础被压而发生严重错裂时,应挖开填土加固基础并重做沙垫层。

(5)波纹管涵发生沉陷变形时,必须拆除修理。管底应按土质情况做好垫层,铁管上面要加铺一层10~15 cm厚的胶泥防水层,并应回填较好的土,分层夯实。

(6)四铰涵管的变形如很轻微,其变形不大于直径的1/20,并不继续发展时,即认为不影响涵洞强度。如变形大于直径的1/20,则应检查原因并进行修理。

(7)直径1 m以下的混凝土管涵,在3 m以上高填土地点,一般不用加固也可承受较大的荷载;如填土在3 m以内,可在管外加筑一层混凝土套壳,予以加固。

在加宽路基时,利用原有涵洞接长部分的基础一般宜与原涵台基础同深,并注意断缝,以免新旧砌体发生不均匀沉陷。

如涵洞出水口处冲刷严重,可采用盖板涵的维修方法予以防治。

学习情境四　箱涵的养护与维修

箱涵的主要组成部分有钢筋混凝土涵身、翼墙、基础、变形缝等。箱涵在使用过程中,由于施工质量和设计方面的因素,可能会产生顶板和底板开裂,施工缝产生不均匀沉降,基础被冲空,混凝土表面产生蜂窝麻面等病害。

对于箱涵的加固,一般可采取粘贴钢板和工字钢补强的方法。具体施工步骤为:搭设工作平台→裂缝封闭、注浆→涵洞顶板顶升→混凝土表层水泥浆凿除、磨平、挂钢板、注胶粘贴钢板→卸千斤顶→加固钢板、挂网、浇筑包裹混凝土。

当路基加高不多时,可以用加高涵洞上下游端墙的方法来提高路基,但必须同时增加端墙的长度,以保证路基不致埋没洞口。如洞口为八字翼墙,也应将翼墙加高和接长。新旧砌体的接合处，必须交错砌筑。对具有帽石的石砌涵洞，如需加高路堤，也可采用添加一层帽石或加砌护坡的方法来提高路基。

如涵洞出水口处冲刷严重，可采用盖板涵的维修方法予以防治。

任务三　调治构造物的养护、维修与加固

学习情境一　调治构造物的分类

调治构造物包括导流堤、丁坝、顺坝和格坝等。调治构造物的作用是引导水流均匀、顺畅地通过桥孔，防止和减少桥位附近河床和河岸的不利变迁，保证桥梁墩台基础、河堤以及引道的稳定与安全。

1. 导流堤

导流堤能够调节水流，使其均匀顺畅地通过桥孔，可以有效地防止桥下断面和上、下游附近河床、河岸发生不利变形。其布设要结合河段特性、水文、地形和地质等自然条件，因地制宜、顺应水势、因势利导；同时兼顾上、下游洪水位和枯水位，确定总体布设，设置导流线。导流堤可分为三类，即封闭式导流堤、曲线导流堤（图3-27）、梨形堤。

图3-27　曲线导流堤

2. 丁坝

丁坝是一种治导河流、保护堤岸的水工建筑物，一端与堤岸连接成丁字形，能改变水流，使堤岸不受冲刷。丁坝可使泥沙在坝田里淤积，以造成新岸，如图3-28所示。

图3-28　丁坝

3. 顺坝和格坝

顺坝和格坝是为控制河势，束窄河道，约束水流而设置的桥梁防护建筑物。顺坝一般同水流的流向平行，当顺坝较长且与河岸距离较大时，常在顺坝与河岸之间修筑几道格坝，以防止水流冲走沉积的泥沙，如图 3-29 所示。

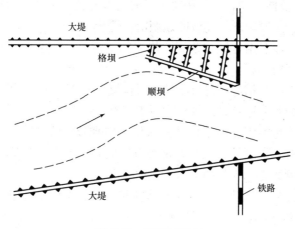

图 3-29 顺坝与格坝

学习情境二 调治构造物的养护与维修

1. 调治构造物的日常养护

(1)导流堤、丁坝、顺坝、格坝等调治构造物，应保持良好的技术状况，引导水流均匀、顺畅地通过桥孔，防止和减少桥位附近河床和河岸的变迁，保证桥梁、桥头引道和河岸的安全与稳定。

(2)洪水前后应巡查，及时清除调治构造物上的漂流物。

(3)导流堤、梨形堤、丁坝或顺坝的边坡受到洪水冲刷和波浪冲击，坡脚发生局部破坏时，应及时抛填块石和铁丝石笼等进行防护。

(4)对河道改变而增设的护岸工程，应注意坡面有无变化，基础是否牢固，发现缺损应及时处理。

(5)河滩、河岸的路堤边坡外侧可种植生长迅速、根系发达、枝叶茂密的乔木或耐水的灌木作为防护。其布置以乔、灌间种的多行带状或梅花式为宜。

2. 调治构造物的维修与加固

(1)根据需要将临时性的竹木、钢丝石笼等调治构造物有计划地改成浆砌块片石或混凝土永久性结构。

(2)若调治构造物不足以抗御洪水冲击，则应进行加固，可采用植草皮、干砌或浆砌片石、钢丝石笼、抛石等，也可用梢捆、柴排、混凝土或钢筋混凝土板、土工织物等进行加固，加固时，应综合考虑水深、流速及波浪冲击等因素。加固的高度，淹没式的应加固至坝顶，淹没式的应高于设计洪水位以上至少 50 cm。

(3)通过一定时期的观察，发现调治构造物的位置不当，或数量、长度不足，不能发挥正常作用时,应在洪水退后进行改建。

(4)砌石的调治构造物,由于遭受漂浮物的撞击及洪水冲刷,基础冲空,发生损坏或砌体开裂,应立即进行修理。

(5)河床冲刷严重,危及墩台基础时,应采取措施进行处理。

(6)当河道变迁、流向不顺,或因桥梁上下游河道弯曲,形成斜流或涡流,危及桥梁墩台、桥头引道时,应分不同情况增建或改建调治构造物。

1)数据采集。对于需要增建或改建调治构造物的桥梁,应查明每年河床与调治构造物的变化,并作记录,其内容如下。

①桥位处河床状态:包括河槽对桥梁的相对位置、宽度、弯曲状况;河滩宽度、土质;有无沙洲、支流、水塘和冲刷坑;以及植物覆盖和航行情况。

②各种水位标高:包括历史洪水位、常水位、枯水位、流冰高水位、流冰低水位以及观测的日期。桥墩上有无常设的水位尺,是否鲜明完好,其零点标高和国家水准点的标高是否相同。桥台上游侧面有无当年的最高水位的标记。

③洪水通过形态:包括流速、主流方向及流量;有无涡流、斜流、流速不均匀、沉积不规则;水流是否偏离正常通道及有无漂浮物等。

④结冰及流冰状况:结冰时间、封冰范围、解冰时冰层厚度及冰色变化,冰层初期移动时间、流冰开始和持续时间以及流冰密度、冰块尺寸。

⑤已有调治构造物的工作状况:是否能正常发挥调治功能,着重检查桥下有无冲刷、淤积的继续发生。

2)调治构造物的设置。

①导流堤。对变迁性河流,当河滩不太宽时,可修建不漫水的封闭式导流堤,从桥孔一直延伸到基岸,封闭变迁区。与桥梁衔接部分应做成曲线,而与边岸衔接的上游段可做成直线,如图3-30所示。

②梨形堤。当河滩很宽、变迁很大时,为了节省造价,可修筑短的梨形堤,并加固引道路堤,如图3-31所示。

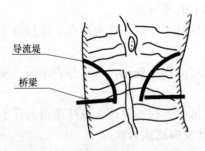
图3-30 通过变迁区的导流堤

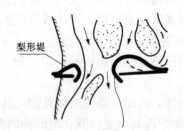
图3-31 短的梨形堤

③丁坝。河床演变比较剧烈时,可在桥头引道的一侧或河岸边设置丁坝,将水流挑离桥头引道和河岸,改变水流方向,使泥沙在丁坝后淤积。当成群布置丁坝时,其位置、方向、坝长等应符合导治线,其几何尺寸及与水流交角按有关设计确定。

④顺坝、丁坝与格坝的联合布置。由于上游第一个丁坝易遭冲刷损坏,因而可改为顺坝,组成联合布置,如图3-32所示。应注意短丁坝群头部的连线必须是吻合导治线的一条平滑曲线,曲线两端须与河岸平顺连接,使水流不致突然改变方向。

⑤导流堤与丁坝的联合布置。当引道路堤伸入河滩较长，桥梁与河道正交时，为防止滩流对路堤的冲刷，可在河滩引道上联合设置导流堤与丁坝群，如图 3-33 所示。注意丁坝头部的连线应为一直线，以使各丁坝充分发挥其挑流能力。

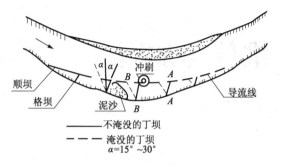
图 3-32　顺坝、丁坝与格坝的联合布置

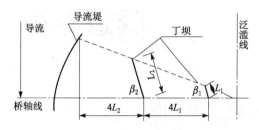
图 3-33　导流堤与丁坝的联合布置

项目小结

为了保证公路畅通无阻，尽量保持和延长现有桥涵构造物的技术状态和使用年限，对桥涵构造物进行经常性的养护维修是十分必要的。如果桥涵构造物不能满足实际承载能力及通行能力要求时，还需对其进行必要的加固、拓宽等技术改造。

思考与练习

1. 桥梁在哪些情况下应该作特殊检查？
2. 简述更换一般常用橡胶板伸缩缝的程序。
3. 简述钢筋混凝土梁加固的方法。
4. 桥梁支座养护过程中应注意哪些问题？
5. 墩台基础出现位移的处治方法是什么？
6. 墩台基础出现沉降的处治方法是什么？
7. 涵洞养护内容有哪些？
8. 调治构造物增建时应注意哪些问题？

项目四

隧道养护、维修与加固

 知识目标

1. 掌握公路隧道使用质量的调查和评价方法。
2. 掌握公路隧道日常养护的要求和病害处理方法。
3. 掌握公路隧道土建结构病害处理和加固的技术措施。
5. 了解公路隧道机电工程的养护方法。

 能力目标

1. 能够对公路隧道使用质量进行调查、评价、分析,并能够进行分类。
2. 能够对公路隧道的病害提出有针对性的解决方法。

 素质目标

1. 培养学生严谨求实的职业操守,具有理论联系实际、实事求是的工作作风和科学严谨的工作态度。
2. 培养学生养成严格按照规范流程工作,突出体现公路隧道建设理念、技术、规范开发的自主性,专业性,坚定文化自信,巩固专业思想,增强民族自豪感,具备向国际传播、弘扬中国标准的能力。
3. 培养学生追求创新的精神和刻苦务实;立足学科与行业领域,从而成为具有国际视野,家国情怀,使命担当的社会主义接班人。

 导　引

随着科技水平不断发展和公路建设的快速发展,我国隧道数量和总长不断增加,据统计,截至2020年我国公路隧道数量突破两万处,达到21316处,总长度突破两千万米,达到2199.9万米。其中,特长隧道建设数量增长迅速,据统计,2020年我国公路特长隧道数量为1394处,同比增加219处,总

中国十大隧道

长度达到 623.6 万米,同比增长 19.5%。同时我国在特长山岭隧道建设技术、水下沉管隧道技术、大断面顶管技术等方面已经成为世界领先者;在软岩大变形控制技术、瓦斯隧道施工通风技术、大断面盾构施工技术、TBM 施工技术等方面也已步入世界先进水平。比如大柱山隧道,不仅是中国有史以来遇到的最难隧道工程;放眼全球,它仍然是难度最高的。14.5 公里的隧道并不算长,却足足用了 12 多年;其中最难的 156 米,更是挖了 26 个月;工人们戏言,就算用手指抠,也该抠通了。先后有 500 多名国内外专家来过大柱山隧道,几乎所有的专家都觉得难度太大,给不出最佳方案。大柱山隧道可以说综合了几乎所有隧道工程可能遇到的难题:隧道穿过 6 条断裂带、5 处岩溶发育地段、3 条褶皱构造段、30 多种不同的围岩;综合了国内复杂断层、突泥涌水、软弱围岩大变形、高地热、岩爆、瓦斯、辐射等几乎所有长大隧道的风险,被称作"极高风险隧道"。一位外国隧道专家感慨地说:"就隧道修建的技术进步,中国用 20 年的时间走完了发达国家 50 年甚至 100 年走完的路程。"

任务一 土建结构的养护

隧道在山岭地区可用于克服高程与地形障碍,改善线形,缩短行车里程,减少对植被的破坏,提高行车速度,节约燃料,起到保护生态环境的作用;在城市,可用于减少道路用地,构成立体交叉,疏导交通,降低对周围环境和人民生产、生活的影响。

公路隧道是公路穿山越岭以及江、海水下的重要工程构造物,既是道路工程构造物,又是地下工程结构,它涉及工程地质、结构力学、空气动力学、光学、自动控制和工程机械等多种学科,技术较为复杂,增大了养护维修及管理的难度。而且,公路隧道一般都处于崇山峻岭之中,无绕行可能,如果隧道内出现严重渗漏水、衬砌开裂或设施故障等情况,则会妨碍交通,进而使整个交通线完全处于中断状态,给公路交通造成恶劣影响,因此,隧道的养护管理比一般路段的养护管理更为重要。为保证公路的畅通无阻,必须加强对公路隧道的养护与维修,延长其使用年限,保证其绝对安全。公路隧道的养护内容包括土建结构、机电设施、其他工程设施。

学习情境一 土建结构养护的工作内容

土建结构主要是指隧道的各类土木建筑工程结构物,如洞门、衬砌、路面、防排水设施、斜(竖)井、检修道及风道等结构物。

土建结构的养护工作可分为清洁维护、结构检查、保养维修和病害处治四个部分。

(1)清洁维护的工作内容应包括扫除隧道内垃圾、清除结构物脏污、清理(疏通)排水设施,保持结构物外观的干净整洁。

(2)结构检查的工作内容应包括发现结构异常情况,系统掌握结构技术状况,判定结构物功能状态,确定相应的养护对策或措施。

(3)保养维修的工作内容应包括预防性地对结构物进行维护,修复结构物轻微破损,经常保持结构物的完好状态。

(4)病害处治的内容应包括修复破损结构,消除结构病害,恢复结构物设计标准,维持良好的技术功能状态。

1. 隧道的检查

公路隧道交付使用后,养护管理部门首先要熟悉其设计、施工资料,掌握隧道的全面技术状况,制订小修保养、大中修、改善工程计划。在使用过程中要进行经常检查、定期检查和特殊检查工作,以便及时发现和处理问题,确保安全畅通。工作流程如图 4-1 所示,图中的 A、B、S、1A、2A、3A 的含义参见表 4-5。

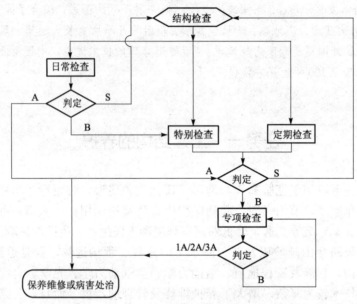

图 4-1 隧道检查工作流程

隧道的检查工作可分为日常检查、定期检查、特别检查和专项检查四类。

(1)日常检查。日常检查主要是指对外观状况进行的日常巡视检查。以目测为主,配合以简单的检查工具进行,每月一次,检查以定性判断为主,检查由隧道养护工区(站)负责。检查结果应及时填入"隧道经常性检查记录表",见表 4-1,应翔实记录检查项目的破损类型,估计破损范围和程度以及养护工作量,作出分类判定,并采取相应的对策措施。

表 4-1 隧道经常性检查记录表

隧道名称：　　　　　　　　　　　　路线名称：
隧道编号：　　　　　　　　　　　　路线编码：
养护机构：　　　　　　　　　　　　检查日期：　　　　　　　　　　天气：

里程桩号	项目名称	检查内容	状态描述	判定结论
……	……			

检查人：　　　　　　　　　　　　　　　　　　　　　　　　　　　记录人：

(2)定期检查。定期检查是按规定周期对结构的基本技术状况进行全面检查。通过定期检查,应系统掌握结构基本技术状况,评定结构物的功能状态,为制订养护工作计划提供依据。

检查的周期宜1次/年,高速公路隧道应不少于1次/年。检查宜安排在春季或秋季进行。新建隧道应在交付使用1年时进行首次定期检查。

检查宜采用步行方式,配备必要的检查工具或设备,进行目测或量测检查。检查时,应尽量靠近结构,依次检查各个结构部位,注意发现异常情况和原有异常情况的发展变化。对于有异常情况的结构,应在其适当位置做出标记。检查结果宜尽可能量化。

检查结果应及时填入"隧道定期检查记录表"(表4-2)。将检查数据及病害绘入"隧道展示图",该图应详细、准确地记录各类结构的基本技术状况,根据图表分析病害的成因,给出判定结论。

表4-2 隧道定期检查记录表

隧道名称:　　　　　　　　　　路线名称:
隧道编号:　　　　　　　　　　路线编码:
养护机构:　　　　　　　　　　检查日期:　　　　　　　　　　天气:

里程桩号	项目名称	检查内容	状态描述	判定结论
……	……			

检查人:　　　　　　　　　　　　　　　　　　　　　　　　　　记录人:

定期检查完成后,应提出结构定期检查报告,报告内容应包括如下几项:
1)对结构的技术状况和功能状态的评价。
2)对结构的养护维修状况的评价及建议。
3)需要实施专项检查的建议。
4)需要采取处治措施的建议。

另外,检查报告还应附上检查记录表、隧道病害展示图记录表(表4-3)以及其他有关检测记录资料。隧道病害描述图例如图4-2所示。

表4-3 隧道病害展示图记录表

桩号		
土建部分	左墙	
	拱部	
	右墙	

隧道名称:　　　　　　　　　　检查日期:　　　　年　月　日
检查人:　　　　　　　　　　　记录人:

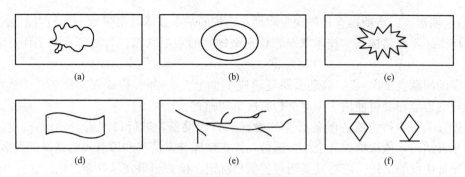

图 4-2 病害描述图例
1—出水冒泥；2—衬砌凸起；3—围岩碎落；4—墙体变形；
5—衬砌或围岩开裂；6—漏水、挂冰、堆冰

（3）特别检查。特别检查是在隧道遭遇自然灾害、发生交通事故或出现其他异常事件后，对遭受影响的结构立即进行的详细检查。通过特别检查，应及时掌握结构受损情况，为采取对策措施提供依据。

应根据受异常事件影响的结构，决定应采用的检查方法、工具和设备。

特别检查的内容应重点针对受异常事件影响的结构或结构部位，掌握其受损情况。

特别检查应按定期检查的标准判定，当难以判明破损的原因、程度等时，应作专项检查。检查结果的记录，与定期检查相同。检查完成后，应提交特别检查报告（包括检查记录），评估异常事件的影响，给出判定结论（表 4-4），确定合理的对策措施。

表 4-4 日常、定期和特别检查结果的判定

判定分类	检查结论
S	情况正常（无异常情况，或虽有异常情况但很轻微）
B	存在异常情况，但不明确，应作进一步检查或观测以确定对策
A	异常情况显著，危及行人、行车安全，应采取处治措施或特别对策

（4）专项检查。专项检查是根据定期检查和特别检查的结果，或者通过其他途径判断，需要进一步查明某些破损或病害的详细情况而进行的更深入的专门检测。通过专项检查，应完整掌握破损或病害的详细资料，为其是否实施处治以及采取何种处治措施等提供技术依据。

1) 专项检查宜委托具有相应检测资质的专业机构实施。

2) 检查的项目、内容及其要求，应根据定期检查或特别检查的结果有针对性地确定。

3) 检查人员应对有关的技术资料、档案进行调查，并对隧道周围的地质及地表环境等展开实地调查，以充分掌握相关的技术信息，寻找结构发展变化的原因，探索其规律，确保专项检查结果的准确性。

检查的结果可按外荷载作用、材料劣化和渗漏水三种主要情况分别考虑，进行判定分类。

1) 由外荷载作用而导致的结构破损，以衬砌变形、移动、沉降、裂缝、起层、剥落以及突发性的坍塌等为主要表现形态，其判定可按表 4-5 执行。

表 4-5　外荷载作用所致结构破损的判定基准

判定	异常情况			
	衬砌变形、移动、沉降	衬砌裂缝	衬砌起层、剥落	衬砌突发性坍塌
B	虽存在变形、位移、沉降，但已停止发展，已无可能再发生异常情况	存在裂缝，但无发展趋势	—	—
1A	出现变形、位移、沉降，但发展缓慢	存在裂缝，有一定发展趋势	—	衬砌侧面存在空隙，估计今后由于地下水的作用，空隙会扩大
2A	出现变形、位移、沉降，估计近期内结构物功能会下降	裂缝密集，出现剪切性裂缝，发展速度较快	侧墙处裂缝密集，衬砌压裂，导致起层、剥落，侧墙混凝土有可能掉下	拱部背面存在大的空洞，上部落石可能掉落至拱背
3A	出现变形、位移、沉降，结构物应有的功能明显下降	裂缝密集，出现剪切性裂缝，并且发展速度快	由于拱顶裂缝密集，衬砌开裂，导致起层、剥落，混凝土块可能掉下	衬砌拱部背面存在大的空洞，且衬砌有效厚度很薄，空腔上部可能掉落至拱背

2）由材料劣化而导致的结构破损，一般出现衬砌强度降低、起层剥落、钢材腐蚀等形态，其判定可按表 4-6 执行。

表 4-6　材料劣化所致结构破损的判定基准

判定	异常情况		
	衬砌断面强度降低	衬砌起层、剥落	钢材腐蚀
B	存在材料劣化情况，但对断面强度几乎没有影响	难以确定起层、剥落	表面局部腐蚀
1A	由于材料劣化等原因，断面强度有所下降，结构物功能可能受到损害	—	孔蚀或钢材表面全部生锈、腐蚀
2A	由于材料劣化等原因，断面强度有相当程度的下降，结构物功能受到一定损害	由于侧墙部位材料劣化，导致混凝土起层、剥落，混凝土块可能掉落或已有掉落	由于腐蚀，钢材断面明显减小，结构物功能受到损害
3A	由于材料劣化等原因，断面强度明显下降，结构物功能损害明显	由于拱顶部位的材料劣化，导致混凝土起层、剥落，混凝土块可能掉落或已有掉落	—

3）对于渗漏水、结冰、沙土流出等形态的破损，其判定可按表 4-7 执行。

表 4-7　渗漏水、结冰、沙土流出所致结构破损的判定基准

判定	异常情况	
	渗漏水	结冰、沙土流出
B	从衬砌裂缝等处渗水，几乎不影响行车安全	有渗漏水，但现在几乎没有影响
1A	从衬砌裂缝等处漏水，不久可能会影响行车安全	由于排水不良，铺砌层可能积水
2A	从衬砌裂缝等处涌水，影响行车安全	由于排水不良，铺砌层积水
3A	从衬砌裂缝等处喷射水流，严重影响行车安全	在寒冷地区，由于漏水等，形成挂冰、冰柱，侵入规定限界；沙土等伴随漏水流出，铺砌层可能发生浸没和沉降

检查完成后，应提交专项检查报告，报告的内容应包括如下几项：

1) 检查的主要经过，包括检查的组织实施、时间和主要工作过程等。

2) 所检查结构的技术状况，包括检查方法、试验与检测项目和内容、检测数据与结果分析以及对破损结构的技术评价等。

3) 对病害的成因、范围、程度等情况的分析及其维修处治对策、技术与所需资金等建议。

2. 隧道的保养与小修

土建结构的保养维修工作主要包括经常性或预防性的保养和轻微破损部分的维修等内容，以恢复和保持结构的良好使用状态。

当日常检查的判定结果为 A(表 4-5)时，应及时对结构进行保养和维修。

(1) 结构应经常性、周期性地进行清洁维护，其周期应综合考虑隧道状况、交通量大小及组成、结构物脏污程度、清洁方式及效率和环境条件等因素加以确定，并尽量减少对交通营运地干扰。

(2) 洞口。及时清除洞口边仰坡上的危石、浮土，冬季应清除积雪和挂冰，保持洞口边沟和边仰坡上截(排)水沟的完好、畅通，修复洞口挡土墙、护坡、排水设施和减光设施等结构物的轻微损坏，维护洞口花草树木的完好。

(3) 洞身。无衬砌隧道出现的碎裂、松动岩石和危石，应本着少清除多稳固的原则，加以处理；围岩的渗漏水，应开设泄水孔接引水管，将水导入边沟排出；冬季应及时清除洞顶挂冰。

有衬砌隧道出现的衬砌起层或剥离，应及时加以清除或加固；对衬砌的渗漏水，可将水流引入边沟排出。

(4) 路面。及时清除隧道内外路面上的塌(散)落物，及时修复、更换损坏的窨井盖或其他设施的盖板；当路面出现渗漏水时，应及时处理，将水引入边沟排出，防止路面积水或结冰；冬季应及时清除洞口处积雪。

(5) 人行和车行横洞。横隧道内严禁存放任何非救援用物品，及时清除散落杂物，修复轻微破损结构，定期保养横洞门，确保横洞清洁、畅通。

(6)斜(竖)井。及时清除井内可能损伤通风设施或影响通风效果的异物；维护井内排水设施的完好，保持水沟(管)的畅通；对井内的检查通道或设施进行保养，防止其锈蚀或损坏。

(7)风道。清理送(排)风口的网罩，清除堵塞网眼的杂物；定期保养风道板吊杆，防止其锈蚀或损坏；及时修复风口或风道的破损，更换损坏的风道板。

(8)排水设施。维护隧道内外排水设施的完好，发现破损及时修复；排水管堵塞时，可用高压水或压缩空气疏通。

(9)吊顶和内装。吊顶和内装应保持完好和整洁美观，如有破损、缺失应及时修补恢复，不能修复的应及时更新。

(10)人行道或检修道。维护人行道或检修道的完好和畅通，道板如有破损或缺失，应及时进行修复和补充；定期保养人行道或检修道护栏，防止其锈蚀、损坏。

(11)其他。
1)寒冷地区隧道的防冻保温设施应做好保养维护，如有损坏应及时维修，确保其正常使用功能。
2)洞口设有防雪设施的隧道，应做好防雪设施的保养维护，并在大雪降临前完成设施的维修加固。
3)隧道的交通标志应保持外观完整、清晰、醒目，保持位置、高度和角度适当，确保交通信息传递无误。
4)隧道的交通标线应保持完整、清洁和醒目。

学习情境二 隧道主要病害的处理

改革开放以来，交通运输的需求量和等级要求越来越高，高等级公路修建的隧道数量越来越多，工程的规模也日趋增大。但是由于设计、施工、材料、地质条件、气候环境条件等各方面因素的影响，导致一些运营隧道产生结构变形、开裂、混凝土掉块、错台、衬砌腐蚀和渗漏水等病害，大大降低了线路的级别，缩短了工程的使用寿命，并威胁到安全运营，情况严重的使隧道失去使用功能，给国民经济带来巨大损失。因此需要加强对隧道病害的处理。

1. 一般原则

对各种病害在检查观测的基础上，作出正确判断后，就应采取有效措施加以修理、中修、加固。其原则应按照《公路隧道养护技术规范》(JTG H12—2015)的有关条文执行，对轻微病害进行修补(理)；对中修应作出设计，按图施工；对重大损坏影响通车时，用临时支护的方式，确保行车安全，同时进行大修工程设计，抓紧抢修，恢复其功能。

2. 隧道主要病害的种类及其防治

(1)隧道的水害。隧道水害是指在隧道的修建或运营过程中遇到水的干扰和危害。水害是隧道常见的病害之一，调查资料表明，在我国铁路运营隧道中存在不同程度水害的隧道约占70%。运营隧道的水害问题是一个较为普遍、长期困扰着隧道养护维修、管理部门的难题之一。在运营期间，地下水常从混凝土衬砌的施工缝、变形缝、裂缝甚至混凝土孔隙等通道渗漏进隧道中，造成洞内通信、供电、照明等设备处于潮湿环境而发生锈蚀，使路面积水或结冰，造成车轮打滑，危及行车安全。隧道工程实践表明，地下水的存在是难免的，但它对工程的危害是可以避免和减少的。因此，如何较好地整治隧道水害成了一项艰巨而又重要的任务。

1)运营隧道渗漏水的种类。

①隧道漏水和涌水。隧道漏水和涌水对隧道稳定、洞内设施、行车安全、地面建筑和隧道周围水环境产生诸多不良影响甚至威胁，具体表现为以下几个方面：

a. 衬砌混凝土出现风化、腐蚀、剥落等情况，造成衬砌结构破坏，围岩软化，引起围岩变形。

b. 涌水病害造成衬砌破坏、铺底或仰拱破碎、道床翻浆冒泥，使行车中断。

c. 造成洞内空气潮湿，影响养护人员的身体健康，加快洞内设备(通信、照明、钢轨等)的锈蚀，影响设备的正常使用，缩短线路设备的使用寿命，增加维修费用。

d. 造成电力牵引区段和电力配线绝缘设施失效，发生短路、跳闸等事故，危及行车安全，影响安全运营。

e. 隧道路面的积水，会导致行车环境恶化，降低轮胎和路面的附着力，给行车带来危险。

f. 严重渗漏水可能会引发地面和地面建筑物的不均匀沉降和破坏。

g. 隧道渗漏造成地表水和含水层大量流失，破坏周围水环境，造成环境灾害。

②衬砌周围积水。衬砌周围积水可能造成的危害有以下几种：

a. 水压较大时导致衬砌破裂。

b. 使原来完好的围岩及围岩的结构面软弱夹层因浸水而软化或泥化，失去承载力，使衬砌压力增大而导致衬砌破裂。

c. 使膨胀性围岩体积膨胀，导致衬砌破坏。

d. 在寒冷地区发生冰胀和围岩冻胀，导致衬砌破坏。

③潜流冲刷。潜流冲刷主要指由于地下水渗流和流动而产生的冲刷和溶蚀作用，其可能造成的危害有以下几种：

a. 衬砌基础下沉，边墙开裂或者仰拱、整体道床下沉开裂。

b. 围岩滑移错动导致衬砌变形开裂。

c. 对超挖回填不密实或未全部回填者，会引起围岩坍塌，导致衬砌破坏。

d. 围岩有地下水并具有侵蚀性的情况下，对衬砌与隧道内设备的腐蚀会更加严重。

2)隧道内渗漏水的治理。隧道内的渗漏水应根据调查的渗漏量，采用防、堵、排的方法进行综合治理。

①防水。为防止外部的雨雪水浸入隧道内，应保证山体外部排水的便利顺畅；消除山体外的积水，洞穴、凹地积水；保证山体附近的水库、水渠不漏水；地表水不在隧道内积存；尽量防止水对隧道产生病害。

②堵水。堵住渗水的来源，可以解决小量的渗水，即将水封闭在围岩或衬砌层内，不使其外渗。可采用抹水泥砂浆的方法封闭，或作表面防水层解决。

a. 将水泥树脂砂浆、防水膏、沥青油等防水材料通过浅水管排入边沟，再在此处作防水层处理，最后补砌衬砌圬工体。

b. 表面接水棚、槽。此法简单易行，用镀锌薄钢板(防锈)做成接水用的镀锌薄钢板槽，将其固定在衬砌或围岩上接渗漏水，水通过引水管流入边沟排出。接面积较大的渗漏水的称为接水棚。

c. 埋管导流。对单裂缝的渗漏水,可采用埋管的方法,即沿单裂缝开凿成喇叭口状槽,嵌入半圆的塑料管或其他管,通至边沟,同时将管用水泥砂浆封闭,使渗漏水顺势而下。

d. 埋集水管法,适用于集中渗水层的漏水排除,即按前法将裂(漏)缝开凿使其集中在一个出口排出。在封闭前埋入浅水管,使渗漏水集中到一个排出口,再接上导流管通边沟,导流管固定在边墙的围岩和衬砌上。

③排水。排水是指将已从渗缝进入隧道的水,以一定的方式集中,然后将其引入隧道的边沟内,使其顺利排出洞外,一般采用设置竖向管沟的方法。

a. 无衬砌隧道,如加修衬砌时应先作防水层,设置竖向盲沟,经泄水孔与边沟相通,然后再作衬砌圬工施工。

b. 有衬砌隧道,在渗漏水处将圬工拆除,开凿环形的渗漏缝为槽,使渗漏水集中顺槽而下;采取措施,即用支架稳固变形部分,以维持临时通车之需。

(2)衬砌结构的病害。

1)衬砌结构病害的主要类型。

①衬砌变形。衬砌变形主要是指衬砌发生收敛变形,造成隧道净空减小,或侵占预留加固的空间,主要有横向变形和纵向变形两种。其中,横向变形是主要形式,主要包括整体横向、竖向压扁,仰拱、拱顶的上拱与下弯,边墙的内鼓和外鼓。

②衬砌移动。衬砌移动是指衬砌的整体或其中一部分出现转动(倾斜)、平移和下沉(或上抬)等变化,也有纵向与横向移动之分。对于大多数发生裂损的衬砌,往往是纵向与横向移动同时出现。

③衬砌开裂。隧道在施工或运营过程中,由于各种因素的影响,隧道衬砌出现裂缝现象,从而直接影响隧道的正常运输。在中等强度岩层的隧道中,衬砌拱部的开裂以拱顶内缘压裂、拱腰内缘拉裂为较多,且在尖拱形衬砌中较为明显。在边墙部位,则以边墙中部以上拉裂为较多。在傍山(偏压)隧道中以靠山侧拱腰拉裂较多,这与围岩压力的分布不均匀有关。隧道衬砌裂缝的类型多种多样,按照裂缝走向及其与隧道轴向的相关关系可为纵向裂缝、环向裂缝和斜向裂缝三种。环向裂缝一般对于衬砌结构的正常承载影响不大。拱部和边墙的纵向及斜向裂缝,对结构整体性的危害较大,其中纵向裂缝危害性最大。

a. 纵向裂缝。图 4-3 所示的裂缝平行于隧道轴线,其危害性最大,发展可引起隧道掉拱、边墙断裂甚至整个隧道塌方。纵向隧道裂缝的分布具有拱腰部分比拱顶多,双线隧道主要产生在拱腰,单线隧道主要产生在边墙的规律。拱顶纵向裂缝导致衬砌剥落掉块;拱脚部位裂缝则会产生衬砌错动,导致掉拱可能;边墙裂缝会使整个隧道失稳。

b. 环向裂缝。环向裂缝主要是由不均匀荷载、围岩地质变化、沉降缝等处理不当引起的,多发生在洞口或不良地质地带与完整岩石地层的交接处,如图 4-4 所示。环向裂缝占裂缝总长的 30%~40%。

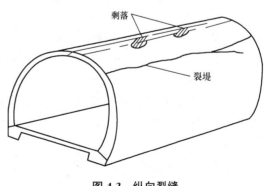

图 4-3 纵向裂缝

c. 斜向裂缝。斜向裂缝一般和隧道纵轴的夹角约为 45°，也常由混凝土衬砌的环向受力和纵向受力组合而成的拉应力造成，其危害性仅次于纵向裂缝，需认真对待。

④衬砌缺陷。隧道可能存在的衬砌厚度不足、衬砌背后严重空洞、衬砌背后回填不密实等缺陷，也会使衬砌结构的稳定性和可靠性受到影响，而且这些缺陷在外界各种因素的影响下继续发展，就会进一步引起隧道发生开裂变形等各种形式的破坏。

图 4-4 环向裂缝

2) 衬砌结构病害的原因分析。衬砌混凝土裂损的原因非常复杂，往往是多种不利因素综合作用的结果。据有关资料统计，因施工不规范造成的衬砌裂损占 80%左右；因材料质量差或配合比不合理产生的裂损占 15%左右；因设计不当引起的裂损约占 5%。

①施工因素。

a. 先拱后墙法施工时，拱架支撑变形下沉，造成拱部衬砌产生不均匀下沉，拱腰和拱顶产生施工早期裂缝。

b. 隧道施工工序的设计存在一定问题。

c. 施工时应处理好的施工缝、变形缝（温度缝、沉降缝）因施工质量问题没有处理好而出现裂缝，它们主要表现为平行于隧道衬砌环，产生的主要原因是施工质量与混凝土结构本身等出现问题。

d. 模筑混凝土衬砌拱背部位常出现拱顶衬砌与围岩不密贴的空隙，若不及时回填密实，则会使拱腰承受围岩较大的荷载，拱顶在一定范围内存在空载，从而形成对拱部衬砌不利的"马鞍型"受力状态，这也正是导致拱腰内移张裂、相应拱顶上移、内缘受挤压等常见病害产生的荷载条件。

e. 受施工技术条件限制，施工质量管理松散和不善，混凝土材料检验不力，施工配合比控制不严，水胶比过大，混凝土捣实质量不佳，拱部浇筑间歇施工形成水平工作缝，混凝土模板不平等因素，修成的隧道衬砌在施工缝处产生裂缝，以及衬砌混凝土表面产生蜂窝麻面等衬砌质量不良，降低承载能力。

f. 施工测量放线发生差错、欠挖、模板拱架支撑变形、塌方等原因，造成局部衬砌厚度偏薄或衬砌结构受力不对称，降低了衬砌承载能力。

g. 过早拆除模板支撑，使衬砌承受超容许的荷载，易发生裂损。

h. 由于施工方法和施工组织不当，在施工过程中各工序紧跟不上不能及时成环，如落中槽挖马口时拱部衬砌悬空段过长、支撑段长度过短，支撑的稳固条件和强度不足，都会造成不均匀沉降和拱脚内移，常在拱顶和拱腰处出现裂缝。

②设计因素。

a. 对一些具有膨胀性围岩的地段，未采取曲墙加仰拱衬砌。

b. 隧道穿过偏压地段时，没有采用偏压衬砌。

c. 隧道穿过断层破碎带、褶皱区等局部围岩松散压力或结构力较大的地段，对衬砌结构没有相应地采取加强措施。

d. 基底软弱和易风化围岩地段，未设可靠防水设施，混凝土铺底厚度及强度不足，使得隧道发生不均匀沉降。

③其他因素。如混凝土的碱-集料反应、混凝土的收缩、温度的交替变化以及地质因素也会造成衬砌混凝土的开裂。

3) 治理的措施。

①压浆法。

a. 压注水泥砂浆的条件。

a) 当衬砌圬工体的开裂已相对稳定时，要对其进行压注砂浆处理，一般用环氧树脂水泥砂浆为宜，以增强其粘结力。

b) 当初砌与围岩间产生脱离、有空隙时，也可用环氧树脂处治。

c) 当衬砌圬工鼓肚时，可先处理鼓肚，配以锚杆锚固，局部压注水泥砂浆。

b. 砂浆制作。环氧树脂砂浆的拌和，是先用环氧树脂和磷苯二甲酸二丁酯，配乙二胺拌匀；再加水泥拌和，其比例见表4-8。

表4-8 环氧树脂配方比例

环氧树脂	水泥	磷苯二甲酸二丁酯	乙二胺
100	30	5～15	8～10

c. 施工步骤。用环氧树脂灌浆处理钢筋混凝土、混凝土构件裂缝的过程，可分为以下3个阶段。

阶段1：准备阶段。此阶段主要任务是将裂缝构成一个密闭的空腔，有计划地留若干进出口，为压浆阶段做好充分的准备（这一阶段的关键在于封闭的质量）。阶段1分以下几步进行。

第1步：裂缝观测，把裂缝的位置确定好。

第2步：混凝土表面处理，在裂缝范围内用小锤、手铲、钢丝刷把混凝土表面找平，清洗干净。

第3步：粘嘴，嘴子是环氧树脂的进口。

第4步：封闭裂缝，包括粘贴玻璃丝布和封闭压浆嘴子周围两项工作。

第5步：试风，在封闭裂缝1d后可进行试风，目的是用压缩空气吹净缝内积尘，检查裂缝贯通情况，检查封闭是否严密。

阶段2：压浆阶段。管路压浆连接顺序如图4-5所示。

图4-5 管路压浆连接顺序

阶段3：处理完善阶段。

• 裂缝的处理完善：待环氧浆液固化后（约1d），便可把压浆嘴子剔掉，用环氧树脂抹平，然后贴上一层玻璃丝布，刷上一层稀环氧砂浆，工作全部结束。

• 工具的处理。日常使用丙酮洗刷工具上粘的环氧树脂材料，如不能除净，可用火烧。

②加套拱或更新拱圈。

a. 当隧道的损坏在某断面附近，而净空又满足设计标准时，可以采用加套拱的方法处理。套拱施工，宜用钢筋混凝土，此时将钢筋网固定后以喷射混凝土处理则更为方便。

b. 当裂损严重而用以上各法均不能安全解决问题时，可成段的更换全拱。

③侧墙倾斜鼓肚。侧墙及门洞的墙体坼工，当基层下或围岩内有膨胀性岩石遇水而膨胀，以及围岩侧面推力过大时，造成倾斜鼓起、内移、下沉，并使衬砌坼工开裂，需采取工程措施加以处治。

a. 当发生鼓肚时，可局部拆除坼工，挖出松软部分，予以嵌补，以锚杆予以稳固。

b. 扩大基础、提高承载能力。当下沉不严重而其内部变形不大时，可在侧墙基础边开挖，补填混凝土，并用钢筋使其相连为一整体。

c. 加筑三角撑托。为提高基础的抗侧向推力能力，在隧道净宽不受影响时，可加筑墙角撑托，使基础、侧墙、撑托三部分的钢筋连为整体，其除起加固作用外，还可起到防止汽车直接冲撞的保护作用。

d. 设置仰拱或水平支撑。对局部下沉、倾斜，可用仰拱或水平支撑梁来消除侧向推力，减少病害继续扩展。

e. 加铺水泥混凝土路面。如隧道内路面为碎石沥青路面时，为处治局部下沉、冒水、侧墙倾斜等病害，可用修建水泥路面的方法进行综合处理，以达到隔绝地下水，处治松软基础的综合目的。

(3) 隧道的冻害。寒冷地区和严寒地区隧道内水流和围岩积水的冻结，会产生隧道拱部挂冰、边墙结冰、洞内网线设备挂冰、围岩冻胀、衬砌胀裂、隧底冰锥、水沟冰塞、线路冻起等影响到安全运营和建筑物正常使用的各种病害。

1) 常见病害。

①拱部挂冰、边墙结冰、道底结冰。隧道漏水冻结，在拱部形成挂冰，且不断增长变粗；在边墙形成冰柱，多条相近的冰柱连成冰侧墙；衬砌漏水落在道床上，逐渐冻结，形成丘状冰锥。如不及时清除挂冰、冰柱、冰锥和冰侧墙，它们就会侵入隧道限界，对行车安全造成严重威胁。

②围岩冻胀破坏。当隧道冻结圈范围内的含水量达到一定程度时，围岩就会产生强烈的冻胀，冻胀力会使隧道发生破坏，具体表现如下。

a. 隧道拱部发生变形与开裂。拱部受冻害影响，拱顶下沉、内层开裂，严重时有错牙产生、拱脚变形移动。经过多次冻融循环不断发展，危及结构安全。

b. 隧道边墙变形严重。边墙壁后若排水不畅，就会积水成冰，产生冻胀压力，造成拱脚不动，墙顶内移，有的是墙顶不动，墙中发生内鼓，也有墙顶内移致使断裂成多段。

c. 隧道内线路冻害。如果线路结构下部地下水比较丰富，水在冬季就会冻结，从而导致道床隆起；在水沟处因保温不好，也会产生冻结，水沟全长就会高低不平。冻融又会使线路和道床翻浆冒泥、水沟断裂破坏。水沟的破坏又会引起排水困难，进一步加大隧道的水害和冻害。

d. 衬砌材料冻融破坏。在富水区域，水会渗入隧道衬砌混凝土内部，冬季混凝土结构内会产生冻胀，经过多年冻融循环使结构变酥、强度降低，造成冻融破坏，通常洞口段冻融变化不大。衬砌除因结构内含水受冻害外，岩体冻胀压力的传递也会导致衬砌发生纵向裂纹和环向裂纹等破坏。

e. 隧底冻胀和融沉。对多年冻土隧道，隧底季节融化层内的围岩若有冻胀性，而底部又没有排水设备，每年都会出现冻胀融沉交替，有时铺底和仰拱也会出现隆起或下沉开裂。

③衬砌发生冰楔。

a. 硬质围岩衬砌背后积水因冻胀产生的冰冻压力(称为冰劈作用)被传递给衬砌,并经常年缓慢发展积累,冰冻压力像楔子似的使衬砌出现破坏、断裂、掉块等现象。已裂解为小块状的拱部衬砌混凝土块,在冰劈作用下,可能发生错动掉块。

b. 衬砌的工作缝和变形缝充水冻胀,经多次冻融循环,使裂缝不断扩大,引起衬砌裂开、疏松、剥落等病害。

④洞内网线挂冰。冬季隧道漏水因落在铁路电力牵引区段的接触网和电力、通信、信号架线上而结冰。若任其发展会坠断网线,使接触网短路、放电、跳闸,通信、信号中断,使行车和人身安全受到威胁。

2)防治冻害的措施。在解决隧道冻害这个问题上,我国隧道工作者进行了积极探索。大量的工程实践表明,隧道的冻害主要是防排水和防冻问题。如果能将衬砌背后围岩中的地下水排除,则主要冻害将大大减轻,甚至消除。目前,国内关于寒冷地区隧道防冻害的措施主要有以下几种。

①防冻隔热层。在寒冷地区的冬季,冷空气与围岩的热交换是产生冻害的主要原因之一。采取敷设防冻隔热层的措施,可以起到隔热保温的作用,从而大大缩小冻融圈的范围,以确保衬砌背部的水不冻结。敷设防冻隔热层的方式有两种:一种是在衬砌内缘表面敷设保温层,如国内的大坂山公路隧道,在衬砌表面敷设聚氨酯泡沫塑料板,如图4-6(a)所示;另一种是在两层衬砌之间敷设保温层,如日本采用新奥法施工的隧道,在初期支护与二次衬砌之间设保温层;又如我国在青藏铁路上修建的昆仑山隧道和风火山隧道,如图4-6(b)所示。

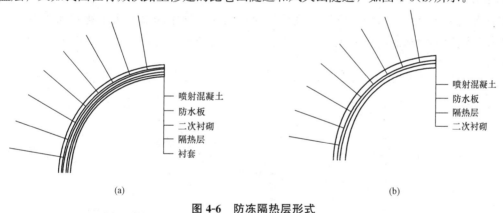

图4-6 防冻隔热层形式
(a)外隔热层法;(b)中间隔热层法

②中心深埋水沟。中心深埋水沟是将水沟埋置于洞内相应的冻结深度以下,利用地温达到排水沟内水流不致冻结的排水设施。中心深埋水沟一般适用于比较严寒的地区,即所在地黏性土的冻结深度在1.5~2.5 m范围内,且冬季有水的隧道。中心深埋水沟与防寒泄水洞基本相似,其区别是防寒泄水洞适用于季节冻深大的地区,可采用暗挖法施工;中心深埋水沟相对来说埋得浅,宜于明挖施工。中心深埋渗水沟的最大优点是明挖回填松散,渗透力强,排水效果好;缺点是在开挖时对已成衬砌及基底有一定影响。

③保温水沟。保温水沟采用浅埋方式(即浅于隧道内的最大冻结深度),在水沟内采取保温措施,以达到冬季水流不冻结的目的,如图4-7所示。保温水沟一般适用于寒冷地区,最冷月平均气温为−10 ℃~−5 ℃,当地黏性土的冻结深度在1.0~1.5 m范围内,且冬季

有水或可能有水的隧道。当隧道较长时，因洞内温度较高，隧道中部一般不产生冻害，故只需在两端洞口 150~400 m 范围内设置保温水沟即可，低洞口可适当加长。保温水沟一般采用侧沟式，水沟上部设双层盖板，在上下两层盖板间充填保温材料，保温层厚度一般不小于 30 cm，下部为流水槽。也有通过管道给水沟供暖的工程实例，如国内甘肃省的七道梁隧道，为防治冻害，利用锅炉给安装在隧道内两侧边沟中的暖气管道供暖气以防止水沟中的水冻结。

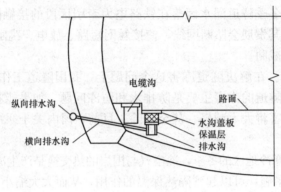

图 4-7　保温水沟

④防寒泄水洞。防寒泄水洞是隧道排除地下水的主要措施之一，其形状类似一个带孔的小隧道，位于隧道的正下方，并将所设竖向盲沟、泄水孔、支导洞、检查井、锥体保温出水口等组成一个排水系统，通过该系统将衬砌后面围岩中的地下水汇集在泄水洞中，然后再排出隧道。泄水洞可以大大减少或消除隧道内部冒水、挂冰、积冰、冻胀等病害。其构造如图 4-8 所示。

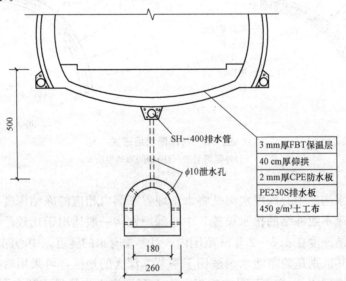

图 4-8　防寒泄水洞及排水系统

(4)隧道衬砌的腐蚀。建在富含腐蚀性介质地区的隧道，其衬砌背后的腐蚀性环境水容易沿衬砌的工作缝、变形缝、毛细孔及其他孔洞渗流到衬砌内侧，形成隧道渗漏水，它会对衬砌混凝土和砌石、灰缝产生物理性或化学性的侵蚀作用，造成衬砌腐蚀。在腐蚀介质的作用下,衬砌混凝土的主要病害有侵蚀麻坑、腐蚀疏松、掉末、剥落,裂缝渗出白色泡沫,露筋锈蚀,裂缝渗漏水,冻融加速开裂,造成混凝土脱皮、掉落。

1)常见病害。

①干湿交替盐类结晶性胀裂损坏。

a. 产生条件。隧道周围有含石膏、芒硝和岩盐的环境水。

b. 侵蚀机理。渗透到混凝土衬砌表面毛细孔和其他缝隙的盐类溶液,在干湿交替的条件下,由于低温蒸发浓缩析出白毛状或梭柱状结晶,产生胀压作用,促使混凝土由表及里,逐层破裂、疏松、脱落。常见在边墙脚高1 m,混凝土沟壁,起拱线接缝和拱部等处裂缝呈条带状,局部渗水处成蜂窝状腐蚀成孔洞,露石、集料分离,疏松用手可掏渣。

干湿交替盐类结晶性胀裂损坏会造成混凝土或不密实的沙石衬砌和灰缝起白斑、长白毛,逐层疏松剥落。沿渗水的裂缝和局部麻面处,呈条带状和蜂窝状腐蚀成凹槽和孔洞。

②硫酸盐侵蚀。隧道混凝土(或钢筋混凝土)衬砌结构会产生很大的损伤破坏,长期作用下,衬砌结构会变得酥松、成层剥落、强度下降,进而降低隧道衬砌的整体承载能力,给安全运营带来隐患。

损伤形式可概括为衬砌混凝土严重腐蚀变质、表面剥落[图 4-9(a)]和衬砌混凝土盐结晶侵蚀[图 4-9(b)]。

 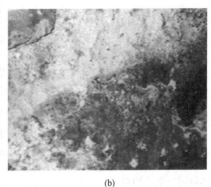

(a) (b)

图 4-9 衬砌混凝土腐蚀

(a)衬砌混凝土表面剥落;(b)衬砌混凝土盐结晶侵蚀

2)治理措施。

①表面喷浆(混凝土)。

a. 以喷射在圬工体或围岩表面上的砂浆混凝土法代替压注水泥砂浆的处理法,除施工容易外,可使水泥砂浆渗入裂缝内,粘结开裂,使新旧圬工成为一个完整的受力体,可达到加固的目的。

b. 当初砌层严重风化剥落,造成补砌层厚度减小时,以此法加固可获得满意效果。无衬砌隧道需加衬砌时可用喷射混凝土的方法处理。

c. 喷射砂浆(混凝土)厚度。当用于修补时,选喷射砂浆,其厚度为3~4 cm;当用于加强层处理时,可选喷射混凝土,其厚度为5~10 cm;当用于衬砌层时,需按隧道受力情况,计算喷射层厚度。

②采用抗侵蚀混凝土。选用抗侵蚀的水泥和适当的矿物掺合料与外加剂进行治理。各种病害处治方法见表 4-9。

表 4-9 隧道病害种类及处治方法

病害种类	处治与修理方法	病害种类	处治与修理方法
衬砌开裂	(1)压注水泥砂浆	衬砌剥落	(1)喷射水泥砂浆
	(2)表面喷射水泥砂浆	隧道漏水	(2)表面做防水层
	(3)更新衬砌		(3)接水槽或接水棚
	(4)加套拱		(3)埋管导流
	(5)喷射混凝土		(4)埋管集水导流
更新衬砌	(1)更新施工体		(5)新做防水层(内防水层)
	(2)喷射混凝土	围岩危石	(1)抹水泥砂浆
衬砌脱落	(1)锚杆加固		(2)喷射水泥砂浆
	(2)砂浆稳固		(3)锚杆加固
墙体变形	(1)锚杆稳固		(4)喷锚结合防护
	(2)拆除重做		(5)喷射混凝土(补砌)
	(3)加固基础	山体保护	(1)挖方减重
	(4)加平衡下支撑梁		(2)填方平衡
拱圈变形	(1)临时支护		(3)加筑挡土墙平衡
	(2)拆除重做		(4)加固桩群
	(3)喷射混凝土支护		(5)稳固山坡
	(4)喷锚结合支护		(6)排除地表水
	(5)喷锚网结合支护	明洞超载	(1)清除坍方,减轻静载
土隧道	(1)新加圬工补砌		(2)平整山坡,排除积水
	(2)喷射混凝土		(3)稳固边坡,减少滑塌
	(3)开裂抹填与石灰麻刀泥		(4)支护拱圈

(5)其他类病害的处治。

1)危石碎落。无衬砌隧道和半口洞,因风化作用发生危石脱落和碎落石,其处治方法如下:

①小面积的碎落石区,用抹水泥砂浆进行稳固。

②碎落石区较大时,可喷射水泥砂浆进行稳固。

③当清除危石时发生其他碎石下落的情况,可用支撑支护、锚固;在危石周围埋锚杆,挂以钢筋网后喷射水泥砂浆或混凝土进行稳固。

④用喷射水泥混凝土为衬砌层的方法处理较大范围的碎落危石,形成稳固的新的衬层,使碎落得以根治。

⑤土隧道黄土开裂,对无衬砌的土隧道,待其多年的干裂缝稳定后,缝内填以水泥、沙泥;片块脱落用喷射砂浆加以稳固。

2)明洞超载。明洞顶所盖板或拱,因两边崩塌而增大洞顶回填土石,因其超过板或拱圈的载重而发生断板或拱圈开裂。

①保护。

a. 平整填土及夯实,使地面水排除顺利。

b. 清除多余塌方,减轻洞顶静载。

c.稳固明挖部分的边坡，不使边坡坍塌。

②修理。断板及断拱要大修，首先应进行支护以保证正常通行；处理断板及拱可按处理拱圈变形的方法进行。

任务二　机电设施的养护

公路隧道机电设施主要指为隧道营运服务的相关机电设施，包括供配电设施、照明设施、通风设施、消防及救援设施、监控设施等。

在进行机电设施养护前应做好以下工作：

(1)养护管理机构应参与机电设施的交工和竣工验收。

(2)养护管理机构应获取如下技术文件。

1)竣工系统图、安装图、技术说明书、电缆清册、软件备份等资料。

2)设备制造厂提供的产品说明书、故障检测手册、合格证明和出厂试验报告等技术文件。

3)检验报告和验收报告。

(3)根据机电设施的复杂程度、养护工作量等配备养护人员，建立岗位责任制，制订养护计划。

(4)养护人员应经上岗培训，并熟练掌握设施的使用要领和技术特性。特殊工种上岗前应作专门培训，并按当地劳动部门规定，经考核持证上岗。

机电设施的养护维修可分为日常检查、经常性检修、定期检修、分解性检修和应急检查。

(1)日常检查是指在巡视车上或通过步行目测对机电设施外观和运行状态进行的一般巡视检查，高速公路隧道应不少于1次/日，其他各级公路可按1次/(1～3)日进行。

(2)经常性检修是指通过步行目测或使用简单工具，对设施仪表读数、运转状态或损伤情况进行的检查，可按1次/(1～3)月进行；对破损零部件应及时进行维修更换。

(3)定期检修是指通过检测仪器对仪表进行的标定，和对连接及装配状态等机电设施运转情况和性能进行的较全面检查和维修，可按1次/年进行。

(4)分解性检修是指通过对设备分解拆卸而进行的重点检修，可按1次/(3～5)年进行。

(5)应急检查是指公路隧道内或相邻处发生重大事故或自然灾害后对机电设施进行的检查，没有固定周期，可配合土建检查一起进行。

学习情境一　供配电设施的养护

(1)供配电设施包括高压断路器柜、高压计量柜、高压电压互感器、避雷器柜、高压隔离开关、高压负荷开关、电力变压器、高低压熔断器、高低压电力电容器柜、低压开关柜、信号屏、微机继电保护装置、高低压母线、电力电缆、控制电缆、各种金属构件、自备发电机等各种为隧道用电设施服务的供配电及辅助设施。

(2)供配电设施养护人员应持有特殊工种上岗证书，并配备专门的电工检修工具。

(3)供配电设施养护应严格执行相关设备的检修规程及国家相关现行标准的有关规定。

(4)高速公路隧道、其他公路长隧道和特长隧道，以及有特殊要求的中短隧道应进行供配电设施日常检查。供配电设施日常检查主要针对变压器、高低压配电柜及变配电室内相关设备外观及一般运行状态进行，通过观察外观异常、声响、发热、气味、火花等现象，及时发现设备故障。

（5）供配电设施经常性检修、定期检修、分解性检修主要项目可按《公路隧道养护技术规范》(JTG H12—2015)的有关规定执行。

（6）供电线路的养护应按电力部门的有关规定进行。当供电线路存在异常情况时应采取措施并及时通知有关部门。

（7）供配电设施需进行带电养护作业的项目，应使隧道内、变配电室及中心控制室相互协调，密切配合，并严格按电气操作规程的有关要求进行。

（8）供配电设施的设备完好率对于高速公路隧道应不低于98%，其他公路隧道应不低于95%。

学习情境二　照明设施的养护

照明设施包括灯具、托架、标志及信号灯、洞外路灯和照明线路等为隧道营运提供照明服务的设施。

隧道一般应设电光照明，对于能通视、交通量较小、行人密度不大的短隧道，可不设白天的照明设施；长度超过100 m的高速公路及一、二级公路隧道，应设置白天照明设施。

汽车驾驶员在白天从明亮的环境接近、进入和通过隧道过程中，与行走在一般道路上是不一样的，会产生种种特殊的视觉问题。

（1）进入隧道前的视觉问题（白天）。由于隧道内、外的亮度差别很大，因此，从隧道外部去看照明很不充分的隧道入口，会看到黑洞（长隧道）及黑框（短隧道）现象。

（2）进入隧道立即出现的视觉问题（白天）。汽车由明亮的外部进入即使是不太暗的隧道以后，要经过一定时间才能看清隧道内部的情况，这称为"适应的滞后现象"，这是因为急剧的亮度变化，使人的视觉不能迅速适应。

（3）隧道内部的视觉问题（白天、夜间）。隧道内部与一般道路不同，主要在于隧道内部由汽车排出的废气无法迅速消散，形成烟雾，它可以将汽车头灯和道路照明器发出的光吸收和散射，降低了能见度。

（4）隧道出口处的视觉问题。白天，汽车穿过较长的隧道接近出口时，由于通过出口看到的外部亮度极高，出口看上去是个亮洞，出现极强的眩光，驾驶员在这种极强的眩光效应下会感到十分不舒服。夜间与白天正好相反，隧道出口看到的不是亮洞而黑洞，这样就看不出外部道路的线形及路上的障碍物。

鉴于以上这些特殊情况，公路隧道一般应设电光照明，以利于行车安全。

（1）照明设施的日常检查主要是对设施使用及损坏情况进行的巡检登记。对中间段连续坏灯2盏以上，洞口加强段连续坏灯3盏以上应及时进行更换或维修。

（2）照明设施的经常性检修、定期检修宜规范规定进行，可不进行照明设施的分解性检修。

（3）照明光源达到其额定寿命的90%时，应进行成批更换，并选用节能的光源。更换后的照明设施应达到下列要求：夜间及中间段照明亮度、路面亮度总均匀度、亮度纵向均匀度都应符合《公路隧道养护技术规范》(JTG H12—2015)的有关规定。

(4)照明设施养护工具除必备的电工工具、高空作业车、清洁卫生用具外,应配备照度仪等相关设备。

(5)洞外附近地段应尽量保持低亮度,可采取洞口设置遮阳栅或减光格栅,种植常青的大冠树木和铺植草坪,洞外路面采用反射系数低的路面材料等措施。

(6)为提高隧道内亮度并诱导视线,可采取隧道内路面的标线,路缘石和侧墙高1.2 m以下部分刷白色反光材料,路面采用反射系数高的路面材料等措施。

(7)为减低隧道内的烟尘浓度,提高照明效果,应加强隧道内路面、侧墙、顶棚和照明器具等的清扫(洁)工作。

(8)隧道中设置的照明器应防震、防水、防尘,并定期检查,及时进行维修和添补。

(9)高速公路隧道照明设施的完好率应不低于95%,其他公路隧道应不低于90%。

(10)未设照明设施的隧道,应在隧道洞门外设置限速标志,降低行车速度,保证安全。

学习情境三　通风设施的养护

隧道内保持良好的空气是行车安全的必要条件。隧道是一个管道式的空间,通常只有进出口与大气相通,污染物很难扩散,当隧道内的污染空气积累到一定程度后,就会对人体造成危害,影响行车安全。隧道内空气中的有害物主要是汽车行驶时排出的一氧化碳(CO)。另外,隧道内汽车行驶排放或带起路面上的烟气和粉尘等,都会在隧道内造成空气污染,影响行车的安全。

1. 隧道通风设计应考虑的因素

(1)隧道长度、线形和交通状况。

(2)隧道所处地区的地理、气候条件和周围环境的影响。

(3)隧道内行驶的车辆和所处地层中排放的有害气体。

(4)隧道内交通事故、火灾等非常情况。

(5)隧道工程造价和维修保养费用等。

2. 隧道内一氧化碳及烟尘浓度标准

隧道内一氧化碳(CO)允许浓度如下:

(1)隧道内工作人员休息室和控制室等人员长期停留的工作间为24 ppm;

(2)正常营运时,为150 ppm;

(3)发生事故时,短时间(15 min)以内为250 ppm。

隧道内烟尘允许浓度如下:

(1)高速公路,一、二级公路隧道为$0.007\ 5\ m^{-1}$;

(2)三、四级公路隧道为$0.009\ 0\ m^{-1}$。

3. 通风方式的选择

隧道通风受大气因素影响,其影响程度与通风的要求和方式有关。一般来说,自然通风受大气因素的影响最大,是由大气因素所控制;而机械通风受大气因素的影响较小。隧道通风方式的种类很多,选择时最主要的是考虑隧道的长度和交通条件,同时,考虑气象、环境、地形及地质条件,选择既有效又经济的通风方式。

在选择通风方式时,首先需要确定隧道内所需通风量,然后讨论自然风能否满足需要,如

果不能满足或缺乏可靠性,就应当采用机械通风。一般双向行驶的隧道可按下列界限值确定:

当 $LN \geqslant 6 \times 10^5$ 时,采用机械通风;

当 $LN < 6 \times 10^5$ 时,采用自然通风。

式中　L——隧道长度(km);

　　　N——通过隧道的车辆高峰小时交通量(辆/小时),应按照隧道的实际通行能力或实测的高峰交通量计算。

自然通风相对机械通风是一种较简单、节约能源消耗的通风方式,在选择通风方式时应优先考虑,但受以下条件的限制:

(1)隧道两洞口高差较小,总的热压差不大。

(2)隧道自然风变化复杂、不稳定。

(3)隧道是双向行车,活塞的作用不存在上述不利条件时,可利用对通风有利的因素,与机械通风并用,以利节能。

目前机械通风一般用在隧道长、交通密度大的重要隧道中。机械通风有三种,即纵向式通风、半横向式通风和全横向式通风。国外倾向于应用纵向式通风和半横向式通风。

(1)纵向式通风一般适用于单向行驶、长度在 1 500 m 以下的隧道。

(2)半横向式通风一般适用于长度为 1 000～3 000 m 的隧道。

(3)全横向式通风方式被普遍认为是一种理想的机械通风方式,但造价高,一般适用于 2 000 m 以上的重要、交通密度高的隧道。

通风设备应按下列要求进行检修:

(1)利用竖井、边窗通风者,应随时检查,清除井内杂物,保护井口及窗下以防灌进雨雪,影响通风。

(2)对各式通风机、管道、机电、动力设备等,应每月进行一次运转情况的检修,每年进行一次全面检修。

隧道在通风过程中对风速有如下要求:根据《公路隧道设计细则》(JTG/T D70—2010)的规定,单向交通的隧道设计风速不宜大于 10 m/s,双向交通的隧道设计风速不宜大于 8 m/s,人车混合通行的隧道设计风速不宜大于 7 m/s。

通风设施在防灾中有重要作用,因此,应定期演习,确保通风设施的完好和能够充分发挥作用。

学习情境四　消防与救援设施的养护

一、隧道火灾的原因及其特点

2010 年我国浙江大溪岭隧道大货车轮胎起火,造成的直接经济损失近 1 000 万元,隧道关闭 7 h;2010 年我国无锡惠山隧道夜接送车起火,造成 24 人死亡,19 人受伤;2010 年厦门翔安隧道小面包车自燃导致隧道关闭数小时;2010 年 10 月 23 日,沪渝高速长阳段朱家岩隧道连环撞车火灾,导致 2 人死亡并引发火灾;2011 年 1 月 25 日,一辆运送面包车的大型半挂车在沪(上海)蓉(成都)西高速湖北宜昌长阳段长达 5 200 m 的渔泉溪隧道内起火,导致 20 多辆车被困隧道,现场疏散 290 人;2011 年 2 月 22 日,沪渝高速公路湖北长阳段的渔泉溪隧道内，发生一起货车轮胎起火事故；2011年5月，沪陕高速蓝田段一半挂货车隧道内起火，2人当场死亡，千车滞留10 h；2011年6月，我国陕西西汉高速石门隧道内3车相撞，致4死4伤，相撞后两辆大货车突然起火；2011年我国兰临高速七道梁隧道油罐车爆炸事故，造成4人死亡，1人受伤，隧道设施受损严重。

(1) 产生火灾的原因。通过对众多火灾案例的分析，可以发现车辆、线路与电器设备是隧道火灾的主要危险源。从英国消防研究中心的统计资料来看，隧道火灾大约每行车 1×10^7 km 平均发生 $0.5\sim1.5$ 次，其中1%是罐车（包括油罐车、可燃物罐车和有毒化学品罐车）火灾，平均每座隧道18年左右发生一次罐车火灾事故。同时，随着行车密度的增长，特别是公路隧道，使得带有各种可燃物质（油、化工原料等）的车辆通过隧道的数量和频率都在增长，因此，火灾事故也随之增多。另外，行车速度的提高、隧道内线路质量的下降、隧道内电气设备的增多，以及人为破坏的增多（如纵火、抽烟、恐怖主义等），都使得隧道火灾事故呈逐年上升的趋势。

(2) 隧道火灾的特点。由于地下建筑物位置的特殊和空间的局限，其封闭环境造成疏散困难、救援困难、排烟困难和从外部灭火困难，因此，隧道火灾相比地面火灾具有明显不同的特征。

1) 燃烧猛烈，温度高，烟气毒性大，火灾扑灭难度大。

2) 隧道火灾一般会出现两种类型：富氧型和燃料丰富型。较小的火灾更容易产生大量的烟雾并充满整座隧道，以至于在使用强力照明的条件下，能见度也只在1.0 m以内。同时，有毒烟雾的传播，会使人因中毒而死亡。

3) 隧道内一旦起火，由于烟囱效应，温度会上升和烟雾会迅速散播，它的大部分能量被用来加热通风的空气。此时，顺风侧空气的温度可达到1 000 ℃以上，炽热的空气在流经途中可把它的热量传递到任何易燃或可分解的材料上。

4) 隧道火灾将极大地影响隧道内空气压力的分布，导致隧道内通风气流的流动加速、减速或完全逆向流动。

5) 隧道火灾产生的高温烟雾，一方面会阻挡光线，影响视线，使人看不清道路；另一方面烟气中的CO等有毒气体会直接威胁人的生命安全，导致疏散困难，极易发生次生灾害。

6) 损伤严重。

(3) 隧道火灾的破坏。地下火灾排烟与散热条件差，烟雾浓度大，能见度低，人员疏散困难，温度高而且上升速度快，消防、救火难度大，损坏程度严重。

1) 火灾时产生的大量有毒有害烟雾，不但会降低隧道内的能见度，影响人员和车辆的逃生以及救援工作的开展，也是造成人员伤亡的主要原因。

2) 火灾时产生的高温，不仅会烧坏隧道内部的装修，对衬砌产生巨大的破坏，致使结构的承载力降低或完全丧失，而且对隧道防水体系的破坏，会造成隧道不同程度的渗漏水，以致影响隧道的正常运营及功能的发挥。

3) 火灾使隧道内的电气设备与元器件及线路损坏，导致动力、照明用电失供，通信、通风及给水排水设备无法运转，造成救援难度增大。

4) 火灾产生的火风压会极大地影响整个通风系统的正常运转，导致隧道内正常的通风系统发生紊乱，致使灾害扩大。如果火灾生成的火风压是正值，在风机停止运转后，火烟在火风压的作用下仍会继续向各个区域蔓延，从而引发人身伤亡事故。

二、消防与救援设施的养护

消防与救援设施是指用于预防隧道火灾和进行必要救援的设施，包括火灾报警装置、紧急电话、消防设施、横通道设施等。

消防与救援设施的标志应保持完好、醒目。消防与救援设施日常检查主要是对隧道内消防设备、报警设备、洞外消防设施的外观进行巡视，及时处理设施的异常情况。消防与救援设施一般不进行分解性检修，其经常性检修、定期检修按公路养护相关规范进行，在检修期间应有相应的防灾措施。

消防设施的设备完好率应达到100%，救援设施的设备完好率应不低于98%。

高速公路、一级公路的长隧道和特长隧道，可根据需要设置紧急电话、报警装置、排烟设备、消防给水管网及消防器材库等。长度在500 m以上的高速公路、一级公路隧道，宜单独设置存放专用消防器材的洞室，并作出明显标志；对存放的消防器材应定期补充、更换。一般公路的长隧道和特长隧道，可根据具体情况简化设置，但必须在适宜位置设置消防器材库。对与消防有关的设备，应定期检查，保持完好状态。

学习情境五 监控设施的养护

监控设施主要包括烟雾浓度探测仪、CO检测仪、交通量检测仪、车高仪、电视监控设施、播音设施、可变信息板、限速标识设施、信息处理设施以及控制软件等监视隧道营运状态、设备运转情况及控制相关设备运转的各种设施。

监控设施日常检查是对隧道内各种监控传感器、信息板及信号标识、监控室的各种监视设备进行的一般外观巡检，发现异常应立即处理。

监控设施可不进行分解性检修。其经常性检修、定期检修可按相关规范进行。

高速公路长和特长隧道、其余公路特长隧道监控系统的软件维护每年应不少于两次，其余公路隧道监控系统的软件系统维护每年应不少于一次。维护时应注意软件的修改完善，并保证联动运行功能的实现和软件可靠性各项技术措施的落实，严格按操作规程或使用说明进行。

监控设施养护的主要指标应按相应设备的产品说明要求进行。监控设施设备完好率，高速公路隧道应不低于98%，其他各级公路隧道应不低于95%。

项目小结

主要讲述隧道在使用过程中为了保证现有隧道构造物的技术状态和使用年限，通过检查、养护、维修与加固等手段，提高使用质量和使用年限。描述了隧道构造物的检查方法、检查手段，以及通过检查对构造物结构使用状况进行鉴定，并根据检查的情况采取相应的养护维修及加固方法是什么。

思考与练习

1. 隧道的土建结构在养护过程中都应注意哪些问题?
2. 供配电设施的养护应注意哪些问题?
3. 照明设施的养护应注意哪些问题?
4. 通风设施的养护应注意哪些问题?
5. 消防与救援设施的养护应注意哪些问题?
6. 有衬砌隧道的维修与加固方法是什么?

项目五

公路自然灾害的预防

 知识目标

1. 掌握公路水毁的调查和分析、评价方法。
2. 掌握公路水毁的成因及评价方法。
3. 了解冰害的防治措施。
4. 掌握公路雪害的防治。
5. 了解公路防洪评价的方法。

 能力目标

1. 能够对公路水毁进行调查、评价、分析,并提出处理方法。
2. 能够对公路现有状况进行评价,并提出处理改善的方法。
3. 能够组织对公路雪害进行治理。
4. 能够合理组织公路清雪工作。

 素质目标

1. 培养学生严谨求实的职业操守,具有理论联系实际、实事求是的工作作风和科学严谨的工作态度。
2. 培养学生养成增强民族自豪感,爱国、爱人民的人生观和价值观。
3. 培养学生解放思想,追求创新的精神。

 **导 引**

引例1:2007年7月4日—8日,陕南遭遇了入汛以来强度最大的罕见的降雨。暴雨洪水导致G108线佛坪—洋县段塌方118处、102 905.3 m³,冲毁挡护墙44处、20 768.55 m³,冲毁桥梁锥坡1处、涵洞4道,冲毁沥青路面9.45 km,冲毁沙石路面37 km,道路中断6处,直接经济损失达1 079.38多万元;同时,G210西乡、镇巴段干线公路也遭遇了重大

损失；商洛境内的 S102 西小路、S307 洛柞路柞水段、S203 商山路等部分路段也发生严重水毁，造成交通中断；安康市石泉段境内累计塌方近 $3×10^4$ m³，6 道涵洞堵塞、5 道涵洞一字墙被冲空，路基缺口 9 处，共计 460 多延米（仅 5 日一天）；G210 宁陕境内多处水毁，水毁路基 26 处/3 900 m³，泥石流、塌方 $1×10^4$ m³/36 处，沥青路面冲毁 2 000 m²，混凝土路面冲毁 200 m²，水沟淤塞 5 km，涵洞堵塞 20 km，直接经济损失达 648.6 万元。7 月 28 日晚，商洛境内持续中到大暴雨，致使 S307 洛南境内 K3+700 等处路基水毁、G312 丹凤境内 K1 302+900 等多处路基冲毁，交通中断，直接经济损失达 850 万元。

引例 2： 自 2013 年雨季开始，截止到 2013 年 9 月 30 日，吉林省高速公路共发生水毁 2 953 处，土方工程量约为 119 427 m³，直接经济损失约 5 560 万元。防汛期间，吉林省高管局已修复、处理水毁 1 625 处，共清除土方 27 216 m³、回填土方 75 794 m³，抢修发生费用共计 742 万元。

引例 3： 2013 年辽宁省先后发生 4 次暴雨灾害，共造成全省 786 条公路受损，230 条公路中断交通，全省普通公路水毁修复工程将投入资金 7.4 亿元。

引例 4： 210 国道包头至东胜一级公路、内蒙古阿拉善盟 S307 尚德至孟根段，风蚀主要集中表现在路基迎风边坡上，多发生在迎风路肩和边坡上部，并在路肩边缘处达到最大风速和风蚀强度，特别是高路堤，常形成上陡下缓、坎坷不平的风蚀坡面。风蚀后的路基宽度变窄，影响行车安全。

引例 5： 2000 年 11 月—2001 年 3 月，新疆由于出现了历史上罕见的暴风雪，导致交通多次中断，人民群众的生命和财产受到威胁。据新疆交通报报道：仅区内国省道和专用公路就有约 2 240 km 发生了不同程度的雪阻，养护部门投入抗灾保畅资金 540 余万元，交通厅对各地县投入抗灾补助资金 315 万元，各受灾地县投入抗灾保通资金 600 余万元，养护部门共出动机械百余台，抢险人员 500 余人，16 000 多个工日，营救被困车辆万余辆，旅客和司乘人员 10 万余人。

以上 5 个地区出现的不同程度的自然灾害，对所在区域造成了严重影响，同时对公路也产生了极大的破坏，但不管何时，我们国家的子弟们都是冲锋在第一线，逆行向前，在最危险的地方，为老百姓服务，为我们普通大众筑起一道安全的城墙。如何根据不同地区的情况，采取有效的措施避免病害的形成和产生是我们需要研究和解决的。

任务要求

根据所掌握的公路自然灾害的情况，采取必要的预防措施，预防或降低灾害造成的损失。

任务一 水毁的预防、抢修与治理

学习情境一 水毁的预防

公路水毁是世界各国共同存在的一个普遍问题，是公路建筑物（桥梁和道路等）遭到洪水、暴雨破坏的一种自然灾害，但是这种自然灾害的危害经过人们的努力是完全可以防治或者减轻的，如图 5-1 所示。

水毁是指暴雨、洪水对公路造成的各种损毁。水毁预防是在雨季和洪水来临之前为防止或减轻暴雨和洪水对公路的危害而进行的工作。防洪应根据当地的水文气候条件、季节特点、公路状况分析掌握路段、桥涵的抗灾害能力，制订必要的预防措施和应急抢修技术方案。对于重要工程和水毁多发路段，宜事先储备必要的材料和机械设备，一旦发生毁阻应及时组织抢修，以保证公路

图5-1 公路水毁

正常通行。在抢修时，应尽量考虑抢修工程能在恢复工程时被充分利用。

为了防止或减轻雨水和洪水对公路的危害，在雨季和洪水来临之前应进行下列水毁预防工作。

(1)防止漂浮物大量急剧地下冲。

(2)清疏各种排水系统。

(3)修理、加固和改善各类构造物。

(4)检修防洪设备，备足抢护的材料、工具以及救生、照明和通信等设备。

对公路水毁要做到全面预防、重点治理。因此，每年汛期应进行必要的水文观测，掌握洪水的动态，并与当地气象、水文部门取得密切联系，及时收集水、雨情况预报资料，或向沿河居民进行调查，预先了解洪水强度、到达时间和变化情况，以判断对公路的危害性，及早采取措施。在汛前应进行一次预防水毁的技术检查，内容包括如下几项：

(1)检查桥梁墩台、调治构造物、涵洞、引道、护坡和挡土墙基础有无冲空或损坏。

(2)桥下有无杂物堆积淤塞河道，涵洞、透水路堤有无淤塞，以及河流上游堆积物、漂浮物的情况。

(3)河床冲刷情况和傍河路基急流冲刷处有无掏空或下沉。

(4)浸水路堤和陡边坡路段的路基有无松裂。

(5)边沟、盲沟、跌水等排水系统有无淤塞，路面、路肩横坡是否适当，路肩上的临场堆积物是否阻碍排水。

(6)养路房屋的基础有无掏空，墙体有无破裂、倾斜、剥落，屋顶有无流水。

对查出的隐患，应在雨季、汛期之前处治完毕。

在洪水期，顺流急下的巨大漂浮物对下游的桥梁构成极大的威胁，因此，首先要对桥梁上游沿河的根部被掏空的树木、竹林以及洪水位以下的竹、木、柴、草和未系结牢固的竹、木排筏进行检查，作必要的处理。为避免漂浮物撞击墩台，可在墩台前设置护墩体。

各种构造物的基础如有掏空，应及时处治。当河床冲刷严重危及墩台基础时，除必要时在上游设置调治构造物外，还可根据河床水位的高低，在枯水期铺砌单层、双层块(片)石护底，或采用沉柴排、沉石笼(可采用耐特龙塑料网石笼)、抛石块护基处理。

防止透水路堤淤塞是预防其水毁的关键。当水流混浊、水中含有较多黏土颗粒时，应在上游设置过滤堰，如图5-2所示。

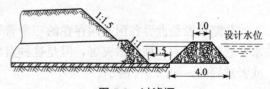

图5-2 过滤堰

如水流中夹带较多杂物，或地势平坦、沟底土质松软时，可在进水口周围土中打入小木桩，桩顶比最高水面高出 20 cm，木桩上用竹片或柳条编成护篱，或者直接用耐特龙塑料网做成护篱，并在洪水期经常清除杂物，如图 5-3 所示。

图 5-3　弧形防护篱

学习情境二　水毁的抢修

公路管理机构在雨天和汛期应组织人员对所辖路段进行昼夜巡视，检查桥涵、路基及各种构造物。小的毁阻，应当场予以排除；当发生严重毁坏、危及行车安全时，应立即在两端设立警告标志或禁止通行标志，并及时向上级报告。对易毁路段和构造物应设专门的抢护队伍守护，准备足够的抢护材料、工具、用具以及救生、照明和通信设备等。当洪水对公路产生破坏时，应进行紧急抢护，要做到以下几个方面。

(1)采取应急措施，不使水害扩大。

(2)尽快抢修，维持安全通车。路基水毁抢修措施见表 5-1。

表 5-1　路基水毁抢修措施

类型	抢修措施
一般水毁	对于路基水毁，可以分析水毁原因，按照有关养护修理的要求进行修复。如路基发生塌陷，应迅速使用已备好的土料进行修补，如路基行车部分已泥泞难行，应将稀泥挖出，撒铺沙粒维持通车
洪水冲刷	对靠近河流、湖塘及洼地的路基，因洪水猛涨并不断冲刷路基，使路基发生塌陷时，可以根据具体情况，适当采用下面几种方法进行抢修： (1)在受水冲刷的部分抛石埠、沙袋、土袋等。 (2)洪水冲刷，并有波浪冲向路基时，可在受水浪冲击的部分，用绳索挂满芦苇编成的芦排或带树头的柳树，以防水浪冲打。 (3)如果路基边坡已大部分塌陷，可以在毁坏部分，顺路方向每米打木桩一根，桩里面铺设秸秆或树枝，并填上挡水(图5-4)或用草袋装上沙石、黏土等材料填筑。 图 5-4　打桩护路基 (4)当路堤有被洪水淹没的危险时，可在临河一面的路肩上，用草袋或黏土筑成土埂临时挡水

续表

类型	抢修措施
漫水	根据漫水的深度、路基宽窄、材料取运难易，可采用下面几种方法： (1)填土赶水法。当路基漫水长度不大，漫水深度在 0.3 m 以下时，可以直接从两头填土把水赶出，填土厚度要比现有水面高出 0.3~0.5 m。填土后先将表层夯实维持通车，或填砂砾、碎砖、炉渣等矿料，提高路基以维持通车。 (2)打堤排水法。当路基漫水较长，漫水深度在 0.5 m 以下时，可在漫水路段的两侧路肩上，用草袋装土填起两道土堤，先把路基上面的水围起来，然后将土堤里面的水排除，露出原路面后，有的可以直接维持通车，如土壤较湿软时可以再撒铺一层沙或碎砖、炉渣后再维持通车，如图 5-5 所示。 图 5-5 打土堤排水 (3)打桩筑堤排水法。如果路基浸水深度在 1 m 左右，可采取打桩筑堤。每道堤必须先打两行木桩，间距和行距都是 1 m 左右，木桩直径一般为 10~15 cm，打好水桩后，在桩里面铺秸料，然后在中间填土夯实，达到堤不漏水的效果，以后再把围起来的水从路上排出，并在原路上铺一层沙料、碎砖等维持通车

在汛期，对抗洪能力不足的桥梁，应有专人负责查看，以便及时发现险情进行抢护。

洪水时，如桥涵墩台、引道、护坡、锥坡或河床发生冲刷危及整个构造物时，应采取抛石、沉放沙袋等应急措施，但注意不能抛填过多，以免减少泄水面积而增大冲刷。

对遇有特大洪水，采取抢护措施仍不能保全的重要桥梁，在紧急情况下，经报请上级主管部门批准，可用爆破的方法炸开桥头引道宣泄洪水，以保护主桥安全度汛。

为防止桥涵、路堤、导流坝等被水浪冲击和水流冲刷，可因地制宜地采取各种防浪措施，如土袋、石袋防浪、芦排、草袋防浪，石笼防浪等。

当路堤有被洪水淹没的危险时，可在临河一面的路肩上，用草袋或黏土筑成土埂临时挡水，以防洪水冲毁路面，洪水过后再拆除。

山区公路往往因雨季山洪暴发而发生水毁。为防止洪水冲刷路基，可采取以下几项措施：

(1)在挖方路基上边坡顶外开挖截水沟，将大量雨水引到路基外排出。
(2)加宽加深边沟，不使边沟漫溢冲刷路基，并采取石砌边沟、路肩保护路基的措施。
(3)在重要路段修筑石砌护坡或护墙，防止洪水冲刷路基。

学习情境三　水毁主要成因及治理对策

1. 沿河路基水毁的成因及治理

(1)沿河路基水毁的成因。
1)受洪水顶冲、淘刷的路段，路基缺少必要的防护构造物。
2)路基防护构造物基础处理不当或埋置深度不足而破坏，引起路基水毁。

3）路基防护构造物防护形式、位置选择不合理，挤压河道，引起局部冲刷；防护构造物抗冲击能力、自身强度及稳定性不足，引起路基水毁。

4）半填半挖路基地面排水不良，路面、边沟严重渗水，路基下边坡坡面渗流普遍出露，局部管涌引起路基坍垮等。

5）风浪袭击路基边坡，边坡因过量水蚀而坍垮。

（2）不漫水丁坝防治路基水毁。不漫水丁坝防治沿河路基水毁具有防护长度大，自身遭水毁时易于及时抢修，不造成被保护路基水毁而中断交通的优点。

（3）漫水丁坝防治路基水毁。漫水丁坝具有坝身短矮、基础埋置深度浅、易于施工、既有良好的防护作用又能提高自身安全的优点。

（4）浸水挡土墙防治路基水毁。浸水挡土墙既是支承路基填土以防填土变形失稳，又是防止路基因水流冲刷或淘刷而失稳的构造物。

2. 桥梁水毁的成因及治理

（1）桥梁水毁的成因。桥梁受洪水冲击，墩台基础冲空危及安全或产生桥头引道缺、断，乃至桥梁倒坍，称为桥梁水毁。主要成因有下列两种：

1）桥梁压缩河床、水流不顺，桥孔偏置时，缺少必要的水流调治构造物。

2）基础埋置深度浅又无防护措施。

（2）桥梁水毁的治理。增建水流调治构造物防治桥梁水毁，可分情况采取下列措施：

1）稳定、次稳定河段上桥梁水毁的防治。稳定、次稳定河段上桥梁水毁的防治措施可根据调整桥下滩流、河床冲淤分布的实际需要，以及水流流向等不同情况加以选择。

2）不稳定河段上桥梁水毁的防治。不稳定河段上桥梁水毁的防治可根据河岸条件、河床地貌以及桥孔位置等情况采取下列措施：

①桥梁位于出山口附近的喇叭形河段上，封闭地形良好，宜对称布置封闭式导流堤。

②引道阻断支岔，上游可能形成"水袋"。为控制洪水摆动，防止支岔水流冲毁桥头引道，视单侧或双侧有岔及地形情况，可对称或不对称设置封闭式导流堤。

③一河多桥时，为防止水流直冲两桥间引道路基，可结合水流和地形条件，在各桥间设置分水堤。

④桥梁位于冲积漫流河段的扩散淤积区，一河多桥而流水沟槽又不明显时，宜设置漫水隔坝，并加强桥间路堤防护。

学习情境四　公路、桥涵抗洪能力的评定及修复

1. 公路、桥涵抗洪能力的评定

为了预测水毁的程度和分析水毁成因及制定治理对策，公路管理机构应组织力量，每5年对所辖公路、桥涵进行一次抗洪能力评定。如遇设计洪水及超设计洪水年，宜结合水毁调查，当年进行一次抗洪能力评定。公路可根据水文、地质、路基、路面等条件基本类同的原则，划分成若干路段，按表5-2进行评定。

表 5-2　路段抗洪能力评定标准

等级	评定标准
强	1. 路基坚实、稳定，高度达到设计计算标高；路面为半刚性基层、高级路面 2. 边坡稳定、平顺无冲沟；坡度合乎规定的高限值（缓）；边坡有良好的防护加固 3. 边沟、截水沟、排水沟完善，纵坡适度，无淤塞，水流畅通，进出口良好 4. 支挡结构物布设合理、齐全、完整无损坏，泄水孔无堵塞 5. 防冲结构物布设合理、齐全、完整无损坏，基础冲刷符合设计
可	1. 路基坚实、稳定，高度低于设计的计算标高不超过 0.5 m；路面为半刚性基层、次高级路面 2. 边坡稳定、平顺无冲沟；坡度不低于规定的低限值（陡）；边坡有必要的防护加固 3. 边沟、截水沟、排水沟完善，纵坡适度，有淤塞但易于清除，进出口良好 4. 支挡结构物布设合理，有缺损易于修理，泄水孔基本畅通 5. 防冲结构物重点布设合理，基础冲空面积不超过 10%，结构物无断裂、沉陷、倾斜等变形
弱	1. 路基标高低于设计计算标高 0.5 m，高于次一技术等级的设计洪水标高，无明显沉降，路面为柔性基层、次高级路面 2. 边坡有冲沟或少量坍塌，坡度接近规定的低限值 3. 边沟、截水沟、排水沟有短缺，或淤塞量较大，或进出口有缺损，影响正常排水 4. 支挡结构物缺损，或损坏严重，但无倾斜、沉陷等变形 5. 防冲结构物短缺，或基础冲空面积达到 10%～20%，或结构物局部断裂、沉陷、但无倾斜等变形
差	1. 路基有明显沉陷，高度低于次一技术等级的设计洪水标高；路面为柔性基层、沙石高级路面 2. 边坡沟洼连片，局部坍塌，坡度陡于规定的低限值 3. 边沟、截水沟、排水沟应设而没有设 4. 支挡结构物应设而没有设，或基础冲空面积达到 20%以上，或结构物断裂、倾斜、局部坍塌 5. 防冲结构物应设而没有设，或基础冲空面积达到 20%以上，或结构物折裂、倾斜、局部坍塌

桥涵以工程为单元，按表 5-3 进行评定。

表 5-3　桥涵抗洪能力评定标准

等级	评定标准
强	1. 孔径大小：桥下实际过水面积满足设计排水面积，桥下净空高度、最小净跨合乎规定 2. 孔、涵位置：布局合适，水流调治构造物设置合理齐全 3. 墩台基础埋深足够，深基础的冲刷深度线在设计冲刷线以上；浅基础已做防护，防护周边的基础深度线在设计冲刷线以上 4. 墩台水线以下部分无明显冲蚀、剥落
可	1. 孔径大小：桥下实际过水面积满足设计排水面积，上部结构底标高与设计计算水位相同，或净跨偏小但不超过规定值的 10% 2. 孔、涵位置略有偏置，设置了调治构造物，其基础的冲刷深度线在基底最小埋深安全值的 30%以内，或调治构造物有局部缺损，河床无大的不利变形 3. 深基础的冲刷深度线在规定的基底最小埋深安全值的 30%以内，浅基础防护周边冲刷深度线在规定的基底最小埋深安全值的 30%以内，防护有局部缺损 4. 墩台水线以下部分，有明显冲蚀剥落，面积小于 10%，深度小于 2 cm

续表

等级	评定标准
弱	1. 孔径大小：桥下实际过水面积小于设计排水面积20%以内，上部结构底标高与设计水位相同，或净跨小于规定的10%~20% 2. 孔、涵位置偏差，水流调治构造物短缺，或调治构造物局部损坏，河床发生严重的不利变形 3. 深基础冲刷深度线在规定的基底最小埋深安全值的30%~60%内；浅基础防护周边冲刷深度线在规定的基底最小埋深安全值的30%~60%内，或防护体损坏明显 4. 墩台水线以下部分，冲蚀剥落露筋，面积超过10%，钢筋严重锈蚀
差	1. 孔径大小：桥下实际过水面积小于设计排水面积20%以上，上部结构底标高低于设计水位，或净跨小于规定值的20%以上 2. 孔、涵位置偏差，无必要的水流调治构造物 3. 深基础的冲刷深度线在规定的基底最小埋深安全值的60%以上；浅基础未做防护，冲空面积在20%以上 4. 墩台水线以下部分，冲蚀剥落严重，桩有缩颈，砌体松动脱落或变形

2. 水毁后的修复

(1)一般水毁，应及时修复。

(2)路基、桥涵、护岸和挡土墙等构造物大型水毁工程，应在分析水毁原因的基础上，制订方案，进行测量、设计，编制概预算，上报省市公路管理部门审批。

(3)根据批准的方案和实施计划，严格按照操作规程和工程质量要求进行施工，必须保证工程质量，做到恢复一处，根治一处。

任务二　其他公路自然灾害的防治

学习情境一　公路冰害的防治

在寒冷地区，河水冻结可对桥梁浅桩产生冻拔，使小桥涵形成冰塞引起构造物冻裂，解冻时大量流冰对桥梁墩台产生巨大冲击，以至形成冰坝威胁桥梁安全；当地下水或地面水漫溢到地面或冰面时，逐层冻结而形成涎流冰。涎流冰覆盖道路，会造成行车道凹凸不平或形成冰块、冰槽等，严重影响行车的安全；若堵塞桥孔则会挤压上部结构导致损坏。

为防治桥基冻拔，可适当加大桩深。对于冰塞现象，除经常清除涵内冰冻外，必要时可适当加大孔径和涵底纵坡或在上游采用聚冰池或冰坝等构造物。

气温突变时河流解冻的流冰，对桥梁墩台、桩、破冰体和导流坝等会产生程度不同的冲击，故应采取相应的防护措施。为使流冰从桥下顺利通过，除下游比上游解冻较早的桥梁外，可采取下列方法进行防护：

(1)解冻前，对桥梁上游5 km内河道中的冰层及其厚度，进行调查测探。在流速降低的河湾、浅滩处，流冰可能互相挤压，重新聚结，形成巨型冰块，甚至形成冰坝，造成水位抬高，威胁桥梁安全，因此，应根据所掌握的资料，备足抢护材料、工具和安全照明设备等，在流冰期指定专职小组分工负责观测、抢护工作，并应提前在桥边设置悬梯，在墩台和破冰体之间搭设跳板。

(2)解冻临近时,对封冻的冰面,在桥位下游处用人工或爆破方法开挖冰池。其长度为河面宽的1~2倍,宽度为河面宽的1/4~1/3,并不小于河道的最大桥跨。

当水面宽度小于30 m时,冰池的长度宜增加到水面宽的5倍。接近冰池下游应开凿0.5 m宽的横向冰沟。当冰块很厚,有强流冰发生时,可在桥台、墩、桩、破冰体周围及桥位下游20~25 m的范围内开挖纵横冰沟。对冰池、冰沟应经常检查,若有冰结,应反复捣开。在危急时刻,可用撬棍、长杆、钩杆等工具,在下游将凿开的冰块逐一送入冰层下冲走。

(3)流冰临近时,应清除上游冰层,冰层厚度在30 cm以下的,可用人工撬;大于30 cm的宜用炸药炸碎。对较大的流冰体,应在上游用炸药炸碎。

易被冰或风吹雪堵塞的涵洞,宜在入冬前将涵洞进出口用土或柴草封堵,解冻开始时清除,以免冰或雪灌满涵洞而造成涵洞冻胀,同时也便于解冻后涵洞的疏通。

公路上的涎流冰面积一般有数平方米到数千平方米,有的可达数万平方米,其厚度一般为数厘米到数米。涎流冰主要分布在我国东北大、小兴安岭和长白山地区及西藏、川西和西北地区海拔2 500~3 000 m以上的山地和高原上。

涎流冰可分为河谷涎流冰和山坡涎流冰。前者主要危害桥涵;后者主要危害公路路面。

对于河谷涎流冰可选择以下方法防护:

(1)桥梁上游如有大片地形低洼的荒地,可用土坝截流。

(2)河床纵坡不大的河流,可于入冬初,在桥下游筑土坝,使桥梁上下游各约50 m的范围形成水池,当水面结冰坚实后,在水池部位上游开挖人字形冰沟,以利集中水源。同时挖开下游河床最深处的土坝,放尽池内存水,保持上下游进出口不被堵塞,使水在冰层下流动。

(3)在桥位上下游各30~50 m的水道中部顺流开挖冰沟,用树枝柴草覆盖,再加铺土或雪保温,并经常检修,保持冰沟不被冻塞,于解冻时拆除。

山坡涎流冰的主要防治措施有以下几项。

(1)设置聚冰沟与聚冰坑。聚冰沟多用于拦截冲积扇沟口处的泉水涎流冰和地势较缓的山坡涎流冰,如图5-6所示;聚冰坑多用于水量较小、边坡不高的堑坡涎流冰,用以积聚涎流冰不使其上路,如图5-7所示。

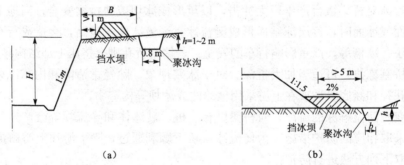

图5-6 聚冰沟

(a)路堑段;(b)路堤段

注:干土处,$B \geqslant 3$ m;湿土处:$B \geqslant H + 5$ m;H为路堑高度

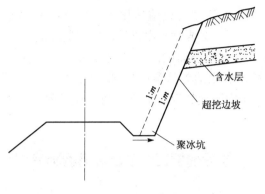

图 5-7 聚冰坑

(2)设置挡冰墙。挡冰墙适用于涌水量不大的山坡涎流冰和挖方边坡涎流冰,用以阻挡和积聚涎流冰,防止其上路,如图 5-8 所示。

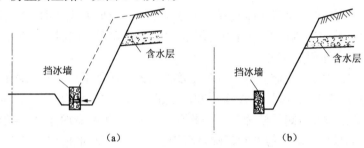

图 5-8 挡冰墙

(a)边沟外挡冰墙;(b)路肩外挡冰墙

挡冰墙一般用浆砌片石、块石筑成,高度须根据冰量而定,一般为 60~120 cm,顶宽为 40~60 cm。基础埋置深度按土质、积冰量及当地冰冻深度等情况确定。当积冰量较大时,可与聚冰坑配合使用。

(3)设置挡冰堤。挡冰堤适用于地势平坦、涌水量不大的山坡涎流冰和径流量不大的小型沟谷涎流冰。挡冰堤修筑在路基外、山坡地下水露头的下侧或沟谷内桥涵的上游,用以阻挡涎流冰,减小其蔓延的范围,如图 5-9 所示。

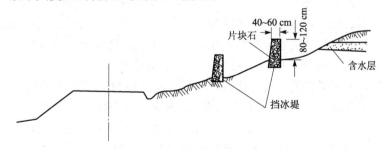

图 5-9 挡冰堤

山坡上的涎流冰,可采用柴草、草皮或石砌的长堤予以拦截。在沟谷内一般采用干砌石堤,以利秋夏排水。挡冰堤的长、宽、高和道数按当地的地形及涎流冰数量确定,基础埋置深度按当地土质和冰冻深度而定。

(4)设置地下排水设施。地下排水设施适用于一般寒冷和严寒地区,常用的有集水渗井、渗池、排水暗管和盲沟等。必要时在出口处设置保温措施或出口集水井。

(5)清除路面涎流冰。对流至路面的涎流冰要及时清除,撒布砂、炉渣、矿渣、石屑、碎石等防滑材料或氯化钙、氯化钠等盐类防冻剂,以防行车产生滑溜,并设置明显标志。当冰层在盐类物质和行车作用下变软时,应立即将冰层铲除,以防降温时重新冻结,并应重撒防滑材料。

学习情境二 公路雪害的防治

我国幅员辽阔,南北跨越两个气候带。北方各省公路在冬天会遇到不同程度的冰雪危害问题。由于每年10月至次年1月交通量都相对较大,也容易出现交通事故,因此,通过防治雪害以减少事故,减小经济损失和社会影响,是运营及养护部门在冬季时的工作重点。

积雪的类型共有以下三种:

(1)自然降雪。当降雪季节地面气温低于冰点、风力较弱或无风时,雪就会在公路路面上形成比较均匀平整的雪覆盖层。当积雪超过一定厚度或下雪同时结冰时,就会影响行车速度和交通安全,甚至阻碍交通。

(2)风吹雪。在降雪时或降雪后,由于在较强风力的作用下,雪被风吹移而形成风雪混合的气流,称为"风雪流"。风带着雪运行和堆积的过程叫作"风吹雪",在风吹雪过程中如受地物(包括中央分隔带两侧及防撞护栏、桥梁、房屋、路基等)的阻挡或地形的变化,又会形成厚度不同的堆雪。堆雪应及时清除,否则会对交通行车造成严重危害。

(3)雪崩。雪崩一般发生在山区较宽、较长、较陡的沟谷中,由于冬季的积雪或风吹雪提供的雪源聚集在沟中,当积雪雪量增大或等到天气转暖,积雪下垫面升温时,就会形成融雪,使摩阻力减小,雪就会因重力顺沟突然而下,或因震动(如开山放炮等)使雪突然崩塌,这种现象称为雪崩。雪崩会造成大小不同的灾害,如我国天山、青藏高原等地区为雪崩常发区,目前,一般经过于此的公路都会受到雪崩的危害,造成路基、桥梁掩埋,房屋倒塌、人员伤亡、车辆损失。

1. 自然降雪的处治

在风力较弱或无风的情况下,降雪在道路上形成均匀的雪层,当积雪达到一定深度时,汽车通行就会非常困难;另外,积雪在路上压实冻结,使行车滑溜,容易发生交通事故。因此,对于高等级公路应把除雪防滑作业作为冬季养护的一项重点工作。根据气象资料、沿线条件、降雪情况及其对交通影响的程度,制订计划,及时清除路面积雪。除雪应采用机械进行,并将积雪清除至下风口的路堤外。一般清除新雪采用推雪机、雪犁式除雪机;对已压实的积雪,采用平地机、推土机或除雪车;在连续降雪或降雪量大时,需采用旋风式除雪机,必要时配以铲车、自卸汽车。同时,加强与气象部门的联系,做好降雪预报工作。对于交通量低于100辆/昼夜的低等级公路,除雪有困难时,也可允许把积雪压实,其厚度依气温及交通量而定;并保持表面平整,横坡采用平坡,以便行车。

每当降雪前,要备足砂、炉渣、小砾石或小碎石、石屑等防滑材料,重点堆放在陡坡、急弯、桥头和视距不良地段和不易被雪埋没的地方,在发现路面有结冰和滑车现象时,应当即撒布;也可采用盐或其他融雪剂作为防冻防滑的措施。

2. 风雪流的防治

当风速大于雪粒的起动风速（4~5 m/s）时，即能吹起积雪，并挟带雪粒，随风急速流动，形成风雪流。

受风雪流影响的公路，路基边坡应尽量放缓，与路肩交接处应筑成和保持流线形。清除公路两旁影响风雪流顺畅通过的草木和堆积物等。公路养护材料应堆放在路外的堆料台上，堆放高度不得高于路基标高。如需堆放在路肩上，则应堆放在下风一侧，并使料堆顶部呈流线型。

受风雪流影响的路段，在路旁一定范围内不得植树，公路的分隔带不得种植有碍风雪流通过的树木。防雪林带也应按规定的位置种植。

预防风雪流应采取下列措施：

（1）改善路基平面及纵、横断面或改善路基附近地形，如提高路基、放缓边坡；设置储雪场；整修内侧山坡，敞开路基以及在路基一定范围内清除有碍风雪流通过的障碍物等。这是一项治本的防雪措施，但要注意工程量和可能产生的其他病害。

（2）栽植防雪林带。栽植防雪林带是一项有效的防雪措施。防雪林带应按规定位置栽植，可采用灌木—乔木—灌木结合林带或单一林带。防雪林的树种选择要因地制宜，一般有杨、榆、槐和落叶松等树种。

（3）设置防雪设备。防雪设备有防雪栅、防雪堤（墙）和导风板（下导风板、屋檐式导风板）三种。因其设备费用较高，故须按照"就地取材、因地制宜"的原则进行选择，力求经济适用，并只宜在积雪较多而又无其他方法处理的地段采用。

3. 雪崩的防治

（1）防治措施。

1）当路线（特别是盘山公路）多次通过同一雪崩地带时，应尽量将公路移出。

2）对危害公路的雪崩生成区，应于雪季前和雪季后，对防雪崩工程（如水平台阶、稳雪栅栏等）进行维修；保护森林、植被，以充分发挥稳定雪体的作用。

3）对雪崩运动区，应保持防雪崩工程（如土丘、楔、铅丝网和排桩等）的完好，以减缓和拦阻雪崩体的运动。

4）对雪崩运动区与堆积区，应保持使雪崩体从空中越过公路的工程设施（如防雪走廊、导雪槽或将雪崩体引向预定的堆雪场地的导雪堤等）的完好。

5）在大的雪崩发生前，制造一些小规模的"人工雪崩"，化整为零，以减轻雪崩对公路的危害。

6）采取各种防治雪崩的工程措施时，都应注意保持原有植被和山体的稳定，避免造成人为的滑坡、泥石流与坍方。

7）在山坡坡面上栽植大量树木，会对雪体的滑移和运动起阻滞作用，是防治雪崩的有效措施。因此，对山坡上的树木应注意加强管理和抚育。

（2）工程措施。

1）用防雪栅栏、土（石）墙等防止雪崩源头——风吹雪在积雪区堆雪过厚或在山脊处形成雪檐。这类措施一般适用于相对高差不大、能就地取材及运输较方便的中山地带。

2）采用稳雪墙、水平台阶、水平沟、地桩障、篱笆障、稳雪栅栏等设施稳定山坡积雪，不使其滑动。这类设施主要适用于高差不大、雪崩源头较小的山坡及沟槽，或作为其他类型工程措施的辅助措施。较常用的有以下几种。

①水平台阶。在山坡上按一定距离沿等高线修筑水平台阶，以改变山坡微地形，起到稳定山坡积雪的作用，适用于坡度小于45°，土层较厚且透水性好，植被更新快，不易产生滑坡、泥流的山坡上。当积雪厚度较小时，这是一种简单而经济有效的防治工程措施。

水平台阶应自雪崩裂点处开始，沿等高线开挖，挖出的土方直接填于台阶的下方，以增大台阶的有效宽度。

水平台阶的宽度取决于山坡上的最大积雪深度、山坡坡度及雪的物理力学性质等条件。一般地，台阶宽度取0.8倍的最大积雪深度。

上下两列台阶之间的水平距离可参照下式计算，如图5-10所示。

$$L_\mathrm{h}=\frac{kb\tau\sec\alpha}{\gamma H_{\max}(\sin\alpha-u\cos\alpha)} \tag{5-1}$$

式中　L_h——水平台阶之间的水平距离(m)；
　　　k——雪层逐渐变密后，积雪厚度的减少率，一般取0.5；
　　　b——水平台阶的宽度(m)；
　　　τ——台阶上雪的抗剪强度，一般为(3~5)kN/m²；
　　　γ——雪层的平均容重，一般为(0.25~0.35)kN/m³；
　　　$H_{\max}$——山坡上最大积雪深度(m)；
　　　α——山坡坡度(°)；
　　　u——积雪与山坡之间的静摩擦系数，一般为0.5~0.6，为安全起见，可取0.2~0.3。

②稳雪栅栏。为防止山坡上积雪的蠕动而沿等高线设置的防雪崩设施，适用于坡度较陡、土层较薄、易于形成滑坡或泥流而不易开挖水平台阶的山坡，如图5-11所示。

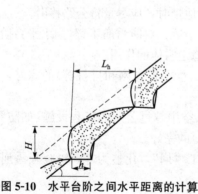

图5-10　水平台阶之间水平距离的计算

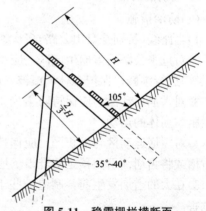

图5-11　稳雪栅栏横断面

栅栏的立柱应采用混凝土桩、型钢等坚固材料，露出地面部分应大于该处最大积雪深度；立柱的间距不得大于2 m；立柱间一般用木条板作栅板，栅板宽与栅板间距均宜保持在10 cm左右，也可用铁丝网格或塑料网格，网格孔径一般为6~10 cm；栅栏与坡面角度宜保持在105°，斜支柱与坡面角宜保持在35°~40°之间，支撑点应位于立柱高度H的2/3处。

③导雪堤。导雪堤是为改变雪崩的运动方向，使雪崩堆积到指定地点的防雪设施。导雪堤的设置应符合下列要求：

a. 与雪崩运动方向的夹角宜小于30°。
b. 堤体应及时进行维修，保持其原设计的抗冲击力与摩阻力。
c. 导雪堤的末端应保证有足够的堆雪场地。雪季前应进行检查并进行必要的清理。

④防雪走廊。防雪走廊是在公路上修筑的构造物。其形式与明洞相似，能使雪崩雪从其顶上越过；也可防止风吹雪堆积。防雪走廊的养护应符合下列要求：

a. 必须保持工程各部结构完好。

b. 与公路内侧的山坡应紧密连接。如有空隙，可用土石分层回填并夯实。

c. 保持防雪走廊上部沟槽中设置的各种防治雪崩的辅助设施及山坡植被的完好。

⑤导雪槽。导雪槽是在公路上修筑的构造物，其内侧与山坡紧密连接，外侧以柱支撑，可使雪崩雪从其顶上越过的工程设施。导雪槽适用于防治靠近公路一侧上方的小雪崩，根据实际情况可做成临时性或永久性。导雪槽的设置和养护应符合下列要求：

a. 必须保持工程各部结构牢固完好。

b. 槽下净空应满足有关规定。

c. 导雪槽宜做成从内向外略倾斜。

⑥阻雪土丘。阻雪土丘是在雪崩运动区的沟槽内，用土堆筑而成的，如图 5-12 所示。阻雪土丘的养护应符合下列要求：

a. 保持宽度为 10～12 m，长度为 15～20 m，高于该沟最大雪崩峰面高度。有损坏或几何尺寸不足时，应及时修补。

b. 修补时不得在土丘下部或两侧取土。

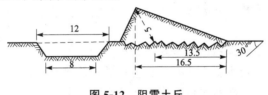

图 5-12　阻雪土丘

(3)减缓或阻止雪崩体崩落的措施。

1)在大雪崩生成区的积雪上撒钠盐，以促使雪融化后形成整体，增加雪体强度，减轻雪崩的危害。

2)用炮轰或人工爆破以损坏雪檐、雪层的稳定性。也可在雪崩体坡面从两端用拉紧的绳索将下部的积雪刮去，使其上部失去支撑，造成小规模的"人工雪崩"，以减轻雪崩的危害程度。

3)阻止风雪流向雪崩生成区聚雪。对可能危害公路的雪崩区，应将其范围、类型、基本特征、雪崩面积、山坡坡度、岩石性质、植被情况、最大可能积雪量、冬季主风向、降雪及风吹雪规律等进行详细的调查并逐项登记记录。

在雪崩发生后，应及时清除路面积雪，尽快恢复交通，同时应将发生日期、时间、雪崩量、危害情况及各项防雪崩工程设施的使用效果等详细地记录在技术档案内，为进一步防治雪崩积累资料。有条件的地方，应尽可能对现场情况进行拍摄或录像。

 项目小结

在现代公路养护中，对于洪水、冰冻、风雪灾害的预防占有重要的位置。日常的养护工作中要注意调查研究，积累资料，针对不同的灾害特点采取相应的措施；以"预防为主，

防治结合"，保障公路的正常运营。

洪水造成的水毁是在雨季特有的公路危害。防洪应根据当地的水文气候条件、季节特点、公路状况等合理分析抗灾能力，做好必要的洪前检查及设备储备、洪期巡查排险等工作；因地制宜，就地取材及时修复水毁路段。

冰冻是我国北方特有的季节性公路灾害。常见的有桥基冻拔、涎流冰。对于桥基冻拔可适当加大桩深；涎流冰分为河谷涎流冰和山坡涎流冰，前者主要危害桥涵，后者主要危害公路路面，可选择适当的方法加以防护。

雪害主要是指风雪流及雪崩对公路的危害，受风雪流影响的公路要注意做好路基边坡、路肩交界处等线形的顺畅，清除公路两旁影响风雪流通过的杂物等；雪崩的防治主要注意资料的积累，逐渐整治。

思考与练习

一、填空题

1. 水毁是指_____、_____对公路造成的各种损毁。
2. 雪害的类型共有三种，分别为_____、_____、_____。

二、简答题

1. 什么是水毁？公路水毁的抢修原则是什么？
2. 冰冻对公路有哪些危害？应采取什么措施进行防治？
3. 受风雪流影响的公路在养护中应注意些什么？

项目六

公路沿线设施的养护及公路绿化

 知识目标

1. 掌握公路交通安全设施调查和评价方法。
2. 了解公路交通安全标志标线的作用。
3. 掌握公路交通安全标志标线的维修方法。
4. 掌握公路绿化的方法。

 能力目标

1. 能够对公路交通安全设施调查和评价,并提出解决的方法。
2. 能够对公路公路交通安全标志标线按照规范标准组织施工。
3. 能够根据区域条件进行公路绿化的施工。

 素质目标

1. 培养学生严谨求实的职业操守,具有理论联系实际、实事求是的工作作风和科学严谨的工作态度。
2. 培养学生增强城乡审美韵味、文化品位,把更多美术元素、艺术元素应用到公路绿化建设中。
3. 培养学生树立交通生命安全的理念。

 导 引

全面推进绿色低碳转型

公路绿化是国土绿化的重要组成部分,是公路建设中不可缺少的主要内容。公路绿化的首要任务是提高公路的服务功能,绿化要达到稳定路基、保护路面、诱导交通、保障行车安全、减轻噪音、保护环境与自然相协调等目的,同时有利于行车安全,为司乘人员诱导视线、减轻眼睛疲劳,从而减少交通事故的发生。

· 213 ·

"十四五"现代综合交通运输体系发展规划提出:十四五"时期,我国综合交通运输发展面临的形势更加复杂多变。从国际看,当今世界正经历百年未有之大变局,新一轮科技革命和产业变革深入发展,新冠肺炎疫情冲击全球产业链供应链和国际物流体系,经济全球化遭遇逆流。从国内看,我国开启全面建设社会主义现代化国家的新征程,区域经济布局、国土开发保护格局、人口结构分布、消费需求特征、要素供给模式等发生深刻变化,对综合交通运输体系发展提出新要求,交通运输行业进入完善设施网络、精准补齐短板的关键期,促进一体融合、提升服务质效的机遇期,深化改革创新、转变发展方式的攻坚期。要适应国土空间开发保护、新型城镇化建设、全面推进乡村振兴的要求,优化发展布局,强化衔接融合,因地制宜完善区域城乡综合交通网络;要坚持以创新为核心,增强发展动力,推动新科技赋能提升交通运输发展质量效率;要增强综合交通运输体系韧性,调整发展模式,将绿色发展理念、低碳发展要求贯穿发展全过程,提高自身运行安全水平和对国家战略安全的保障能力;要将满足人民对美好生活的向往、促进共同富裕作为着力点,转变发展路径,促进建管养运并重、设施服务均衡协同、交通运输与经济社会发展深度融合,以全方位转型推动交通运输高质量发展。

坚持绿水青山就是金山银山理念,坚持生态优先,全面推动交通运输规划、设计、建设、运营、养护全生命周期绿色低碳转型,协同推进减污降碳,形成绿色低碳发展长效机制,让交通更加环保、出行更加低碳。

公路交通安全设施是公路工程的重要组成部分,对保障公路交通安全、提高公路运营效率、促进路网互联互通非常重要。公路交通安全设施的材料、施工过程及质量控制直接影响到交通安全设施的施工质量和功能发挥。随着我国公路里程、路网密度和机动车保有量的增加,为满足人民群众日益增长的美好出行需求,提升公路交通安全水平,推动公路高质量发展,建设交通强国,交通运输部在2017年发布新版《公路交通安全设施设计规范》(JTG D81—2017)基础上,同步修订发布了《公路交通安全设施施工技术规范》(JTG/T 3671—2021),对施工组织和管理、施工过程控制、材料利旧、新型交通安全设施应用等方面进一步提升和完善。

任务一 公路沿线设施的养护

交通工程设施作为公路工程的附属设施,主要由道路交通标志、标线、护栏、视线诱导设施、防眩设施、隔离栅等组成。其综合作用是向驾驶员提供有关路况的各种信息,传递交通管理者对驾驶员提出的各种警告、指令、指导及应采取的安全措施,并为车辆提供一定的安全防护保障,保证车辆安全高速行驶。交通安全设施对于保障交通安全至关重要,因此,必须及时进行养护,保证其时刻处于良好的服务状态。

学习情境一 交通安全设施的养护

交通安全设施包括护栏、防护栅、标柱、反光镜、照明、分隔带、遮光栅、公路交通标志及标线、隔音墙、震颤设施、安全岛等。

1. 养护的基本要求

(1)交通安全设施的养护内容包括检查、保养维护和更新改造。检查包括经常性检查、定期检查、特殊检查和专项检查。平时应加强日常巡查。

(2)经常性检查的频率不少于 1 次/月；定期检查的频率不少于 1 次/年；遭遇自然灾害、发生交通事故或出现其他异常情况时，应及时进行附加的特殊检查；设施更新改造之后，应进行全面的专项检查。

(3)应结合设施特点，加强对交通安全设施的养护维修和更新改造。

(4)交通安全设施的养护应满足设施完整和外观质量、安装质量、技术性能等各项质量的要求。

(5)因交通事故、自然灾害或其他原因造成的设施损伤应及时进行修复。

(6)采用常青绿篱和绿色植物进行隔离和防眩时，参照《公路养护技术规范》(JTG H10—2009)中绿化的相关规定进行养护。

(7)对于事故多发路段和一些特殊路段，应结合公路安全保障工程的技术内容，及时改造完善各种交通安全设施。

2. 交通安全设施的检查与养护

(1)护栏。公路中的护栏一般安置在公路的两边，其主要形式有波形护栏、墙式护栏、梁式护栏以及柱式护栏等。其主要作用是避免或者是减轻交通事故的严重性，增加高速路上行车司机的安全感，同时，还是司机视线的向导，指引司机的行车方向。

护栏包括路基护栏和桥梁护栏。路基护栏可分为缆索护栏、波形梁护栏和混凝土护栏。桥梁护栏可分为金属桥梁护栏、钢筋混凝土墙式和梁柱式桥梁护栏、组合式桥梁护栏。不同护栏的养护维修有所不同。

护栏养护的主要内容有：维修护栏上被破坏掉的表面镀层，定期清理护栏四周的杂草和垃圾，补齐一些因自然灾害或者是交通事故而造成的护栏残缺或是锈蚀损害，如图 6-1 和图 6-2 所示。护栏检查分日常检查和定期检查，检查的主要内容有：各类护栏的损坏或变形情况、立柱和水平构建的紧固状况、油污程度及油漆损坏状况、拉索的松弛程度、护栏及反光膜的缺损情况。

图 6-1　清理护栏

图 6-2　养护工人安装护栏

护栏的养护应符合下列要求。

1)波形梁钢护栏。

①保持波形梁钢护栏的结构合理、安全可靠。

②护栏板、立柱、柱帽、防阻块(托架)、坚固件等部件应完整、无缺损。

③护栏质量符合相关标准要求。
④护栏的防腐层应无明显脱落,护栏无锈蚀。
⑤护栏板搭接方向正确,螺栓坚固。
⑥护栏安装线形顺畅,无明显变形、扭转、倾斜。

2)水泥混凝土护栏。
①保持水泥混凝土护栏线形顺畅、结构合理。
②水泥混凝土护栏应无明显裂缝、掉角、破损等缺陷。
③水泥混凝土护栏使用的水泥、沙、石、水、外加剂、钢筋等材料质量应符合相关标准、规范及设计要求。
④水泥混凝土护栏的几何尺寸、地基强度、埋置深度,以及各块件之间、护栏与基础之间的连接应符合设计要求。

3)缆索护栏。
①缆索护栏各组成部件应无缺损。
②缆索护栏各组成部件应无明显变形、倾斜、松动、锈蚀等现象。
③缆索护栏使用的缆索、立柱、锚具等材料质量应符合相关标准、规范及设计要求。

(2)隔离栅。隔离栅是为了防止牲畜、行人、非机动车等进入高速公路,一般在高速公路路基以外两边设置的栏栅,如图 6-3 所示。对隔离栅应该要定期进行养护及检查等。检查分日常检查和定期检查,检查的主要内容有隔离栅的损坏和变形情况、污秽程度、油漆损坏及金属锈蚀情况。

(3)防眩设施。高速公路中的防眩板(图 6-4)是一种挡光设施,它一般被安置在中央分隔带上,从而保护司机不被对面行驶车辆的灯光的眩光所影响,它一般有灌木型、防眩板及防眩网等形式。防眩板的检查包括下列内容:

1)在日常巡查中,应经常检查遮光栅有无缺损歪斜。
2)钢质遮光栅有无油漆剥落、锈蚀,支柱有无变形。

保持沿线设施功能完善是日常养护工作的一项重要内容,针对护栏板、隔离栅的维修工作,必须严格按照维修时限进行作业,严格控制维修质量,确保修复后恢复其原来的使用功能。防眩板设施要保持齐全完好,随损随修,整体达到整齐划一的视觉效果。

图 6-3 隔离栅

图 6-4 防眩板

交通安全设施的养护要点见表 6-1。

表 6-1 交通安全设施的养护要点

类别	养护要点
护栏	1. 每季度检查结构有无损坏变形，有无脱漆、锈蚀及污秽，有无拉索松弛、护柱及反光膜缺损，立柱与水平构件的紧固情况 2. 经常清除周围杂草、积物，脱漆应修补，反光膜脱落应补贴 3. 因自然灾害及交通事故造成护栏损坏或变形的，应按原样进行修复或更换 4. 路基路面标高变化后，护栏高度应予以调整 5. 严重锈蚀的金属护栏应予以更换 6. 涂有油漆的护栏，应定期更新涂漆，周期可按当地气候、护栏污染褪色程度、油漆质量决定，一般 1~2 年一次
防护栅	1. 除日常巡视外，每季度定期检查结构有无损坏变形，有无污秽，是否有脱漆锈蚀 2. 污秽、广告、启事应定期清洗，2~4 年重新油漆一次，损坏按原样修复或更换
标柱	经常检查有无缺损、歪斜变形，并保持位置正确，油漆鲜明醒目，缺损应及时修复、更换或添补
反光镜	1. 经常检查反光镜设置的位置、方向、角度是否正确，支柱有无倾斜和损坏，镜面有无污秽和损坏 2. 及时清除镜面污秽及反光镜周围的杂草树枝等遮蔽物，保证位置、方向、角度正确
照明	1. 日常巡查时应检查亮灯情况，线路、电杆、灯具安装损坏情况，对存在的问题应及时解决 2. 因车辆事故造成损坏，应马上处理；暴风、台风、暴雨、地震等灾害后应检查检修孔或探孔的排水、配电盘及电源线的引入情况、涂漆情况，发现问题及时解决 3. 定期检查，一般一年左右一次，应对设备安装、检查孔或探孔的排水、配电盘状态、电杆、油漆、照明进行全面检测
中央分隔带	日常巡查时，及时清除杂草、污秽、积水，修剪高草；检查路缘石变形、损坏情况，并修复或更换；排水通道阻塞时应及时疏通
遮光栅	1. 在日常巡查中应检查有无缺损歪斜，有无脱漆锈蚀，支柱有无变形 2. 发现缺损应修复或更换，歪斜的扶正，定期除锈涂漆
隔音墙	除日常巡查外，应定期检查隔声墙板是否变形破损，并及时修复；排水通道是否畅通；经常清理杂草、杂物
震颤设施	1. 经常检查与路面的固定有无松动，结构有无裂缝、损坏 2. 经常清扫震颤设施上的杂物 3. 发现松动、损坏、磨损、缺损的应修复、更换或重新设置

学习情境二　公路交通标志、标线的养护

一、公路交通标志

公路交通标志是用图形符号和文字传递特定信息，用以管理交通，保证公路交通安全，协助车辆顺利通行的安全设施。公路交通标志包括警示标志、禁令标志、指路标志等主动标志和为表示时间、车辆种类、区域或距离、警告、禁令理由等辅助标志及其他标志。公路交通标志的形状、颜色、尺寸、图案种类和设置地点均按《道路交通标志和标线》的规定执行。

(一)主标志

1. 警告标志

警告车辆、行人注意危险地点的标志。其颜色为黄底黑边、黑图案,形状为顶角朝上的等边三角形。常有平面交叉路口标志、连续弯道标志、陡坡标志等(图6-5)。

图6-5 交通警告标志

2. 禁令标志

禁止或限制车辆、行人交通行为的标志。其颜色为白底黑圈、红杆、黑图案,形状为圆形、顶角向下的等边三角形。常见的有禁止驶入标志、限制标志、限制高度标志等(图6-6)。

图6-6 交通禁令标志

3. 指示标志

指示车辆、行人行进的标志。其颜色为蓝底、白图案,形状为圆形、长方形和正方形。常见的有直行标志、向右行驶标志、准许掉头标志等(图6-7)。

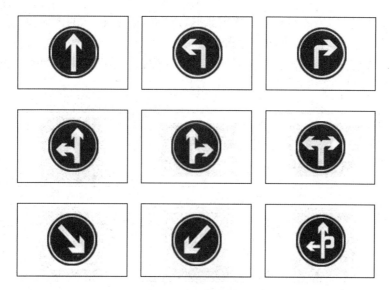

图 6-7 交通指示标志

4. 指路标志

传递道路方向、地点、距离信息的标志。其颜色（除里程碑、百米桩、公路界碑外）高速公路为绿底白图案、其他公路为蓝底白图案，形状（除地点识别标志外）为长方形和正方形。常见的有里程碑、分界碑、指路牌等（图 6-8）。

图 6-8 交通指路标志

5. 旅游标志（图 6-9）

(1)旅游景区(点)道路交通指引标志，提供旅游景区(点)的中文名称、英文名称、旅游项目类别图案，以及前往旅游景区(点)的方向和距离等信息，设在高速公路出口附近及通往旅游景区(点)各连接道路交叉口附近的道路交通指引标志。其可分为旅游景区(点)方向距离标志和旅游景区(点)方向标志两种。

(2)旅游景区(点)方向距离标志。旅游景区(点)方向距离标志的内容包括旅游项目类别图案、中文名称、英文名称、方向、距离。

(3)旅游景区(点)方向标志。旅游景区(点)方向标志的包括旅游项目类别图案、中文名称、英文名称、方向。

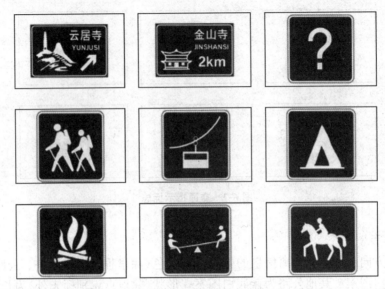

图 6-9　交通旅游景区标志

(二)辅助标志

辅助标志附设在主标志下,主要起表示时间、车辆种类、区域或距离、警告、禁令理由等辅助说明作用。其颜色为白底、黑字、黑边框,形状为长方形,如图 6-10 所示。

夜间交通量大的公路,应尽量采用反光标志。

属于国际公路和重要的旅游公路,宜同时标注汉英两种文字。

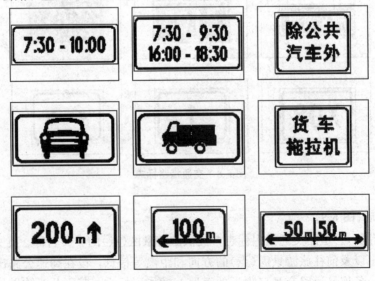

图 6-10　辅助标志

二、公路交通标志的检查

公路交通标志除在日常巡回时检查其是否受到沿线树木等遮挡以及标志牌、支柱是否受到损伤外（图 6-11），一般还要定期检查，遇有自然灾害或交通事故等，还应进行临时检查。检查包括下列内容：

图 6-11　交通标志损坏

(1) 公路标志牌、支柱变形、损坏、污秽及腐蚀情况；
(2) 油漆及反光材料的褪色、剥落情况；
(3) 标志牌设置的角度及安装情况；
(4) 照明装置情况；
(5) 基础或底座情况；
(6) 反光标志的反射性能；
(7) 缺失情况；
(8) 根据公路条件或交通条件的变化，检查公路交通标志的设置地点、指示内容、各标志间的相互位置、标志的高度和尺寸等是否适当。

三、公路交通标志的养护与维修

公路交通标志的养护应符合下列要求：
(1) 应保持交通标志设置合理、结构安全，版面内容整洁、清晰。
(2) 标志板、支柱、连接件、基础等标志部件应完整、无缺损且功能正常。
(3) 标志应无明显歪斜、变形，钢构件无明显剥落、锈蚀。
(4) 标志面应平整，无明显褪色、污损、起泡、起皱、裂纹、剥落等病害。
(5) 标志的图案、字体、颜色等应符合相关标准要求。
(6) 反光交通标志应保持良好的夜间视认性。

公路交通标志的维修主要包括以下内容：
(1) 通过检查，发现公路交通标志出现异常时，应及时恢复到正常状态。

(2)清洗交通标志上的污秽。

(3)有树木等遮蔽时,必须清除阻碍视线的物体或在规定范围内变更标志的设置位置。

(4)定期刷新。

(5)标志牌变形、支柱弯曲、倾斜应尽快修复。

(6)标志牌、支柱损伤、生锈引起油漆剥落,其范围不大时,可对剥落部分重新油漆;油漆严重剥落或褪色,应重新油漆。

(7)标志牌或支柱松动时应及时紧固。

(8)由于锈蚀、破损而造成辨认性能下降或夜间反光标志反射能力降低的标志,应予更换;标志缺失的应及时补充。

(9)设置的标志有类似、重复、影响交通的情况,或设置位置和指示内容不符合时,应进行必要的变更。

另外,为保证车辆、行人安全和施工正常进行,应按国家标准规定设置路栏、锥形交通路标、导向标等告示性和警告性标志。应及时清除和修剪导向标周围的杂草和树枝;保持表面、牌面清洁和油漆或反光材料的完好;标志损坏严重或缺失时,应及时更换或补充。

四、公路交通标线的养护

公路交通标线是管制和引导交通安全的安全设施。公路交通标线包括:路面上的各种线条、箭头、文字、立面标记、突起路标和轮廓标等所构成的交通安全设施。其作用是管制和引导交通。它既可以与标志配合使用,也可以单独使用。公路交通标线的形状、颜色、尺寸和设置地点均按照现行《道路交通标志和标线》的规定执行。

路面标线的养护要求如下:

(1)具有良好的可视性,边缘整齐,线形流畅,无大面积脱落。

(2)颜色、线形等应符合相关标准要求。

(3)反光标线应保持良好的夜间视认性。

(4)重新画设的标线应与旧标线基本重合。

公路交通标线的养护与修理要点如下:

(1)路面标线污秽,影响辨认性能时,应及时进行清扫或冲洗。

(2)路面标线磨损严重或脱落,影响辨认性能时,应重新喷刷或修复,并注意避免与原标线错位。

(3)进行路面局部修理使路面标线局部缺损或被覆盖,应在路面修理完工后予以修补或喷刷。

(4)养护和修理的主要内容是清除表面污秽,如已褪色或油漆剥落,应及时重新涂漆,如图6-12所示。

图6-12 交通标线修补

学习情境三 公路机电设施的养护

公路机电系统设备近年来已呈现出网络化、智能化、信息化和自动化等特点,技术含量高、专业性强等特点给相应的维护管理工作带来了不少困难。公路机电系统包括监控系统、收费系统、通信系统、供配电系统等。其维护质量标准参照现行《公路工程质量检验评定标准

《第二分册 机电工程》(JTG F80/2—2020)执行。高速公路机电系统基本构成如图 6-13 所示。

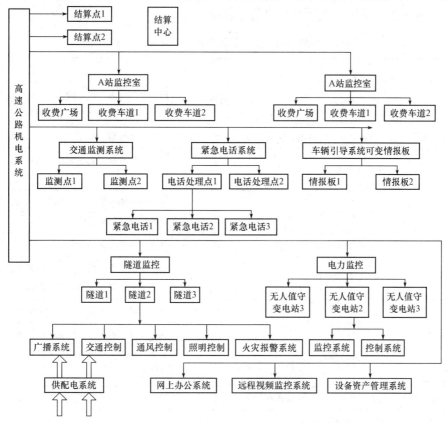

图 6-13　高速公路机电系统基本构成

1. 监控系统维护

监控系统的主要设备有外场摄像机、车辆检测器、能见度检测仪、气象监测仪、数据光端机、可变情报板、可变限速标志、综合显示墙、综合控制台、事件监测分析仪等设备。图 6-14 所示为荆宜高速监控中心场景图。

高速公路监控设施是高速公路量测、监视车辆运行状况和运行环境，以及照明、通信、配电设备等的自动控制设备和监视控制运转情况的设备。它可以准确地提供高速公路的运行状况和信息，以便采取相应的措施来管理和诱导交通流，

图 6-14　荆宜高速监控中心场景图

达到最合理的利用高速公路的目的。高速公路监控设施是管理和维护人员的眼睛，它是否能正常工作直接关系到高速公路的安全运行和服务质量的高低。

监控设施的维护可分为日常维护和定期维护。日常维护主要是指自动控制设备、计量仪器的工作状态是否正常以及仪器的校正工作，内容包括仪表、控制设备、输电线路电源以及各种安全保障装置的工作状况；定期对监控系统的地图屏、投影显示屏、计算机系统、区域控制器、匝道控制器、车辆检测器、可变信息标志、闭路电视、气象检测仪，交通调

查数据采集设备，照明、风机、消防喷淋等设备的控制系统的工作环境、状态和性能进行检查、检测和维护。具体检查项目和周期见表 6-2。

表 6-2 监控系统检查、检测及维护的主要项目和周期

序号	项目	周期	备注
1	除尘，保洁	天/周/月/季	机房保洁每天一次，摄像机（含镜头）为每月一次，外场设备为每季一次，其他设备每周一次
2	地图屏、投影显示屏各项显示功能	天	键入命令视察
3	闭路电视设备	季	视察、检查编解码器和视频切换器，每季检查一次
4	车重测量仪设备	周	现场检查积水或杂物，机箱、坚固螺（栓）丝、车重测量仪应定期送检
5	CO 浓度、烟雾浓度等环境检测装置	周	观察、检查、保洁与维护
6	交通调查数据采集设备	季	精度测试每季一次，其中车速用手持式测速器测试对照，车型、流量与人工测试对照
7	浪涌保护器	月	性能测试，夏季雷雨季节应及时检查
8	计算机系统维护	月	功能测试，数据保存、备份、设备整理，网络及系统目录和文件的维护，系统软件、防病毒软件升级与补丁
9	隧道照明、风机、消防喷淋等控制系统	月	实际操作，检查其控制功能
10	桥梁检测装置	月	试验、检查
11	通信功能与传输性能	季	测试
12	车辆检测器性能	季	车速用手持式测速器测试对照，流量与人工测试对照
13	线缆、电源、接插件	季	万用表测试（室内为每周一次）
14	可变信息标志显示屏亮度与光控	季	亮度计检测，光控功能试验
15	区域控制器、匝道控制器功能	季	试验
16	视频光端机发送功率、接收灵敏度	年	用光功率计测试
17	气象检测仪	年	检查和调整灵敏度，必要时检查和校准传感器
18	外场设备的箱体、门架和坚固件	年	检查、坚固螺（栓）丝、除锈、油漆
19	绝缘电阻	年	500 V 欧表测试
20	接地电阻	年	用接地电阻测定仪进行测试

2. 收费系统维护

收费站是作为收费系统的基础设施存在的，其中，收费站是由服务系统、车道收费系统、紧急报警系统、闭路电视系统、电源系统等组成的。在公路的各级收费站中，其核心的应用设备就是计算机，并且以相应的太网交换机连成网络。站点所生成的收费数据，都会通过计算机网络进行信息的传送，并且最终都会传送到相关运营公司的收费中心。

收费系统的日常维护主要内容包括以下几项：
(1)清洁监控室的控制台、屏幕墙、计算机等主要设备的外表面。
(2)清洁收费车道主要设备(车道控制器、显示器、电动栏杆、费额显示器、摄像枪等)的外表面。
(3)保洁票据打印机，清除打印机内的碎纸屑，定期更换打印色带，给打印机传动部分上润滑油。
(4)清洁电动栏杆机、费额显示器、车道摄像机的外壳。应注意，切勿用水龙头冲洗，避免设备进水。

应定期对收费系统的车道控制器、闭路电视、对讲系统、显示器、键盘、IC(磁)卡发卡机、IC(磁)卡读写器、打印机等收费车道亭内设备，以及电动栏杆机、费额显示器、摄像机、手动栏杆、电源线、雨棚信号灯、车道通信灯、雾灯、车辆检测器、不停车收费系统的路侧读写单元和天线控制器等设备进行检查、检测和维护。

收费系统检查、检测及维护的主要项目和周期见表6-3。

表6-3 收费系统检查、检测及维护的主要项目和周期

序号	项目	周期	备注
1	除尘，保洁	天	收费车道亭内设备及费额显示器、雾灯、车道通行灯、电动与手动栏杆等
2	发卡机、保养	周/月	IC卡：每周检查和清洗驱动轮，每两周检查坚固件、驱动轮；磁卡：每周清洗磁头、清理纸屑、调整跳板，每月上油、更换色带
3	报警系统、闭路电视	周	检查、保洁，摄像头清洁，机身除尘
4	读卡机	周/季	IC卡：读卡机清洁 磁卡：每周清洗磁头、传感器，每季调整传送带
5	电源	月	万用表测试
6	浪涌保护器	月	性能测试，夏季雷雨季节应及时检查
7	缆线、接插件	月	观察、检查，及时调整、更换、坚固
8	对讲系统、录音设备	月	试验、测试、调整(包括录音设备)与保洁
9	数据保存、备份	月	数据磁带
10	车道设备	月	包括费额显示器、雾灯、车道通行灯等，发现故障及时维修
11	车道控制器	月/季/年	每月箱内除尘、风扇清洁，每季空气过滤器清洁，每年更换过滤器
12	电动、手动栏杆	月	坚固、加润滑油、校准
13	车辆检测器	季	线圈电感量、绝缘电阻及功能的测试
14	票据打印机	季	清洁，及时更换色带
15	路测读写单元与天线控制器	季	雷雨季节，应适当增加检查次数
16	计算机系统维护	季	测试、软件修改后应立即测试

续表

序号	项目	周期	备注
17	传输功能	年	测试
18	外场附属设备	年	防腐、涂漆
19	绝缘电阻	年	500 V 欧表测试
20	接地电阻	年	用接地电阻测定仪进行测试

3. 通信系统维护

高速公路在地理上是一条数十至数百公里长的条形地带或网状区域，管理上是管理中心、分中心路侧监控站和收费场站的沿线点群分布。大量的各类信息需要及时交换，故通信系统成为传输信息、管理信息和交换信息的主要工具。高速公路需要传输的信息按其功能划分有监控系统的检测数据、视频图像、电话、控制指令和信息发布指令等。通信系统利用光纤、电缆的有线传输和无线微波移动通信等多种形式满足收费、交通监控、办公信息化及其他辅助系统的信息传输要求。

通信系统的主要设备有 ADM 传输设备、接入设备 ONU(Optical Network Unit，光网络单元)、接入设备 OLT(Optical Line Terminal，光线路终端)、程控交换机、光纤综合接入网、ADM 分插复用设备、服务器等设备。

定期对通信系统的光电缆传输线路、数字传输系统[包括准同步数字系列(Plesiochronous Digital Hierarchy，PDH)、同步数字系列(Synchronous Digital Hierarchy，SDH)]、数字程控交换机、IP 网络设备、紧急电话系统和无线通信系统进行检查、检测和维护。

通信系统检查、检测及维护的主要项目和周期见表 6-4。

表 6-4 通信系统检查、检测及维护的主要项目和周期

序号	项目	周期	备注
1	数字传输系统的监测和记录	天	包括误码秒(Error Seconds，ES)、严重误码秒(Severely Errored Second，SES)事件次数，误码计数、误码率(Bit Error Ratio，BER)、不可用时间和各类告警等
2	电源和设备状态显示	天/季	每天交接班时检查记录，紧急电话电源每季一次
3	数字程控交换机、IP 网络设备运行状况	天	告警、工作电压，数字程控交换机还应包括中级闭塞、设备和电路变更等状况，IP 网络设备还应包括路由器的路由表、端口流量、交换机的 VLAN 表和商品流量等
4	机房与设备	周/半年	设备表面清扫除尘每周一次，机顶、走线架、配线架及机框内部清扫除尘每年一次
5	浪涌保护器	月	性能测试，夏季雷雨季节应及时检查

续表

序号	项目	周期	备注
6	数字程控交换机、IP 网络维护	月	包括防潮滤网的除尘或更换,数字程控交换机磁带机清洁、系统时间核准,后备磁带(光盘)制作、告警记录分析等
7	紧急电话总机、分机外观与功能	月	检查并进行通话试验
8	数字传输系统网管数据备份	季	数据修改后和网管系统升级前应及时做好数据备份
9	光电缆线路巡视	月/年	尾纤(缆)、终端盒、配线架外观检查每月一次,人孔内检查有无积水、垃圾每半年一次
10	数字程控交换机性能	季/年	包括告警性能、中继线电路、迂回路由、I/O 设备诊断等,障碍自动诊断、信号音电平、计费差错率等测试每年一次
11	无线通信设备	季	转发器功率及接收灵敏度,收集机分路器隔离度及损耗,天馈系统、发信机合路器损耗和系统控制器功能等测试
12	数字传输系统倒换试验、光功率测试	半年	可不测发送和接收光功率
13	电缆绝缘电阻测试	年	绝缘电阻测试仪抽测 10% 芯线
14	光纤通道后向散射信号曲线	年	光时域反射仪(Optical Time Domain Reflectometer, OTDR)测试
15	数字传输系统通道误码性能	年	每个组抽一个通道,在线测试 24 h
16	无线铁塔	年	天线、避雷针、地线、坚固螺丝、塔身和基础等
17	强电端与外壳的绝缘电阻	年	500 V 兆欧表测试
18	防雷和接地	年	防雷测试仪和接地电阻测定义测试

学习情境四 服务设施的养护

服务设施包括服务区、停车区和收费站、加油站等的土建及附属设施,以及公共汽车停靠站等设施。

高速公路服务区主要包括车辆停车场、休息厅、餐厅、商店、公共厕所、加油站、修理站、广场和休息庭院等。通常将休息厅、餐厅和商店等集中设置于主体建筑中,而公共厕所可以附设于主体建筑中,也可以独立设置。服务区的维护至关重要,主要包括以下几项:

(1)保持服务区内环境的整洁卫生,及时清除场内杂物,清理、疏通排水设施。
(2)服务区内的路面、房屋、立体交叉、公路标志、标线、绿化、照明、通信等设施的养护维修,按有关规定执行。
(3)协同工商、公安、卫生等部门对服务质量、卫生、治安及价格等方面进行监督检查，发现缺陷时，应及时纠正。

养护房屋是基层公路管理部门为进行公路养护和管理建立的生产和生活用房，包括县级公路管理机构，工区(站)道班用房和交通量观测站、养路费、通行费征收站(所)、路政管理机构，泵站用房等。房屋的养护应遵循以下几个原则：

(1)保持房屋及周围环境的整洁、美观、场地排水畅通。

(2)定期对房屋及围墙进行粉刷或油漆，保持公路养护特色，房屋维修按常规执行。

(3)对沥青加工用房的消防安全设备，定期检查、补充、更换。

对于停车及洗车场的养护应遵循以下几个原则：

(1)保持场内整洁，无积水污物，车辆出入畅通。

(2)停车场内出现路面及各种标志、标线损坏时，及时恢复。

(3)洗车场设备完好，水压充足。

对于加油及维修站的养护应遵循以下几个原则：

(1)保持场内整洁，各种设备、工具放置有序，保证车辆出入畅通。

(2)加油站严格出入人员防火纪律，认真执行油料装、卸、保存的安全规程，消防设备和器材合格。

(3)维修站保持设备完好、备件齐全。

任务二　公路绿化

公路绿化是公路建设的组成部分，通过绿化，保护自然环境，创造舒适的行车环境和生活环境。公路绿化的目的是稳固路基、保护路面、美化路容、改善环境、减轻噪声、舒适旅行、诱导行车视线，也是防沙、防雪、防水害的主要措施之一。

学习情境一　道路景观设计

公路绿化技术随着道路里程的增加，经过了模仿、探索、改进、发展、总结、再发展几个重要阶段，形成了一定的基础和规模。同时，在总体风格的形成方面，也能根据我国传统的园林审美情趣，结合当地的风土人情和自然条件，塑造出具有中国特色的公路园林、艺术景观。

1. 公路景观设计的目的

公路景观设计的目的，是通过以视觉为主的感受通道，借助物化了的景观环境形态，在人们的行为与心理上引起反映，创造共鸣。在进行景观设计时，要针对公路特定的空间环境，综合多方面的因素进行协调，力求创造舒适、优美的道路景观。

2. 公路景观设计的原则

公路选线时，要在考虑公路总体走向不变的前提下，如何利用路线所经地区的地形、自然风貌和城镇最佳景观。设计时，要着眼于路线所经区域的沿线景观。具体进行景观设计时应遵循以下几个原则：

(1)交通安全第一原则。保证交通安全是公路景观设计的基础和前提。在公路景观设计中，应符合行车视线和行车净空等要求，满足道路交通安全功能的需要，改善行车条件，使高速公路行车更为安全、快捷和舒适。

(2)经济实用原则。在公路景观设计中,大可不必将精力放在那些耗费大量人力、物力、财力的观赏景观塑造上,而应倾心于对公路沿线原有景观资源的保护、利用,以及对开发路体本身和其沿线设施、构筑物等人文景观与原有地形、地貌、自然环境的相容性的研究。

(3)地域特色性原则。公路所经地区广阔,不同的地区有其独特的地理位置、地形地貌、气候气象、审美观念、文化传统和风俗习惯。因此,修建公路时应充分考虑地域特色性原则,做到统筹规划、分段设计、因地制宜、景观协调、注重特色。同时,在进行公路景观设计时应该结合区域文化,以适应时代要求的内容、形式与风格,塑造新的景观形式,创造新的景观形象,形成不同地区风格的高速公路特色景观。

(4)动态性原则。时代是发展的,人类是进步的,反映人类文明的高速公路景观也应存在着一个不断更新、演变的过程。这就要求在高速公路景观的塑造过程中坚持动态性原则,在时代的不断发展进程中,赋予高速公路景观以新的内容、新的意义和新的形式。

(5)可持续发展原则。高速公路景观设计也要遵循可持续发展原则。对高速公路景观这个由多个生态系统组成的具有一定结构和功能的整体进行多层次设计,使整个道路系统的结构、布局和比例与本区域的自然特征和经济发展相适应,谋求生态、社会、经济三大效益的协调统一。

3. 公路景观设计的方法

公路景观结构体系分线性景观模式和点式景观模式,涉及动态与静态、自然与人工、视觉与情感等问题,要解决好这些问题,景观设计必须遵循以下基本思路和方法。

(1)保证道路畅通与安全。公路景观设计可避免给司乘人员造成心理上的压抑感、恐惧感、威胁感及视觉上的遮挡、不可预见、眩光等视觉障碍。

(2)注重整体与轮廓。路线景观的设计应力求做到公路线形、边坡、中央分隔带、绿化等连续、平滑平顺、自然且通视效果好,与环境景观要素相容、协调。

(3)注重局部与细节。公路通过的村庄、立交桥、挡土墙、收费站、加油站、服务区等景观,其观赏者一般处于静止、步行或慢行状态。因此,这部分景观的设计重点应放在局部刻画和细节处理上,如公路路基的形态与形象设计、绿化植物的选择与造型、公路构造物的形态与色彩、交通建筑与地方建筑风格的协调、场所的可识别性与可记忆性,甚至对铺地、台阶、路缘石等均应仔细推敲、精心设计。图6-15所示为某道路景观设计效果图。

图 6-15 某道路景观设计效果图

学习情境二　公路绿化及规划

公路绿化应贯彻"因地制宜、因路制宜、适地适树"的方针，科学规划、合理选择绿化植物品种。

1. 公路绿化的范围

公路绿化是国土绿化的组成部分，也是公路建设的组成部分。各级公路管理机构，应配备绿化专业技术人员；有条件时可设置绿化管理部门，负责公路绿化工作。公路绿化工作是在公路两侧用地范围内，包括土路肩、边坡、公路隔离带、防护带、交通岛、广场、桥涵、隧道出口两端、立体交叉的上下边坡、养护用房内外环境，以及公路服务设施等场地的绿化，还包括育苗、栽种、抚育、管理、采伐更新及宣传绿化政策等。

2. 公路绿化规划

公路绿化规划，应根据公路等级、沿线地形、土质、气候环境和绿化植物的生物学特性，以及对绿化的功能要求，结合地方绿化规划进行编制。

公路绿化按其绿化的位置、作用和性质，主要划分为防护林、风景林和美化沿线景观的小型园林、花圃、草坪等。绿化规划应根据公路等级及对绿化功能的要求、沿线地形、土质、气候环境和绿化植物的生物学特性等条件，与地方整体绿化规划结合进行。新改建公路的绿化工程应与公路设计、施工、验收同步进行。

进行公路绿化时应根据公路等级及对绿化的功能要求、所在区域的环境、气候条件及沿线地形、土质等情况进行栽培设计，选择绿化植物种类，做好乔木与灌木、针叶与阔叶、常青与落叶、木本与草本花卉的结合，并结合沿线自然景观布设景点，达到防护与观赏相结合的目的，增加公路绿化美化效果，丰富公路景观。

3. 公路绿化的总体原则及要求

(1)公路绿化的总体原则。

1)在保证交通运输安全的前提下，通过绿化和美化，丰富公路景观，改善公路沿线环境。

2)按"近花草，中灌木，远乔木"的顺序，由路两侧向外展开，以美化路容为主，兼顾防护功能。

3)突出草、花及灌木，乔木为陪衬。

4)高标准、多投入、见效快，四季有景，美观实用，引人入胜。

5)注意与周围自然环境及生态环境相协调，尽量通过和谐的修复与绿化来恢复自然景观，使公路沿线的景观更具美学价值。

(2)公路绿化的要求。进行公路绿化时，应根据公路等级和当地自然、经济条件选择绿化植物品种，并借助公路沿线的自然景观设计各种绿化类型以及凉亭、雕塑、池塘、花坛、草坪等，以便更好地增强绿化、美化效果，丰富公路景观。不同等级和不同路段的公路绿化，应分别符合下列要求：

1)高速公路、一级公路的中央分隔带宜种植灌木、花卉或草皮，改善行车环境，绿化美化公路，防止行人随意穿越公路。

2)二级及二级以下公路，宜采用乔木与灌木相结合的方式，避免单一品种长距离栽植，并充分体现当地特色。

3)平面交叉在设计视距影响范围以内,不得种植乔木;一般以草坪为主或是小型观花灌木丛。

4)小半径平曲线内侧不得栽植影响视线的乔木或灌木,其外侧可栽植成行的乔木,以诱导汽车行驶,增加安全感。

5)立体交叉侵害形成的环岛,可选择栽植小乔木或灌木,实现丛林化。绿化布置要服从立体交叉的交通功能,使司机有足够的安全视距。

6)隧道进出口两侧 30~50 m 范围内,宜栽植高大乔木,尽可能形成隧道内外光线的过渡段,以利车辆安全行驶。

7)桥头或涵洞两头 5~10 m 范围内,不宜栽植乔木,以免根系破坏桥(涵)台。

不同类型区的公路绿化应分别符合下列要求:

1)山区:应发展具有防护功能的绿化工程,如防护林带、灌木、草皮护坡等,以含蓄水分,滞缓地表径流,减轻水土流失,防冲刷、防坍固坡。

2)平原区:应配合农田水利建设和园林化总体规划要求,栽植单行或多行防护林带,以减轻或消除风、沙、雪、水等对公路的危害;在平面交叉、桥梁、分隔带、环岛、立体交叉的上下边坡和服务区等地,应配栽观赏矮林、灌木、花卉或多年生宿根植物以美化路容。

3)草原区:应在线路两侧栽植以防风、防雪为主的防护林带,以阻挡风、雪侵蚀危害公路。

4)风沙危害地区:以营造公路防风、固沙林带为主,栽植耐干旱、根系发达、固沙能力强的植物品种。

5)盐碱区:应选择抗盐、耐水湿的乔木、灌木品种,配栽成多行绿化带,以降低地下水水位,改善土壤结构。

6)旅游区:通往名胜古迹、风景区、疗养休闲区及重要港口、水库和机场等地的公路,应以美化为主,营造风景林带,可栽植有观赏价值的常绿乔木、灌木、花卉以及珍贵树种和果树类。

适用于各地区的树种见表 6-5。

表 6-5 适用于各地区的树种

地区	平原(包括盆地及河谷地)		山地		市郊	特殊条件
	一般地区	水分较多地区	土层较厚	土层浅及石质山		
华北和西北东南部东北南部	杨树(白毛杨等)洋槐、香椿、桑、榆、槐、白蜡、臭椿、楸、泡桐	柳、箭杆杨、加拿大杨、杞柳	核桃、板栗、果树(梨、苹果、柿、枣等)、油松、洋槐、青杨	山杏、侧柏、元枣枫油松、柴穗槐	杨树(加拿大杨、白毛杨)、洋槐、白蜡、槐、侧柏、松柏、元宝枫	沙地:紫穗、小叶杨;碱地:柽柳;黄土崖:醋柳

续表

地区	平原(包括盆地及河谷地)		山地		市郊	特殊条件
	一般地区	水分较多地区	土层较厚	土层浅及石质山		
东北	小叶杨、大青杨、水曲柳、落叶松、榆	柳、水曲柳	落叶松、红松、水曲柳、油松(南部)、黄菠萝、椴	蒙石栎	杨柳(小叶杨、大青杨)、落叶松、水曲柳、复叶槭	沙地:蒙古柳、沙柳、樟子松
华中(包括贵州东南部)	桑、樟、麻栎桦、香椿、枫杨	柳、枫杨、棕乌桕、刺杨、水杉	杉木、毛竹、樟树、栓皮栎、麻栎、锥栗、楠木、油茶、泡桐、茶、核桃、板栗、棕榈、果树(杨梅、柑橘)	马尾松、麻栎、枫香	法国梧桐、枫杨、梧桐桦、银杏、重杨木、七叶树、鹅掌楸、三角枫	高山:黄山松、柳杉、金钱松
四川和贵州北部	楠木、樟、香椿、慈竹、柏木、桉树	枫杨、柳桤木	杉木、毛竹、柏木、楠木、华山松、油桐、油茶、核桃、棕榈、果树(柑橘、苹果)	马尾松、柏木、麻栎、栓皮栎	喜树、香椿、泡桐、梧桐樟、楠木、桉树	—
云南和贵州南部	杨树(滇杨)、冲天柏、桉树、滇楸	滇杨、柳水、乌桕	华山松、楠木、滇楸、柏木、咖啡(南部)、果树(梨、桃)	云南松、油松	杨树、桉树、梧桐、柏木、侧柏	—
华南	樟、桉树、红椿、栋、竹类(撑竿竹、筱竹等)、果树	木棉、水松、重杨木、乌桕	果树、(柑橘、乌榄、橄榄、荔枝、龙眼等)、咖啡、樟、酸枣、大叶栋、杉木	马尾松、相思、木荷、枫香	榕树、石栗、凤凰木、白千层、桉、木棉	沙地:木麻黄、露兜树；海湾淤地:红茄冬
内蒙古和西北地区西北部	榆、杨(小叶杨、胡杨等)、杏	柳、柽柳	柳、柽柳	山杏	杨树(胡杨、小叶杨)、柳	沙和盐碱地:梭梭柳、臭柏、白刺沙蒿、拐枣
西南高原和高山	杨树	柳树、榆、核桃	落叶松、云杉	冷杉	杨树、柳、榆核桃、槭树	—

学习情境三　公路环境保护

公路环境的主要问题集中于噪声污染、污水处理、路面径流收集、大气污染、生态环境破坏、水土流失等方面，公路建设必须重视环境保护，修建高速公路和一级公路以及其他有特殊要求的公路时，应做环境影响评价及环境保护设计。

1. 公路养护对环境的影响

(1)水资源污染。在公路的养护过程中，由于铲土刨基、清理路边树木等都会使道路周边的植被被破坏，严重的会造成水土流失；施工废水或降雨形成的路面径流和路面污染物所形成的混合物、重金属含量较高的粉煤灰、养护工人产生的生活污水、过路汽车留下的化学储剂、石油及其制品等混入河流或土壤中易造成水污染。因此，公路养护工程应以维护生态、降低污染、保护沿线环境为目标，对施工与营运期产生的污染应采取相应的处治措施。

(2)空气环境污染。由于车流的来往所排出大量尾气，这也是造成空气污染的主要原因之一；路面上的沥青随着车辆的碾压逐渐变热会排出一些有害气体，这些气体未经处理直接进入空气中，不仅会污染环境，还会危害养护工人的身体健康。

(3)生态环境污染。由于路面经常有车辆流动，容易发生损坏，因此，养护工作也由此展开。在养护过程中，施工会产生噪声，进行作业的机器在运行过程中会产生响动，这些都会对周边的居民和环境造成影响。由于原有的道路已不能适应现在的交通或车载需要，某些道路路线需要重新设计或路基需要拓宽等，这些都需要对公路进行修筑或维护。在此养护过程中，有些地方需要砍伐树木以拓宽路基，有些地方需要重新修筑道路，还有些地方需要改变之前的设计重新设置排水系统等，这些都会给道路周围的生态造成破坏。因此，养护及维修人员要加强生态保护和水土保持意识，保护生态资源，少占土(耕)地，做好公路用地范围内的水土保持工作；对边坡、荒地的水土流失，应做好治理工作。

(4)固体废物污染。养护施工过程中产生的固体废弃物主要有：开挖出的弃渣、废弃的水泥等散装材料、多余的零星材料、生活垃圾、散落的土石。如果将其任意处置或放任不管，将会对周边环境产生一定的影响。

(5)自然保护区污染。养护施工过程中产生的废弃物、废水、弃方会污染水体、阻塞河道水流或造成水土流失。位于自然保护区、水源保护地、森林、草原、湿地和野生生物及其栖息地的公路，对其进行养护作业时应妥善处理施工废料、废水。废方弃置时应注意保护自然水流形态，避免阻塞河道水流或造成水土流失。废水不得直接排入饮用水体和养殖水体。

2. 公路养护环境保护措施

在公路养护作业过程中，因工程需要或其他人为因素对沿线周围环境造成诸多不良影响，如植被破坏、水土流失，自然景观被破坏等。公路养护过程中产生的环境污染，是一个长期存在的问题，随着国家经济的发展和人们生活水平的提高，必须列入议事日程，逐步加以解决。首先，应着眼于建设、养护与环境的整体效益，采取"统一规划、分步实施、远近结合"的原则；其次，从沿线公路绿化入手，提高养护职工的整体素质，推广新工艺、新材料、新技术，铲除污染源。

(1)加强公路绿化，防止水土流失。根据当地气候和土壤特点，在靠近公路两侧，特别是环境敏感区附近密植乔木、灌木，并根据周围地物、环境特点、边坡地质情况与土壤性质选用最佳的绿化形式，达到层次分明，尽量减少边坡裸露面积，防止水土流失。美化沿线环境的同时，一方面加强对养路业务的学习和职工的技术培训，提高他们的技术素质；另一方面有规划地确定沿线取土地点，避免随处开挖而影响边坡稳定，并做好取土点周围的绿化工作防止水土流失。

(2)推广应用新工艺、新材料、新技术。积极试验和采用无污染或少污染环境的新工艺、新技术、新产品。在路面养护施工中，应积极推广再生、快速修补等环保工艺，减少工程废料的产生。

(3)加强路政管理、减少路面污染。公路养护过程中产生的废气和散落物对环境造成不良影响，因此，在施工过程中必须加强路政管理及采取必要的保护措施。例如，石灰、粉煤灰等路用粉状材料在运输和堆放时应有遮盖，有条件时其混合料应集中拌和，减少对空气、农田的污染。养护作业时应考虑对施工路段及便道适时洒水，以减轻扬尘污染。

(4)环境空气污染防治应结合景观绿化。选择有吸附或净化能力，适合当地气候、土壤条件的花草、灌木和乔木。在用地许可时，宜种植多层次的绿化林带。

3. 公路绿化植被的养护要求

公路绿化要坚持"栽、管、护"相结合，要求种植成活率在98%以上，保存率在95%以上。绿化植物种植后，应加强对公路绿化苗木的日常管护，及时进行浇水、整形修剪、防治病虫、清除杂草等抚育管理工作，积极宣传公路绿化的有关政策、法规，防止人畜破坏，充分保持和发挥公路绿化的作用和效果。

(1)加强公路绿化巡查，根据各类绿化植物病虫害发生、发展和传播蔓延的规律，及时采取相应的防治措施，保证绿化植物正常生长。按规定做好公路用地范围内乔、灌、花、草的淋水、除草、松土、施肥、修剪、防治病虫害、缺株补植及路树涂白剂等工作。

(2)防治绿化植物病虫害应以预防为主，应贯彻"治早、治小、治了"的防治方针。严格执行苗木检疫制度，消灭越冬虫卵、蛹、烧毁落叶虫婴、虫茧，及时消除衰弱、病害植株。绿化公路的乔木、灌木、花草及防护林、风景林等，不宜在较长路段内采用。对于同一绿化植物品种，应分段轮换栽植不同品种，以减少病虫害的传播和蔓延，营造良好的植被生长环境。

(3)路树采伐必须严格遵守《中华人民共和国森林法》，任何单位和个人不得擅自砍伐、破坏公路绿化。路树采伐的允许范围主要包括以下几项：

1)公路路树过密且不宜移植，需进行抚育采伐的。
2)经有关部门鉴定，路树超龄需进行必要的更新改造。
3)公路改建或加宽需采伐原有公路绿化的。
4)公路树木发生大规模病虫害，经有关部门鉴定确需采伐或更新的。
5)生长势弱、绿化效果差、影响路容路貌的。

项目小结

公路交通安全设施(包括公路交通标志及标线)是公路沿线设施的重要组成部分，其设置是否完整、齐全并处于良好状态，直接关系着车辆行驶的安全性；其检查、养护及维修工作是公路养护工作不可缺少的，也是不可忽视的。

公路绿化工作不仅是公路工程的一部分，也是国土绿化的一部分；公路绿化可以对行车安全舒适性、对减少交通公害及美化路容起到良好的作用。公路绿化工作的效果如何，既取决于绿化工作的规划与设计，关键取决于公路树木栽植后的具体管理与养护。

思考与练习

一、填空题

1. 交通工程设施，作为公路工程的附属设施，主要由_____、_____、_____、_____、_____、_____等组成。
2. 交通安全设施包括_____、_____、_____、_____、_____、_____、_____、_____等。
3. 安全设施的养护内容包括：检查、保养维护和更新改造。检查包括_____、_____和_____。
4. 公路交通标志包括：_____、_____、_____等主动标志和为表示_____、_____、_____、_____等辅助标志及其他标志。
5. 公路机电系统包括_____、_____、_____、_____等。

二、简答题

1. 公路沿线设施有哪些？
2. 试述公路交通标志的分类。
3. 简述公路交通标志的养护与维修内容。
4. 简述公路交通标线的养护内容。
5. 简述公路绿化的目的。
6. 简述公路绿化工作的范围。
7. 简述公路绿化的类型。
8. 简述公路树木的栽植要求。
9. 简述公路树木的养护内容。

项目七

公路养护的安全作业

 **知识目标**

1. 掌握公路养护安全作业区的设置。
2. 掌握公路路养护安全作业。
3. 掌握养护维修作业安全存在的风险。

 **能力目标**

1. 能够对公路公路养护安全作业区进行布设。
2. 能够针对影响公路养护安全作业现场进行合理调整。
3. 能够对公路养护安全作业设施进行合理安排。

 **素质目标**

1. 培养学生严谨求实的职业操守,具有理论联系实际、实事求是的工作作风和科学严谨的工作态度。
2. 培养学生施工交通安全意识,提升"安全第一,预防为主"的以人为本的理念。
3. 培养学生追求创新的精神。

 **导　引**

某养护公司高速公路特大交通事故

2010年8月10日上午10时42分许,某养护公司在高速公路养护施工作业中发生一起特大交通事故,事故造成3名工人死亡,2人重伤(其中一人经抢救无效死亡)正在进行养护施工作业中。一辆重型罐式半挂车行驶至养护施工路段时,突然一辆自卸式中型施工运料车驶出施工作业区,重型罐式半挂车采取制动后向右打方向进行避让,致使其所驾车辆冲入施工作业区碰撞施工车辆和作业人员,当场造成3名工人死亡,2名重伤(其中一人经抢救无效死亡)的特大交通事故。

究其原因：直接原因，重型罐式半挂车冲入施工作业封闭区，碰撞施工作业车辆和人员；间接原因，该路段路况复杂，连续长下坡，车速较快，车辆间安全距离较小，存在超载情况，施工作业车辆驾驶员安全意识淡薄，未在确认安全的情况下，随意驶出施工封闭作业区。

事故警示：公路养护作业施工过程中，环境复杂，边通车边施工容易受到社会车辆影响，同时施工作业过程也会对社会车辆的正常通行造成影响，所以应特别注意作业区和行使区界面之间的安全，强化现场安全措施落实到位，做好施工现场交通指挥引导，同时要加强车辆设备人员的安全教育工作，切实提升安全意识，确保规范操作。

任务一　安全养护作业的基本要求

学习情境一　影响公路养护安全的因素

目前，我国的公路正处于迅猛发展时期，随着公路的不断建成和投入运营，其治理问题也日益严峻，主要体现在以下几个方面：

(1)交通量逐年增加，交通事故呈上升趋势，路面服务水平也逐渐下降，养护工作量大大增加。

(2)高速公路养护作业面很小。

(3)恶劣的天气、汽车噪声和尾气、驾驶员疲惫驾驶、酒后开车、违章超车、车辆超限超载运输及爆胎现象等。

这些不利因素都大大地增加了高速公路养护工作的危险性，增加了养护职工遭受意外风险的可能性。因此，高速公路养护工作的高危险性反映了该工作的重要性与迫切性。

1. 人的因素

由于高速公路全封闭、全立交、路况良好，因此，驾驶员在驾驶过程中往往会降低警惕性，一旦出现问题，反应不及时，易造成交通事故。高速公路要求的行车速度一般为 $100\sim120$ km/h，车速增加，停车视距也会相应增加。若路面结冰，则停车视距会更长。据有关研究表明，最远的停车视距达 1 km，1 km 的停车视距对高速公路养护作业构成的危险可想而知。另外，快速行车时，驾驶者的动视力下降，视野变窄，这也不利于养护作业的安全。驾驶员长时间的疲惫驾驶、违章超车、酒后开车、超载行驶，对养护人员的安全威胁极大。正常情况下的超车，后面的车辆应从超车道超车，可有些驾驶者违章从右侧停车带超车，而部分养护作业车正好停在停车带内，若行车道上两车相距较近，后面车辆从停车带超车时，因驾驶员坐在左侧，右侧会产生视距死角，因此，当司机看到停车带前方的人或车时，车辆已驶入停车带，刹车已来不及，非常容易发生严重的交通事故。

2. 车的因素

道路在理想情况下，一般四车道高速公路，其一个断面的基本通行量为一车道 $1\,500\sim2\,000$ 辆/小时，也就是说在高速公路任何一个作业点都会受到近 2 000 辆高速行车的安全威胁。汽车的噪声和震动也会危及人的心理和生理健康，研究证实，70 dB 以上噪声会干扰人的谈话，影响工作效率；长期生活在 90 dB 以上的噪声环境，会严重影响听力并引起神经衰弱、头疼、血压升高等疾病。汽车轮胎爆胎也是高速公路经常发生交通事故的重要原因之一,在夏季,路面温度高达 60 ℃,若车况不好,极易发生爆胎。此外,汽车车速过高,下雨天很容易产生"高速水膜滑行"现象,轮胎的摩擦力几乎下降到零,因刹车失控、方向盘不灵而造成恶性交通事故的发生。

3. 路的因素

高速公路大部分路面为双向四车道,路基宽为 26 m,两侧硬路肩宽为 2.5 m。由于右侧硬路肩的宽度偏窄,使得养护作业车辆在作业时不得不占用一部分行车道,而占用行车道必然会给养护作业带来危险。采用中心隔离绿化防眩带的高速公路,隔离带绿化管护的危险性也应值得关注。当进行中央隔离带苗木浇水的工作时,养护车辆需长时间占用超车道,除草、修剪、施肥、清捡白色垃圾等需横穿高速公路,这些都是构成养护作业危险性的因素。

4. 其他因素

其他因素如雨、雾、飓风等恶劣天气出现时,正是路面、桥面出现病害须紧急抢修或撒盐、保畅通之际,在这种情况下,往往会出现严重超时、疲惫作业的情况,极易产生安全隐患。另外,冬季过冷会影响人动作的灵活性,夏季高温会影响人的体力及精神状态,在类似环境下的高速公路路面上工作,养护人员的安全将会受到一定的影响。

学习情境二 安全养护作业的基本要求

(1)明确领导及各岗位职工的安全生产工作职责,完善安全生产检查制度。实行检查登记制度,对存在问题的事项应有书面记录和书面整改意见,在施工旺季和公路运输繁忙期之前应对工程、养护、机械设备等的安全情况进行专业性检查,安全管理人员要经常深入一线检查、督促安全生产工作。

(2)公路养护维修作业必须保障养护维修作业人员和设备的安全,以及车辆的安全运行。在进行养护维修作业前,应制订安全保障方案。

(3)公路养护维修作业单位应建立安全管理制度,应按规定建立安全管理机构,配备专职或兼职安全管理人员,实施对养护维修作业人员的安全培训和教育。

(4)养护维修作业人员必须接受安全技术教育,遵守各项安全技术操作规程。

(5)养护维修作业的安全设施在未完成养护维修作业之前应保持完好,任何人不得随意撤除或改变安全设施的位置,扩大或缩小控制区范围,以保证养护维修作业控制区的安全。

(6)养护作业单位应在实施养护作业前,制订安全保障方案,并报有关部门批准。

(7)公路管理单位应加强养护作业安全管理,公路管理机构应对养护维修作业进行监督和检查。

任务二 养护作业控制区

学习情境一 养护维修作业控制区的布置

1. 养护危险作业控制区的组成

养护维修作业控制区的布置由警告区、上游过渡区、缓冲区、工作区、下游过渡区和终止区组成,如图 7-1 所示。

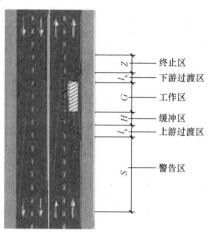

图 7-1 养护维修作业控制区的布置

各项养护维修作业控制区的布置位置和长度应保证公路养护维修作业人员、养护设备和过往车辆的安全。在开放交通的条件下,养护维修作业应针对各项安全要求做好相关工作。公路养护维修作业施工单位和公路管理机构在安全防护方面有各自不同的职责要求,必须履行相应的职责,共同做好安全防护工作。

(1)警告区。警告区是从作业控制区起点设置的施工标志到上游过渡区之间的路段,用以警告车辆驾驶员已经进入养护维修作业路段,按交通标志调整行车状态。保证驶入警告区的车辆减速至工作区规定的限速所需要的警告区路段的最短长度称为警告区最小长度(S)。各路段警告区最小长度见表 7-1。

表 7-1 警告区最小长度 S

位置	公路等级	设计速度/(km·h^{-1})	警告区最小长度/m
路段	高速公路、一级公路	120,100	1 600
		80,60	1 000
	二、三级公路	80	1 000
		60	800
		40	600
		30	400
各类平面交叉口	—		200

(2)上游过渡区。保证车辆平稳地从封闭车道的上游横向过渡到缓冲区旁边非封闭车道的路段为上游过渡区。当需要封闭车道或路肩(紧急停车带)时,必须设置过渡区。过渡区的设置应保证车流变化平缓。

车道封闭上游过渡区的最小长度(l_j)应按《公路养护安全作业规程》(JTG H30—2015)选取。当在隧道内时,车道封闭上游过渡区的最小长度按规定数值的 1.5 倍选取。路肩封闭上游过渡区的最小长度(l_j)应按《公路养护安全作业规程》(TJG H30—2015)的规定选取。

(3)缓冲区。上游过渡区和工作区之间的路段为缓冲区。缓冲区的最小长度(H)宜取

50 m。

(4)工作区。养护维修作业的施工操作区域为工作区。工作区的长度(G)应根据养护维修作业的需要确定。

(5)下游过渡区。保证车辆平稳地从工作区旁边的车道横向过渡正常车道的路段为下游过渡区。下游过渡区的最小长度(l_x)宜取 30 m。

(6)终止区。设置于工作区下游调整车辆行车的路段为终止区。终止区的最小长度(Z)宜取 30 m。

2. 高速公路及一级公路养护维修作业控制区的布置

(1)基本要求。

1)养护维修作业控制区的布置应考虑养护维修作业的内容与要求、时间和周期、交通量、经济效益等因素,控制区内交通标志的设置必须合理、前后协调,起到引导车流平稳变化的作用。

2)工作区应设置工程车辆专门的进口和出口,出入口应设在顺行车方向的下游过渡区内。

3)当同一方向不同断面的相同车道同时维修作业,下游工作区距离上游工作区为 1 000 m 以上时,应在下游工作区前端设置施工标志。

4)同一方向不同断面的不同车道不宜同时维修作业;当必须同时维修作业时,其控制区布设间距,高速公路应不小于 1 000 m,一级公路应不小于 500 m。

5)当单向三车道及以上公路的中间车道养护维修作业时,应与相邻一侧车道同时封闭。

6)应利用作业区上游的可变信息板显示"前方××公里封闭车道施工,请谨慎驾驶"的信息。

(2)养护维修作业控制区布置。

1)在警告区内应设置施工标志、限制速度标志和可变标志牌或线形诱导标等;在上游过渡区起点至下游过渡区终点之间放置锥形交通路标;在缓冲区与工作区交界处应布设路标栏。控制区内其他安全设施可以视具体情况而定。

2)当需要布置改变交通流方向的作业控制区时,可与中央分隔带开口位置相结合,利用非作业控制区一侧的车道。当警告区范围内有入口匝道时,应在匝道右侧路肩外设置施工标志。

3)立交区进出口匝道养护维修作业控制区的布置,应根据工作区在匝道上的具体位置和匝道的长度而定。

4)在同一位置的作业时间在半天以内时,可适当减少交通标志,但应设置施工标志以及锥形交通路标,并应在上游过渡区内设置移动式标志车或配备交通指挥人员。

5)当养护维修作业位置移动时,可按实际条件做适当简化。

3. 二、三级公路养护维修作业控制区的布置

(1)基本要求。

1)控制区布置应兼顾养护维修作业的内容与要求、时间和周期、交通量、经济效益等因素,控制区内交通标志的设置必须合理、前后协调,起到引导车流平稳变化的作用。

2)控制区上游因道路线形造成视距不良时,应在控制区上游的适当位置处增设施工标志。

(2)养护维修作业控制区布置。

1)在警告区内应设置施工标志、限制速度标志和可变标志牌或线形诱导标等；在上游过渡区起点至下游过渡区终点之间应放置锥形交通路标；在缓冲区与工作区交界处应布设路栏；在工作区周围应布设施工隔离墩或安全带。控制区内其他安全设施可以视具体情况而定。

2)路段养护维修作业时，对于单向通行的情况，除必要的安全设施外，必须在工作区两端各配备一名交通指挥人员或设置交通信号控制灯。

3)弯道上养护维修作业控制区布置应符合以下规定：

①当工作区位置处于视距不良的路段时，应在控制区内增加施工标志。

②当双车道的一个车道封闭作业时，工作区两端均必须配备交通指挥人员。但当单向两车道的其中一外侧车道封闭作业时，工作区下游可不配备交通指挥人员。

4)当对整个路面进行养护维修作业时，应修筑临时交通便道，以保证车辆通行，控制区的布置应符合以下规定：

①临时路面标线应使用黄色。

②控制区内必须设置路栏和施工警告灯号。

③作业车上必须安装施工警告灯号。

④所修筑的交通便道应画道路轮廓线并应设置可渠化交通的安全设施。

5)在路肩上养护维修作业时，其控制区的布置应符合以下规定：

①必须保证紧靠路肩的车道宽度大于3 m。

②作业车上必须安装施工警告灯号。

③若设置移动式标志车，可不设过渡区。

④当交通流量较大时，必须封闭紧靠路肩的车道，并按车道封闭要求布置控制区。

6)养护维修作业周期在半天以内时，控制区布置应符合以下规定：

①上游过渡区宜设置移动式标志车。

②作业车上必须安装施工警告灯号。

③在移动养护作业时，移动式标志车应与作业保持50～100 m的间距。

4. 特大桥桥面和隧道养护维修作业控制区的布置

(1)基本要求。

1)在开放交通条件下的养护维修作业，应制订控制区交通管理方案。

2)应配备专职人员加强车速限制和车辆限宽的管理。

3)隧道入口前必须设置施工标志、限制速度和限宽标志。

4)隧道控制区必须有足够的照明。

5)特大桥的养护维修，应根据需要设置限载标志。

6)特大桥以外的其他桥梁养护维修作业控制区的布置可参照《公路养护安全作业规程》(JTG H30—2015)执行。

(2)特大桥养护维修作业控制区布置。

1)特大桥养护维修作业控制区的布置，宜只封闭一条车道进行养护维修作业。当为单向3车道时，封闭部分的宽度最大不宜超过两条车道。

2)具体布置可按《公路养护安全作业规程》(JTG H30—2015)的相关规定执行。

(3)隧道养护维修作业控制区布置。

1)隧道单洞双向交通的控制区布置，应只封闭一条车道进行养护维修作业，隧道口应设置交通信号灯并配备交通指挥人员，并至少应从隧道口开始封闭养护维修作业车道。当工作区处于弯道范围时，应将警告区的起始位置前移至道路的直线段。

2）隧道双洞单向交通的控制区布置应将警告区和上游过渡区设于洞口外。

3）移动维修作业时，宜设置移动式标志车，并应在隧道两端配备交通指挥人员。作业周期大于2h时须设置锥形交通路标。

5. 平面交叉口养护维修作业控制区的布置

（1）平面交叉口养护维修作业控制区布置应考虑养护维修作业的内容与要求、时间和周期、交通量、经济效益等因素，控制区内交通标志的设置要合理、前后协调，起到引导车流平稳变化的作用。

（2）平面交叉口养护维修作业控制区的上游视距不良时，可在作业控制区上游的适当位置处增设施工标志。

（3）平面交叉口养护维修作业控制区布置应符合以下规定：

1）必须在工作区与缓冲区分界处设置施工警告灯号。

2）可设置移动式标志车。

3）作业车上必须安装施工警告灯号。

（4）平面交叉口进口或出口车道因封闭改为双向通行时，应画出黄色车道分隔线。如车道宽度不够，不能双向通行时，应由现场指挥人员指挥车辆单向通行。

6. 收费广场养护维修作业控制区的布置

（1）在收费广场进行养护维修作业时，应关闭受维修作业影响的收费车道，并对作业控制区的交通进行管理。

（2）若工作区在收费亭的上游，则应关闭所对应的收费车道；若工作区在收费亭的下游，则可不设警告区和上游过渡区，但应关闭所对应的收费车道。

学习情境二　养护作业控制区的基本要求和设施

一、养护作业控制区的基本要求

（1）工作区应设置工程专门的进口和出口，出入口应设在顺行车方向的下游过渡区内。

（2）同一方向不同断面的不同车道不易同时维修作业；当必须同时维修作业时，其控制区的布设间距不应小于500 m，如果条件允许时应当尽可能地加大间距。

（3）同一方向相同断面、相同车道同时维修作业时，其控制区的布设间距不应少于500 m，如果条件允许时应当尽可能地加大间距。

（4）在作业路段上下游处设置明显标志以提示施工路段的位置和建议绕行路线等信息。

（5）在警告区内应设置施工标志、限速标志和车道变化标志，在上游过渡区起点至下游过渡区之间设置锥形交通路标。在缓冲区与工作区交界处布设路栏，控制区内的其他安全设施的设置可视具体情况而定。

（6）对于临时养护作业，控制区可以简化为警告区、上游过渡区、工作区和下游过渡区，即将缓冲区并入上游过渡区，终止区并入下游过渡区。警告区、上游过渡区和下游过渡区的长度可适当减少。高速公路、一级公路应配备交通指挥员，有条件时，可设置移动式标志车。

(7)对于移动养护作业，养护作业控制区可以简化为警告区和工作区，即将上游过渡区和缓冲区并入警告区，不需设置下游过渡区和终止区，警告区可适当减少。

二、养护作业区的安全设施

养护安全设施的设置是为了保护养护作业人员和设备的安全，警告、提醒和引导车辆通过养护维修作业控制区域，加强安全防范意识。当进行养护维修作业时，应顺着交通流的方向设置安全设施；当作业完成后，应逆着交通流的方向撤除为养护维修作业安全而设置的有关安全设施，恢复正常交通。撤除设施的人员及有关车辆等设备要在封闭区内活动。

在养护维修作业中，可用做渠化交通的安全设施有锥形交通路标(图 7-2)、安全带、路栏(图 7-3)、施工隔离墩(图 7-4)、防撞桶(墙)(图 7-5)、移动式标志车(图 7-6)和施工信号灯(图 7-7)等。

图 7-2 锥形交通路标

图 7-3 路栏

图 7-4 施工隔离墩

图 7-5 防撞桶

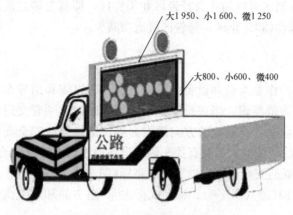

图 7-6　移动式标志车　　　　　　图 7-7　施工信号灯

学习情境三　养护维修作业的安全

公路养护维修作业必须保障养护维修作业人员和设备的安全,以及车辆的安全运行。在进行养护维修作业前,应制订安全保障方案。公路养护维修作业单位应建立安全管理制度,实施对养护维修作业人员的安全培训和教育。养护维修作业人员必须接受安全技术教育,遵守各项安全技术操作规程。公路养护维修作业单位或经营单位应加强养护维修作业安全的管理。各级公路管理机构应加强对养护维修作业安全的监督和检查。养护维修作业的安全设施在未完成养护维修作业之前应保持完好,任何人不得随意撤除或改变安全设施的位置、扩大或缩小控制区范围,以保证养护维修作业控制区的安全。

1. 公路养护维修安全作业

(1)凡在公路上进行养护维修作业的人员必须穿着带有反光标志的橘红色工作装,管理人员必须穿着带有反光标志的橘红色背心。

(2)公路路面养护维修作业应按作业控制区交通控制标准设置相关的渠化装置和标志,并指派专人负责维持交通。

(3)在可能发生山体滑坡、塌方、泥石流及高路堤、陡边坡等路段养护维修作业时,应采取防滑坠措施,并注意防备危岩、浮石滚落。

(4)养护维修作业人员应在控制区内作业和活动,养护机械或材料不得堆放于控制区外。

2. 桥梁、隧道养护维修安全作业

(1)公路桥梁、涵洞、隧道的养护现场应专门设置养护维修作业的交通标志。在桥梁栏杆外侧和桥梁墩台进行养护维修作业时,必须设置有效的安全防护设施,作业人员必须系安全带。

(2)在隧道内进行养护作业时,应遵守以下规定:

1)养护施工路段内的照明应满足要求,并设置必要的安全设施。

2)注意观察和控制隧道内的有害气体浓度,做好通风工作。

3)隧道内禁止存放易燃易爆物品,严禁烟火。

4)对维护安全有特别要求的电子设施等,应按相关安全规程执行。

3. 特殊条件下的养护维修安全作业

(1)高温季节实施养护作业,应按劳动保护规定采取防暑降温措施,并适当调整作息时间,尽量避开高温时段。

(2)冬季养护维修作业时应采取保温防冻等安全防护措施,作业时应加强交通管制,并对作业人员、作业机械采取防滑措施。

(3)雨季养护作业时应做好防洪排涝工作,加强防水、防漏电、防滑、防坍塌等措施。

(4)大雾天不宜进行养护维修作业,当必须进行抢修作业时,应采取封闭交通,并在安全设施上设置黄色施工警告灯号。

(5)夜间养护维修作业时,必须在现场设置符合操作要求的照明设备。

4. 山区养护维修安全作业

(1)在视距条件较差或坡度较大的路段进行养护维修作业时,应设专人指挥交通,作业控制区应增加有关设施。

(2)控制区的施工标志应与急弯路标志、反向弯路标志或连续弯路标志等并列设置。

(3)在同一弯道上不得同时设置两个或两个以上养护维修作业控制区。

(4)养护维修作业人员在作业时应戴安全帽。

5. 清扫、绿化养护及道路检测安全作业

(1)严禁在能见度差(如夜晚、大雾天)的条件下进行人工清扫。

(2)凡需占用车道进行绿化作业时,必须按作业控制区布置要求设置有关标志。

(3)遇大风、大雨、下雪、雾天等特殊气候时必须停止绿化养护维修作业。

(4)高速公路、一级公路中央分隔带绿化浇水作业时,浇水车辆尾部应安装发光可变标志牌或按移动养护维修作业控制区布置。

(5)道路检测车在高速公路、一级公路进行道路性能检测时,凡行进速度低于50 km/h的,均应按临时定点或移动养护维修作业控制区布置,或应在检测设备尾部安装发光可变标志牌。

6. 养护维修机具安全操作

(1)加强养护维修机具的操作安全防范和维修保养。养护机械的操作、维修和保养按有关规定执行。

(2)养护机械进入施工现场前,应查明行驶路线上的隧道、跨线桥的通行净空,必要时应验算桥梁的承载力,确保机械设备的安全通行。

(3)养护机械在作业时,操作人员应熟悉作业环境与施工条件。

(4)养护机械在靠近架空输电线路作业时,必须采取安全保护措施,养护机械工作装置运动轨迹范围与架空导线的安全距离必须符合相关规定。

 项目小结

公路养护施工作业通常是在不封闭交通的情况下进行,高速的交通流和复杂的现场作业环境容易造成公路养护作业的高风险性,同时养护作业必须占用部分车道,容易形成道路瓶颈,造成交通不畅和堵塞,一旦养护作业安全管理不力,交通标志、安全设施摆放不完善,或者驾驶、施工人员稍有疏忽,极易引发道路交通事故。

思考与练习

1. 高速公路养护维修作业各控制区的最小长度是多少？
2. 简述特大桥桥面和隧道养护维修作业控制区布置的基本要求。
3. 简述二、三级公路养护维修作业控制区布置的要求。
4. 平面交叉口养护维修作业控制区布置应符合哪些规定？
5. 养护安全设施设置的目的是什么？

参 考 文 献

[1] 周传林. 公路养护技术与管理[M]. 北京：机械工业出版社，2012.
[2] 中华人民共和国交通运输部. JTG B01—2014 公路工程技术标准[S]. 北京：人民交通出版社，2019.
[3] 中华人民共和国交通运输部. JTG 3610—2019 公路路基施工技术规范[S]. 北京：人民交通出版社，2019.
[4] 中华人民共和国交通运输部. JTG/T F20—2015 公路路面基层施工技术细则[S]. 北京：人民交通出版社，2015.
[5] 中华人民共和国交通运输部. JTG/T F30—2014 公路水泥混凝土路面施工技术细则[S]. 北京：人民交通出版社，2014.
[6] 中华人民共和国交通运输部. JTG/T F31—2014 公路水泥混凝土路面再生利用技术细则[S]. 北京：人民交通出版社，2014.
[7] 中华人民共和国交通部. JTG F40—2004 公路沥青路面施工技术规范[S]. 北京：人民交通出版社，2014.
[8] 中华人民共和国交通运输部. JTG B04—2010 公路环境保护设计规范[S]. 北京：人民交通出版社，2010.
[9] 宋林锦. 路基路面养护[M]. 北京：人民交通出版社，2016.
[10] 中华人民共和国交通运输部. JTG 5142—2019 公路沥青路面养护技术规范[S]. 北京：人民交通出版社，2019.
[11] 中华人民共和国交通运输部. JTG H10—2009 公路养护技术规范[S]. 北京：人民交通出版社，2009.
[12] 中华人民共和国交通部. JTJ 073.1—2001 公路水泥混凝土路面养护技术规范[S]. 北京：人民交通出版社，2001.
[13] 中华人民共和国交通部. JTG H11—2004 公路桥涵养护规范[S]. 北京：人民交通出版社，2004.
[14] 中华人民共和国交通运输部. JTG H12—2015 公路隧道养护技术规范[S]. 北京：人民交通出版社，2015.
[15] 中华人民共和国交通运输部. JTG/T H21—2011 公路桥梁技术状况评定标准[S]. 北京：人民交通出版社，2011.
[16] 中华人民共和国交通运输部. JTG H30—2015 公路养护安全作业规程[S]. 北京：人民交通出版社，2015.
[17] 中华人民共和国交通运输部. JTG 5150—2020 公路路基养护技术规范[S]. 北京：人民交通出版社，2021.
[18] 彭富强. 公路养护技术与管理[M]. 北京：人民交通出版社，2015.
[19] 张风亭，武春山. 公路养护技术[M]. 北京：人民交通出版社，2017.
[20] 周传林. 公路养护技术与管理[M]. 北京：机械工业出版社，2012.